CIUDADANOS IMAGINARIOS

MEMORIAL DE LOS AFANES Y DESVENTURAS DE LA VIRTUD
Y APOLOGÍA DEL VICIO TRIUNFANTE EN LA REPÚBLICA MEXICANA
—TRATADO DE MORAL PÚBLICA—

AF874959

CENTRO DE ESTUDIOS SOCIOLÓGICOS

CIUDADANOS IMAGINARIOS

MEMORIAL DE LOS AFANES Y DESVENTURAS DE LA VIRTUD Y APOLOGÍA DEL VICIO TRIUNFANTE EN LA REPÚBLICA MEXICANA —TRATADO DE MORAL PÚBLICA—

Fernando Escalante Gonzalbo

EL COLEGIO DE MÉXICO

972.03
E743c

Escalante Gonzalbo, Fernando
Ciudadanos imaginarios : memorial de los afanes y desventuras de la virtud y apología del vicio triunfante en la República Mexicana : tratado de moral pública / Fernando Escalante Gonzalbo -- 1a ed. -- México, D.F. : El Colegio de México, Centro de Estudios Sociológicos, 2009, c1992. (9a. reimpresión, 2014).
308 p. ; 21 cm.

ISBN 968-12-0509-X

1. Políticas públicas (Derecho) -- México. 2. México -- Condiciones morales. 3. México -- Condiciones sociales -- 1970. I. t.

Portada de María Eugenia Vidales
Ilustración de José Guadalupe Posada

Novena reimpresión, 2014
Octava reimpresión, 2011
Séptima reimpresión, 2009
Sexta reimpresión, 2005
Quinta reimpresión, 2002
Cuarta reimpresión, 1999
Tercera reimpresión, 1998
Segunda reimpresión, 1995
Primera reimpresión, 1993
Primera edición, 1992

D.R. © El Colegio de México, A.C.
Camino al Ajusco 20
Pedregal de Santa Teresa
10740 México, D.F.
www.colmex.mx

ISBN 968-12-0509-X

Impreso en México

ÍNDICE

Para Beatriz

per occulta virtú che da lei mosse,
d'antico amor sentí la gran potenza.
Dante, *Purgatorio*, XXX, 38.

AGRADECIMIENTOS

Este libro, como todos, es una obra colectiva. Lo bueno que en él haya se debe a la colaboración, acaso involuntaria, de una enorme cantidad de gente. Sólo menciono, para no ser pesado, mi gratitud hacia unos cuantos.

Le agradezco a Javier Elguea la exagerada confianza que tuvo siempre en mi trabajo, y sin la cual acaso me hubiese quedado a medio camino. A Ernesto Azuela Bernal su lucidez y su amistad, porque sin eso ni siquiera hubiese empezado.

Le agradezco también a Josefina Z. Vázquez su generosidad y su tolerancia para guiarme en mis primeros tropiezos por el siglo XIX. A Luis F. Aguilar su buen humor y su paciencia, a Francisco Zapata su minuciosa atención hacia mi trabajo, y a don Rafael Segovia todo lo que no hace falta que escriba aquí.

Del otro lado del mar, agradezco al Instituto Universitario Ortega y Gasset, a Ignacio Sotelo, José Álvarez Junco y María del Carmen Iglesias, porque con ellos empecé a imaginar todo esto.

Aquí al lado, a Pilar Gonzalbo Aizpuru por todos los libros que no escribió, y a Florentino Escalante Gallegos que antes de que yo pensara en escribirlo me contó mucho de lo que hay en estas páginas.

A David Peña Alfaro, porque lo mío es suyo siempre, y a Pablo Herrera, que estuvo conmigo.

A Leticia, por ser; a Boris, porque siempre está; y a Beatriz, por todo lo que está más allá de mi trabajo.

Aquel defecto de sociabilidad que es general en las posesiones españolas, los odios que dividen las castas más aproximadas entre sí, y por efecto de los cuales se ve llena de amargura la vida de los colonos, vienen únicamente de los principios de política, con que desde el siglo XVI han sido gobernadas aquellas regiones. Un gobierno ilustrado en los verdaderos intereses de la humanidad podrá propagar las luces y la instruccion, y conseguirá aumentar el bienestar físico de los colonos, haciendo desaparecer poco a poco aquella monstruosa desigualdad de derechos y fortunas: pero tendrá que vencer inmensas dificultades, cuando quiera hacer sociables a los habitantes, y enseñarlos á tratarse mutuamente como conciudadanos.

Alejandro de Humboldt, *Ensayo político sobre el Reino de la Nueva España*.

PREFACIO

El día en que hizo su espectacular ingreso a la Academia de Letrán, alguien le preguntó a Ignacio Ramírez qué era lo que más le gustaba de México: "Veracruz, dijo, porque por Veracruz se sale de él".[1]

Es posible que estuviera haciendo una broma. Pero muchos otros de sus contemporáneos lo pensaron en serio. Escritores, políticos, militares, hombres casi todos de prestigio, y muchos de los más íntegros, de los más empeñosos de la pequeña élite del siglo pasado.

Poco después del triunfo de la Revolución de Ayutla, un acongojado Comonfort escribía: "No se necesita más que dirigir una ojeada sobre la actualidad para conocer que la República es un edificio de arena que por todas partes amenaza desmoronarse".[2] Según uno de sus colaboradores, Comonfort estaba entonces "altamente disgustado" y, en sus palabras, "al saltar las trancas [...] para meterse en una diligencia y marcharse fuera del país".[3]

No era el único. Por ese mismo tiempo, después de entrevistarse con Comonfort, José López Uraga escribía:

> desde luego conocí que ni había gobierno, ni Ministerio, ni plan político, ni esperanza alguna para este pobre país; después volví los ojos a los elementos de reacción y eran tan prostituidos, tan miserables y cobardes, que, lo confieso, me propuse salir del país y sacar a mi familia; no pensé ya sino en ella.[4]

Comonfort tomó el camino de Veracruz muy poco más tarde; y regresó, sin embargo, para ocuparse del Ministerio de

[1] La anécdota la refiere Guillermo Prieto, *Memorias de mis tiempos*, México, Porrúa, 1985, p. 86.

[2] Carta de Ignacio Comonfort a Manuel Doblado, 19 de noviembre de 1855, en *Los gobiernos de Álvarez y Comonfort según el archivo del general Doblado*, Genaro García, Documentos inéditos o muy raros para la historia de México, México, Porrúa, 1974, p. 416.

[3] Carta de Manuel Siliceo a Manuel Doblado, 24 de mayo de 1856, en *ibidem*, p. 488.

[4] Carta de López Uraga al coronel Montes Velásquez, 2 de diciembre de 1855, *ibidem*, p. 429.

Guerra durante la invasión francesa. Murió en un combate, cerca de Querétaro. López Uraga no llegó a salir; se pronunció contra el gobierno dos días después de escribir aquello.

Lo interesante no son los destinos individuales de ninguno de ellos, sino la insistente sensación de fracaso de todos. Su decepción, su pesimismo.

"Confieso ingenuamente que una profunda tristeza se ha apoderado de mi ánimo, al recordar la inutilidad de los esfuerzos que hice..."[5] Es ahora José María Iglesias, cerca ya de su muerte y bien asentado el gobierno del general Díaz. Después de haber ocupado todos los cargos posibles, desde escribiente a diputado, ministro de casi todas las carteras y presidente de la Suprema Corte de Justicia. Vuelto, él también, del exilio para morir en México. "Separado por completo de la política, á la que he llegado á cobrar verdadero horror, [...] espero pasar con resignación, al lado de una esposa y de unos hijos tiernamente amados, los últimos días de mi vida."[6]

No es extraño que la familia parezca un refugio. Lo curioso es que la política produzca horror.

Pero así pasaba. Producía horror y desaliento. Como algunos personajes de Rabasa, muchos eran los que pensaban que este país no tenía remedio. Muchos se verían retratados en ese Pepe Rojo que confesaba: "Necesito emigrar a un país más civilizado, en donde la libertad haya sido mejor comprendida y practicada..."[7] Y si anhelaban tomar el camino de Veracruz es porque de ahí se iba a los países "civilizados", la gran ilusión del XIX.

Casi todos, cuando les daba por recapitular su historia, o la historia del país, venían a dar en algo parecido:

> Al ver —decía Alamán— esta completa extinción del espíritu público, que ha hecho desaparecer toda idea de carácter nacional: no hallando en Méjico mejicanos, y contemplando á una nacion que ha llegado de la infancia á la decrepitud, sin haber disfrutado mas que un vislumbre de la lozanía de la edad juvenil ni dado otras señales de vida que violentas convulsiones, parece que habria razon para reconocer con el gran Bolívar, que la independencia se ha

[5] José María Iglesias, *Autobiografía*, México, INEHRM, 1987, p. 77.
[6] *Ibidem*, p. 78.
[7] Emilio Rabasa, *La gran ciencia*, México, Porrúa, 1985, p. 313.

> comprado á costa de todos los bienes que la América española disfrutaba...[8]

Un desencanto que tenía también, por supuesto, consecuencias políticas. El doctor Mora veía, en 1827, que el pesimismo y el temor lo minaban todo: "la confianza pública ha decaído demasiado, y está a punto de perderse".[9] Los capitales huían, los prestamistas aprovechaban el descrédito del Estado, y eran pocos los que creían que tuviese sentido pagar impuestos, obedecer las leyes o incluso defender el territorio.

Dolorido, el general Tornel veía a Mexico convertido en "el ludibrio y el escarnio del universo".[10] Y muy poco después, el ex gobernador de Guanajuato Francisco Pacheco escribía: "Esto, amigo mío, se lo llevó el diablo; nuestro país es una torre de Babel, y latrocinio y maldad..."[11]

Esa sensación, de que todo se lo había de llevar el diablo, la compartían liberales y conservadores, y lo mismo cuando llegaban triunfantes que cuando salían en derrota. Ponciano Arriaga, en el Constituyente de 1856:

> En cuanto a frialdad y desaliento, los siente en verdad al contemplar tantas ilusiones perdidas, tantas esperanzas desvanecidas [...] Y si se detiene a examinar la situación del país, siente que están enfermos su espíritu y su cuerpo, que decae su ánimo...[12]

Algunos había, afortunados, que podían usar del pesimismo, más o menos de buena fe, y culpar de todo o casi todo al enemigo del momento. Así Juan Álvarez, por ejemplo, durante

[8] Lucas Alamán, *Historia de México, desde los primeros movimientos que prepararon su independencia en el año de 1808 hasta la época presente* [1852], México, FCE, 1985, vol. V, p. 904.

[9] José María Luis Mora, *El Observador*, 6 de junio de 1827, en *Obra política*, Briseño, Solares y Suárez (comps.), México, Instituto Mora, 1988, *Obras completas*, vol. I, p. 431.

[10] José María Tornel, *Breve reseña histórica de los acontecimientos más notables de la nación mexicana* [1852], México, INEHRM, 1987, p. 12.

[11] Carta de Francisco Pacheco al general Santiago Blanco, 26 de agosto de 1855, en *La Revolución de Ayutla según el archivo del general Doblado*, Genaro García, Documentos inéditos o muy raros para la historia de México, México, Porrúa, 1974, p. 188.

[12] Ponciano Arriaga, discurso el 16 de octubre de 1856, en Francisco Zarco, *Historia del Congreso Constituyente de 1857*, México, INEHRM, 1987, p. 719.

la Revolución de Ayutla, veía cómo el país iba "desmoronándose como si fuese de arena, en las manos del funesto general Santa Anna, que la entrega y la vende al extranjero".[13] Del mismo modo, poco antes, la redacción monárquica de *El Tiempo* entendía que se iba "a la ruina, a la desmoralización, a la anarquía, a la disolución completa de la nación" por obra del orden republicano.[14]

Hay que tomar nota de ello. El pesimismo hacía muy fácil desacreditar a cualquier gobierno, y sumamente difícil defender a ninguno. Los vencedores llegaban cada vez repitiendo que había pasado "una época fatal" donde se había establecido "el reinado del desorden y de la inmoralidad"[15] y al poco tiempo, una acusación parecida les caía encima. Acaso con la misma justicia.

En todo se veía el fracaso, en todo había razones para el desconsuelo. Por eso eran los políticos, los letrados, tan adictos a la idea de regeneración nacional. Estaban todos convencidos de que había que hacer de nuevo el país, entero. Porque sin eso, sólo podría repetirse la historia sin fin de la caída.

Es ahora el dictamen acerca de la forma de gobierno que se preparó para llamar a Fernando Maximiliano al trono de México:

> ¿Volveremos a los desmanes de nuestros califas militares; a ser fríos espectadores en la desmembración del resto de nuestro territorio; a la administración de justicia puesta en venduta pública; a los crímenes de un ejército mandado por célebres facinerosos; a la proscripción de la Religión y del culto católico; a los perpetuos amagos de la propiedad; a las extorsiones escandalosas así de los ricos como de los miserables, para henchir diariamente las arcas del erario siempre exhaustas; al derroche del tesoro público para improvisar escandalosas fortunas; a la paralización del comercio y de todos los giros que son la vida de los pueblos; al abatimiento profundo

[13] Manifiesto de Juan Álvarez, 1854, en Anselmo de la Portilla, *Historia de la revolución de México contra la dictadura del general Santa Anna, 1853-1855* [1856], México, INEHRM, 1987, apéndice, p. XLIII.

[14] *El Tiempo*, "Profesión de fe", 12 de febrero de 1846, en Gastón García Cantú (comp.), *El pensamiento de la reacción mexicana. Historia documental*, México, UNAM, 1986, vol. I, p. 240.

[15] Benito Juárez, exposición al Congreso de Oaxaca, 1849, en Juárez, *Exposiciones (Cómo se gobierna)*, edición de Ángel Pola, México, INEHRM, 1987, p. 219.

> de las artes y profesiones; al imperio del puñal de los asesinos que recorren con el triunfo de la impunidad las grandes y las pequeñas vías de comunicación; al detestable sistema de la leva, que arranca del seno de las familias a los padres, y del trabajo a millares de robustos brazos; [...] en una palabra, al último extremo de la miseria y al insondable abismo de la inmoralidad y de la humillación?[16]

La retórica de la pregunta quería una negativa entusiasta. Pero se volvió a ello. A casi todo.

Sin duda había razones, y muchas, para el pesimismo. Lo que me intriga más, sin embargo, es que casi siempre repose sobre un juicio moral. La inmoralidad estaba, así lo vivían, en la raíz de los males del país. Manuel Siliceo hablaba de un "signo maldito" que "nos persigue y que nos hace víctimas del robo, del pillaje, de la prostitución y de la inmoralidad".[17] Y Carlos María de Bustamante, pesaroso, escribía: "lo que más aflige es recordar que los enemigos mayores de esta nacion han sido sus propios hijos, sus desmoralizados hijos".[18]

Con la misma tristeza, la misma vergüenza, José Fernando Ramírez en 1847: "Todo, todo lo hemos perdido menos el honor, porque éste hace muy largo tiempo que nos dejó."[19]

Algunos intentaron explicar la inmoralidad, darle causas materiales, contra las que algo se pudiera hacer. Y sobre todo se fijaron, los liberales en el peso de la herencia colonial, los conservadores en las consecuencias del espíritu moderno, y ambos en la educación. Pero detrás de su desencanto, de esa avergonzada conciencia de la inmoralidad, estaba siempre una fantasía: la del orden cívico tal como se imaginaba que sería en Europa o en los Estados Unidos.

Sobra decir que a duras penas podrían unos pocos conocer con alguna certeza lo que ocurría más allá del mar, o al norte de la frontera. Pero estaban, en cambio, los libros, los entusias-

[16] Dictamen acerca de la forma de gobierno, 8 de julio de 1863, en Ignacio Aguilar y Marocho, *La familia enferma*, México, Jus, 1969, p. 181

[17] Carta de Manuel Siliceo a Manuel Doblado, 17 de noviembre de 1855, en *Los gobiernos de Álvarez y Comonfort*, *op. cit.*, p. 414.

[18] Carlos María de Bustamante, *El nuevo Bernal Díaz del Castillo, o sea historia de la invasión de los anglo-americanos en México* [1848], México, INEHRM, 1987, t. II, p. 36.

[19] José Fernando Ramírez, *México durante su guerra con los Estados Unidos*, Genaro García, Documentos inéditos o muy raros para la historia de México, México, Porrúa, 1974, p. 539.

mados informes de los viajeros, las creaciones filosóficas y, sobre todo, la necesidad de que la "civilización" existiera en alguna parte.

El modelo cultural más persistente fue, sin duda, Francia: la Francia de la Ilustración y los Derechos del Hombre, la del refinamiento y la cortesía. No, por supuesto, la de la Revolución. Para los conservadores de casi todo el siglo, la alternativa era España: una España imaginaria también, modelo de orden y estabilidad, de vida católica y tradicionalista. Para los liberales, los Estados Unidos: una extraña confusión de igualdad natural, de espontaneidad democrática y energía progresista.

Casi todos creyeron siempre de buena fe que ese imaginario orden era posible, que era un hecho en el mundo "civilizado". No sabían, o no querían saber de la violencia de la vida pública española, del autoritarismo francés o de la corrupción en los Estados Unidos. De ahí que el desencanto fuese tan dramático, y que el pragmatismo llevara siempre el estigma de ser una transacción con la barbarie.

Frente al modelo de la ciudadanía responsable, de los políticos ilustrados, de la ley justa y la democracia en marcha, este país resultaba decepcionante. Sobre cualquier asunto informaba una prensa venal y escandalosa o decidía un magistrado corrupto, se imponía la influencia de un político oportunista, el misterioso amparo de una logia o una camarilla, en el desesperante paisaje de un pueblo distante, incomprensible.

Lo que me he propuesto, en las páginas que siguen, es explorar las razones de ese desencanto. Reconstruir el mundo moral que vieron con la misma aprensión Mora y Alamán, Comonfort, Arriaga y Rabasa. Y explicar, en lo que pueda, por qué no podía coincidir con el modelo que imaginaron.

Me importa la moral, pues, en muy buena medida porque a ellos les importaba. Y porque creo que no estaban equivocados en eso.

Cualquiera que se enfrenta a la historia encuentra en ella una mezcla de idealismo y ambición, de entusiasmo y de violencia, de esperanza y mezquindad. El talante optimista de buena parte de la historiografía de nuestro siglo ha querido una historia hecha casi sólo de esperanza, de heroísmo y de progreso. En el siglo pasado ocurría lo contrario; cuesta trabajo, leyendo los textos de entonces, ver en la historia algo más que ambición, estupidez y crueldad.

Por mi parte sólo he procurado evitar, para ser justo, las abstracciones. Porque no creo que nada serio pueda predicarse de México o Los Mexicanos, ni que haya que contar como logros positivos algo tan inasible como el Progreso, la Libertad o la Soberanía. Y para empezar sólo digo, con Anselmo de la Portilla: "nosotros hemos citado la fecha de los documentos, y hemos reproducido sus mismas palabras: no tenemos la culpa de haber encontrado malas cosas que decir".[20]

Fernando Escalante Gonzalbo

[20] Anselmo de la Portilla, *op. cit.*, p. 14.

INTRODUCCIÓN: MORAL PÚBLICA Y ORDEN POLÍTICO

La moral como problema

Hubo un tiempo en que el estudio de la conducta humana era, sin más, reflexión moral. Hoy, en cambio, cuesta trabajo encontrarle un lugar a la moral: da la impresión de que, para muchos, sería preferible poder pasarse sin ella.

La moral es un tema incómodo. Primero, porque parece difícil hablar sobre lo bueno y lo malo desde algún lugar más allá del bien y del mal; y segundo, porque estamos muy lejos de la certeza de otros tiempos. Nuestro escepticismo tiene mucho que ver con este olvido —si puede hablarse así— de la moral.[1]

Por encima de eso, sin embargo, es un tema molesto porque siempre pesa en él la sospecha de estar tratando con quimeras. Para el espíritu positivo y un tanto cínico de nuestro tiempo, la moral apenas resulta visible: hoy parece razonable que la gente obre por interés, por una mecánica subconsciente, o incluso por instinto; no está tan claro, en cambio, que obre de acuerdo con reglas morales.

Con ese ánimo, la sociología ha buscado la forma de dar explicaciones más sólidas, más razonables, a partir de las condiciones de vida, la edad o el sexo, la escolaridad, los recursos materiales y demás. Y sin embargo, la moral anda por ahí, en alguna parte, y hay que darle su lugar como ideología, manipulación, tradición cultural...

Es posible que, a estas alturas, parezca un retroceso volver a buscar explicaciones en la moral. Pero hay mucho todavía que no puede entenderse mejor de ninguna otra manera, y eso ya es una justificación bastante. Los hombres, vistos por separado o en conjunto, actúan *como si siguieran reglas*: reglas de juego,

[1] El revuelo que causó, hace unos años, el libro de Alisdair MacIntyre, *Tras la virtud* (Barcelona, Crítica, 1987) es evidencia bastante de que la *cuestión moral* no está muerta; pero también de que está en un atolladero de muy difícil salida.

que dicen qué hacer y cómo hacerlo;[2] y explican también su conducta, cuando se ven forzados a ello, apoyándose en normas más o menos explícitas.[3]

Por cierto que esas reglas se cruzan, en una trama muy apretada, con intereses materiales y situaciones políticas, con una multitud de otros hechos. Pero eso no basta para desestimarlas, porque no son "generalizaciones empíricas", como se dice, que puedan reducirse a nada más simple, ni son pretextos ni racionalizaciones. Las reglas expresan valores, y la gente las sigue justo por eso: no por una conveniencia o un interés abstractos, sino porque son reglas que dicen cómo es el mundo. En la expresión española de hacer las cosas "como Dios manda" se reúnen la naturalidad de lo inevitable y la imprecisa conciencia de una obligación; de eso se trata.

El tema puede no ser simple, pero es claro. Me propongo estudiar los valores que se manifiestan en las conductas, a partir del supuesto de que esos valores ayudan a explicar las conductas. Lo cual, dicho sea de paso, no tiene nada que ver con una discusión sobre lo bueno o lo malo; estoy del todo de acuerdo con Weber cuando niega categóricamente "que una ciencia 'realista' de lo ético [...] pueda por su parte dar lugar a una 'ética' capaz de afirmar alguna vez algo sobre lo que debe valer".[4]

En ese sentido, mi estudio aspira a ser neutral. Pero no por eso sirve para justificar una actitud escéptica. El escepticismo es una moral como otra cualquiera, y necesita de otro tipo de fundamento. Comprenderlo todo no es perdonarlo todo.

[2] Insistiré bastante, en lo que sigue, sobre esta idea de Wittgenstein, porque es la intuición que me sirve como punto de partida.

[3] Cuando hablamos acerca de acciones, nuestro lenguaje tiene una ambivalencia muy significativa. Al decir *cómo* se hace algo "lo que decimos puede informar o describir el modo de hacerlo *de hecho*, [...] pero puede también señalar una manera de hacer o decir algo que *debe ser* seguida". H.F. Pitkin, *Wittgenstein: el lenguaje, la política y la justicia*, Madrid, Centro de Estudios Constitucionales, 1984, p. 332.

[4] Max Weber, "Los juicios de valor en ciencia social", en *La acción social: ensayos metodológicos*, Barcelona, Península, 1984, p. 65. La "ciencia realista de lo ético" de la que habla Weber es el estudio de la influencia recíproca de las convicciones éticas y las condiciones de vida.

ORIGEN Y FUNDAMENTO DE LA MORAL

"La costumbre —dice Pascal— es una segunda naturaleza que destruye la primera. Pero, ¿qué es la naturaleza? ¿Por qué la costumbre no es natural? Tengo mucho miedo de que esta naturaleza no sea, a su vez, sino una primera costumbre, como la costumbre es una segunda naturaleza."[5] Todavía hoy podemos sentir la angustia de Pascal, su vértigo ante la posibilidad espantosa de que no haya nada sólido, nada definitivo.

La duda de Pascal abre la puerta a la peor de las pesadillas: que seamos responsables de todo, responsables absolutamente. Pero también sugiere una aventura más modesta: indagar hasta dónde llega la costumbre, por qué los hombres la aceptan, de dónde deriva su autoridad. Esa curiosidad está en el origen de la reflexión sociológica sobre la moral.

La solución completa supone, de hecho, encontrar un sustituto de Dios, que a la vez explique la autoridad de las normas y la obediencia de los individuos. Y lo inmediato es buscarlo en los otros, en todos los otros que rodean a cada hombre en el espacio y en el tiempo; buscarlo en esa cautivadora abstracción que es la Sociedad.

Por ese camino fueron Comte y Durkheim, y muchos otros después. La Sociedad, interminable y resistente frente a la fragilidad de los individuos, impone normas, exige ciertas conductas, y por su propia inercia también castiga. Dice Durkheim:

> [...] la única personalidad moral que se encuentra por encima de las personalidades particulares es la que forma la colectividad. Sólo ella tiene también la continuidad e incluso la permanencia necesaria para mantener la regla por encima y más allá de las relaciones efímeras que diariamente la encarnan.[6]

De modo que tiene sentido suponer que una regla moral "expresa esencialmente necesidades sociales".[7] Puede no haber una Naturaleza en el fondo de nuestras acciones; puede ser todo costumbre: pero la costumbre es ahora algo sólido, arraigado,

[5] Blaise Pascal, *Pensées*, París, Flammarion, 1976, p. 77, n. 93.
[6] Émile Durkheim, *La división del trabajo social*, Madrid, Akal, 1982, p. 6.
[7] *Loc. cit.*

y arraigado con tanta firmeza que la moral no es sino *lo social* actuando a través de los individuos.

Bergson lo ha dicho con bastante claridad. La sociedad, escribe, es un sistema de costumbres, cada una de las cuales responde —directa o indirectamente— a una exigencia social, de modo que todas se sostienen mutuamente, como un bloque. La solidaridad social existe porque, en cada uno, un "yo social" se entreteje con el "yo individual"; y cultivar ese "yo social" es nuestra obligación esencial respecto a la sociedad.[8]

La fórmula puede ser más o menos atinada; lo que importa es que, hoy por hoy, es difícil ir más allá de la Sociedad, hacia Dios, o más acá, hacia la Naturaleza, y encontrar respuestas satisfactorias para el problema de la moral.

Este nexo de la moral y la Sociedad puede ser explicado de muchas maneras. La forma más simple, y creo que demasiado rígida, consiste en suponer que la conformidad con las normas resulta de un aprendizaje condicionado por la amenaza de sanciones; es el modelo conductista clásico. Según esto, el "aprendizaje moral", como cualquier otro, sería una función del reforzamiento de conductas:

> Una norma es aprendida o internalizada cuando el actor ha sido condicionado por las sanciones lo suficiente para que su comportamiento se adecue a la norma, como un medio para escapar a las sanciones. Tal aprendizaje, sin embargo, no está nunca concluido; reposa siempre sobre la amenaza de sanciones ulteriores.[9]

Intuitivamente, el esquema parece sensato. Pero tiene limitaciones que se hacen evidentes muy pronto. Simple como es, también resulta poco flexible, porque hay mucho más que aprendizaje y adaptación en la moral.

Un asunto complicado y hasta oscuro es el cambio. Porque los valores cambian, como cambian las sociedades; pero nunca cambian al parejo, y ni siquiera en el mismo sentido. Es a veces una lenta decadencia de valores inservibles: "El cambio se hace inconscientemente, por irrespetuosidad en los de abajo y por falta de convicciones en los de arriba. Esto se agrieta porque se

[8] Henri Bergson, *Les deux sources de la morale et de la religion*, París, Presses Universitaires de France, 1984, capítulo primero.

[9] John Finley Scott, *Internalization of Norms. A sociological theory of moral commitment*, Englewood Cliffs, Prentice Hall, 1971, p. 92.

descompone. Nadie cree en su misión, ni el juez que condena, ni el cura que dice misa, ni el militar que mata en la guerra".[10] Pero es también, a veces, una lucha abierta.

Edward Thompson ha dedicado un extenso y brillante ensayo a este asunto.[11] Resulta que las prácticas capitalistas, en sus orígenes, fueron rechazadas y combatidas con argumentos morales; resulta que muchos motines e insurrecciones se apoyaron en los valores paternalistas de la economía tradicional. La moral, pues, no sólo trabaja por el orden, sin más. Puede ser también un recurso de resistencia, y aun de rebelión.

Pero hay más. La moral no es tampoco un sistema uniforme. La estruendosa evidencia de los valores *dominantes*, malamente puede ocultar el hecho de que el orden moral es, más que otra cosa, un arreglo de usos y valores dispares.[12] Puede ser el caso, por ejemplo, de comunidades campesinas que mantienen un orden comunitario dentro de un Estado moderno;[13] puede ser también el de grupos profesionales, corporaciones, estamentos, con orientaciones particularistas; o puede ser el de una sociedad que se organiza, formalmente, suponiendo un sistema de virtudes cívicas, digamos, pero que día a día vive de acuerdo con valores patrimoniales, clientelistas u otros cualesquiera.[14]

Supongo que son suficientes estos apuntes para sostener la idea de que las relaciones entre la moral y la Sociedad son bastante complicadas. Sin duda ambas forman parte de una misma trama, pero la Sociedad es una abstracción demasiado difusa para explicar la vida moral: hay muchos vericuetos y muchos intermediarios entre la una y la otra.

Vuelvo a Bergson: la moral es una especie de "yo social" que se entreteje con el "yo individual"; no se le impone, no lo

[10] Pío Baroja, *Aurora roja*, Madrid, Caro Raggio, 1974, p. 275.

[11] Edward P. Thompson, "La economía moral de la multitud en la Inglaterra del siglo XVIII", *Tradición, revuelta y consciencia de clase*, Barcelona, Crítica, 1984, *passim*.

[12] Sobre esto, ver Agnes Heller, *Sociología de la vida cotidiana*, Barcelona, Península, 1977, pp. 148ss.

[13] El caso lo ha analizado, en un texto clásico, James C. Scott, *The moral economy of the peasant. Rebellion and subsistence in Southeast Asia*, New Haven, Yale University Press, 1976.

[14] Esto resulta evidente en las sociedades que están en proceso de "modernización", pero el esquema se repite, de forma similar, en las sociedades postindustriales, como lo ha señalado Salvador Giner en "El rapto de la moral", *Ensayos civiles*, Barcelona, Península, 1987.

condiciona: le permite expresarse, relacionarse, existir en sociedad. La moral da sentido a los comportamientos particulares, a las decisiones particulares, poniéndolos en relación con las exigencias sociales.[15]

Desde luego, la forma genérica de esta relación es la de una *subordinación*: los actos del individuo son incorporados a pautas de sentido comunes, colectivas, genéricas. Pero esto no autoriza, de ningún modo, a suponer que la moral tenga nada que ver con el altruismo. Niebuhr parece suponer algo así:

> Los hombres —dice— pueden ser individualmente morales en el sentido de que son capaces de tomar en consideración intereses distintos de los propios para resolver problemas de conducta, y llegan en ocasiones a preferir las ventajas ajenas a las propias.[16]

De donde puede concluirse que "el acto *más moral* es aquel que se mueve a impulso de motivos desinteresados".[17] Creo que hay una confusión en el argumento. No hay una sola moral, ni es sólo moral la generosidad o el desinterés. El más frío egoísmo revela, tanto como el sacrificio, un sistema social de valoraciones, una moral. No es "más moral" un campesino que un empresario, ni es más moral, aunque parezca extraño, un ciudadano que un político.

Para decirlo con una sola frase, no hay ninguna orientación de conducta que sea *inmoral* en sí misma, sino sólo por referencia a otra jerarquía, a otro orden moral.

Racionalidad y moral

En tiempos recientes, un buen número de autores ha intentado explicar el laberinto de la acción humana con ayuda de lo que se ha llamado modelos de "elección racional". En pocas palabras, construyen un tipo abstracto de individuo, que tiene una jerarquía consistente de preferencias, y que elige, enfrentado

[15] Véase A. Heller, *op. cit.*, p. 132.

[16] Reinhold Niebuhr, *El hombre moral en la sociedad inmoral. Un estudio de ética y política*, Buenos Aires, Siglo Veinte, 1966, p. 9.

[17] *Ibid.*, p. 232.

con una serie de posibilidades, la solución más favorable; ése sería, así nos dicen, un individuo racional.

Lo que sigue es todavía más endeble. Los modelos suponen que, en promedio, los hombres son individuos racionales de ese tipo. Siendo así, es posible explicar —y predecir— las conductas de grandes grupos a partir de una simplificación ideal de las motivaciones, en escenarios estilizados de situaciones posibles.[18]

Exagerando un poco, suponen que las relaciones entre individuos siguen el esquema básico del intercambio; que las decisiones tienen que ver con "invertir" o "apostar", a partir de un cálculo de costos y beneficios; y suponen que los hombres tratan siempre de "maximizar" su utilidad en cada transacción.

Lo más atractivo que tienen estas explicaciones, es que permiten dejar de lado no sólo las cuestiones morales, sino continentes enteros de la reflexión sociológica, con sus preocupaciones por las clases, los roles, los sistemas de acción, etc. Tienen, además, a su favor, una apariencia de realismo crudo, un aire de franqueza iconoclasta que las hace parecer, a simple vista, modelos de pensamiento científico.

Entre paréntesis, y aunque sea exagerado, me recuerdan a los "psicólogos ingleses" de los que decía Nietzsche:

> Queramos o no queramos, los encontramos aplicados siempre a la misma obra, a saber, la de sacar al primer término la *partie honteuse* de nuestro mundo interior y buscar lo propiamente operante, lo normativo, lo decisivo para el desarrollo, justo allí donde el orgullo intelectual menos *desearía* encontrarlo (por ejemplo, en la *vis inertiae* del hábito, o en la capacidad de olvido, o en una ciega y casual concatenación mecánica de ideas, o en algo puramente pasivo, automático, reflejo, molecular y estúpido de raíz).[19]

Desde luego, las teorías son más inteligentes que todo esto; pero creo que mi esbozo no es del todo injusto.

En su origen, esta idea de la racionalidad está vinculada con el pensamiento económico. Como lo ha mostrado Hirschman,

[18] Entre los autores clásicos de la "elección racional" están Kenneth Arrow, James Buchanan, Karl Popper, y los creadores de la "teoría de juegos", Von Neumann y Morgenstern. Hay también un curioso entrelazamiento del marxismo con estos modelos en la obra de J.E. Roemer y Jon Elster.

[19] Friedrich Nietzsche, *La genealogía de la moral*, Madrid, Alianza, 1983, p. 29.

la autonomía de lo económico está asociada con una forma particular de conducta, apoyada en el cálculo y orientada hacia la obtención del máximo beneficio.[20] Contra las formas tradicionales de conducta, se supuso desde un principio que la conducta económica tenía su motor en el interés, y que era —por ello— desapasionada y calculadora. El *homo oeconomicus* no era, pues, un hombre egoísta, sino un hombre interesado: racional.

Fuera de la economía, suele ser difícil encontrar alguna unidad de cálculo de intereses, y difícil también asimilar otras situaciones a la forma paradigmática del mercado. Pero ésos son problemas secundarios.

El núcleo del modelo económico de la racionalidad es la capacidad de *preferir* una cosa sobre otra. Esto es, la posibilidad de *valorar* las cosas, y ordenarlas en una jerarquía que permita elegir. Su mayor debilidad, pues, como lo ha visto Jon Elster, está en el problema de la formación de preferencias, o sea, en el atolladero de la moral.[21]

En lo que me interesa, estas teorías tienen dos debilidades serias: primera, por supuesto, no pueden explicar cómo se crean las jerarquías de preferencias, los *valores*; y segunda, tienden a dejar de lado las distorsiones, por hablar así, que la moral introduce en las decisiones racionales.

Un ejemplo evidente es el mercado. La concurrencia de individuos interesados sólo proporciona estabilidad y prosperidad si, aparte de egoístas, son individuos respetuosos de la legalidad y obedientes para la autoridad estatal. El punto no es trivial, porque una orientación utilitaria, sostenida por el afán egoísta de la acumulación, en principio sólo produce una actitud *predatoria*. Esto explicaría, por cierto, las deformidades de algunos mercados; pero ésa es harina de otro costal.

Algo parecido ocurre con otros hallazgos clásicos de la "elección racional", como el dilema del prisionero o la lógica del vividor (*free-rider*) en la acción colectiva.[22] Todos ellos tie-

[20] Véase Albert O. Hirschman, *Las pasiones y los intereses. Argumentos políticos en favor del capitalismo antes de su triunfo*, México, FCE, 1978, *passim*.

[21] Elster tiene varios trabajos sobre este asunto; en particular interesan *Sour grapes: studies in the subversion of rationality*, Cambridge, Cambridge University Press, 1985, y *Ulises y las sirenas: estudios sobre racionalidad e irracionalidad*, México, FCE, 1991.

[22] Una explicación detallada y accesible del dilema del prisionero aparece

nen, más o menos escondidos, un montón de supuestos morales que hace falta explicitar.

Se han sofisticado mucho los modelos, pero creo que el problema subsiste, porque la racionalidad económica no puede abordar la cuestión moral. Sin embargo, me interesa la perspectiva porque creo que un modelo de conducta racional puede ser una herramienta muy útil.

En esto, las reflexiones de Michael Oakeshott me parecen importantes como guía.[23] Según él, la raíz del problema está en la noción de racionalidad. Suele pensarse que una conducta es *racional* cuando persigue un fin concreto, de manera deliberada, y procede por una selección reflexiva —calculada— de los medios más eficientes. Intuitivamente, nuestro modelo ideal de racionalidad es la actividad científica. De tal forma, el eje de la conducta racional debe ser la *mente*: una mente que es un instrumento neutral, que funciona mejor cuanto más libre está de prejuicios.

Sin embargo, rara vez puede cumplirse con ese ideal. De hecho, no parece siquiera que sea practicable en absoluto.

> Hacer algo —dice Oakeshott— depende de un *saber cómo* hacerlo; y aunque en parte (nunca enteramente) ese *saber hacer* pueda ser reducido a un conocimiento en forma de proposiciones (y acaso reglas y principios), estas proposiciones no son, ni el motor de la actividad, ni en ningún sentido directo reguladoras de la actividad.[24]

En realidad, nunca encontramos acciones aisladas, cuyos fines y medios puedan ser premeditados y calculados. Los hombres están inmersos en corrientes de actividad, y sólo en la práctica, en la experiencia de la acción, pueden *saber cómo* se hacen las cosas; en esas condiciones, una acción es "racional" si es coherente con una *manera de hacer* las cosas.

en Morton Davis, *Introducción a la teoría de juegos*, Madrid, Alianza, 1986; sobre la cuestión del "vividor", Mancur Olson, *The logic of collective action*, Nueva York, Schocken Books, 1968.

[23] En lo que sigue estoy glosando los argumentos de Michael Oakeshott, "Rational conduct" en *Rationalism in politics and other essays*, Londres, Methuen, 1981. Vale la pena anotar que tiene afinidades importantes con las ideas de Wittgenstein, según las ha desarrollado Hannah Pitkin, *op. cit.*, *passim*.

[24] M. Oakeshott, *op. cit.*, p. 90.

No es posible separar la reflexión instrumental de la "mente", de los juicios morales ni de la experiencia. De hecho, hablar de juicios morales es sólo una manera imperfecta de aludir a un conocimiento práctico sobre *cómo comportarnos*. La acción humana transcurre siempre dentro de pautas, de tradiciones, de maneras de obrar que suponen, a la vez, eficiencia, corrección, rectitud y adecuación. La racionalidad, pues, no puede ser sino la consistencia pragmática de la acción con una situación y una manera habitual de hacer las cosas.

La racionalidad de la acción, así entendida, sí puede ser una hipótesis fructífera. En particular para estudiar patrones morales.

MORAL: MODELOS Y PRÁCTICAS

En la vida cotidiana, los hombres actúan *como si* siguieran reglas; saben cómo hacer las cosas, y ese saber incluye una experiencia práctica, una capacidad reflexiva y una orientación normativa. En el origen, pues, no tenemos individuos que razonan, ni acciones ni aun relaciones elementales, sino pautas, maneras de hacer las cosas: formas de vida.[25]

En esa trama, sólo de modo oblicuo aparecen conceptos morales, códigos ordenados; lo que diariamente hay son *juicios morales*, inseparables de la acción, y que conforman un sistema de usos.[26] Los códigos abstractos son interpretaciones de los usos, formulaciones hipotéticas de valores: una consecuencia, y no la causa del comportamiento moral.

La moralidad no procede de una deducción lógica, ni de una sumisión a principios generales: es el resultado de una práctica habitual, donde operan acuerdos contingentes —y pocas veces explícitos— sobre lo bueno y lo malo, sobre cómo hacer las cosas y cómo comportarse.[27]

[25] "La vida humana, como la vivimos y la observamos, no es sólo un flujo casual, continuo, sino que ofrece pautas recurrentes, regularidades, formas características de hacer y ser, de sentir y actuar, de hablar e interactuar. Debido a que son pautas, regularidades, configuraciones, Wittgenstein las llama *formas*, y porque son pautas en el tejido de la existencia y actividad humanas en la tierra, las denomina formas *de vida*." Hannah Pitkin, *op. cit.*, p. 198.

[26] Véase A. Heller, *op. cit.*, pp. 142ss.

[27] Para una discusión más amplia, véase Jack D. Douglas "Deviance and

No hay ninguna distancia entre los hechos y los valores. La acción manifiesta usos, formas de vida que son, inmediatamente, pautas morales.[28]

Es frecuente que los usos no estén muy conformes con los valores hipotéticos de una sociedad; podemos llamar a eso hipocresía, pero se gana poco. Lo interesante es averiguar qué significa la hipocresía, esto es, por qué se suscribe abiertamente un código moral, y por qué en la prosa de la vida se obedece a otro patrón de moralidad.

Volvamos por un momento al "yo social" de Bergson. Resulta ahora que no es un conjunto de imperativos, sino de prácticas, de usos convencionalmente dotados de cierto sentido. Es una forma de vida que tiene lugar en una realidad, en buena medida, imaginaria; de hecho, en la medida en que toda acción supone una definición de la realidad: pautas, reglas y sentidos creados, no naturales.[29]

"El orden social —escriben Berger y Luckmann— no forma parte de la 'naturaleza de las cosas' y no puede derivar de las 'leyes de la naturaleza'. Existe *solamente* como producto de la actividad humana."[30] Ahora bien, ese mundo social como conjunto de formas de vida no es una creación arbitraria. Porque reposa sobre una larga serie de hechos físicos, geográficos, demográficos, que limitan sus posibilidades, y porque la organización social de la vida material genera su propia inercia y sus propios límites.[31]

Y con esto, volvemos al principio, para ordenar un poco el asunto.

---

respectability", en J.L. Douglas (ed.), *Deviance and respectability. The social construction of moral meanings*, Nueva York, Basic Books, 1970.

[28] "El problema no es cómo poder derivar valores a partir de hechos. No es necesaria derivación alguna. Los valores están ya en los hechos; o más bien, existe algo radicalmente erróneo en la suposición de que todas las cosas tienen que ser o un hecho o un valor", Hannah Pitkin, *op. cit.*, p. 331.

[29] Es la tesis clásica, y muy discutida, de Peter Winch, *Ciencia social y filosofía*, Buenos Aires, Amorrortu, 1972, y también la de Peter Berger y Thomas Luckmann, *La construcción social de la realidad*, Buenos Aires, Amorrortu, 1983.

[30] P. Berger y T. Luckmann, *op. cit.*, p. 73.

[31] El argumento lo desarrolla, contra las conclusiones de Winch, P. Cohen, "The very idea of a social science", en I.Lakatos y A. Musgrave (eds.), *Problems in the Philosophy of Science*, Amsterdam, North Holland Publishing Company, 1968.

La moral es una dimensión específica de la acción humana, que se manifiesta en pautas de comportamiento, en formas de vida. Esto quiere decir que la moral no puede identificarse en actos aislados, ni en decisiones particulares, sino en sistemas habituales de relación.

Es una convención, en cuanto es un lenguaje, una manera de dotar de sentido a los actos; pero depende de un conjunto considerable de hechos materiales. El significado moral de una conducta es, siempre, algo estrictamente situado.

La moral, o la moralidad como prefiero llamarla,[32] aparece como una *estructura*, como un orden. No son preceptos aislados, sino formas de organización de la vida social, de campos enteros de actividad; es posible, por lo tanto, identificar los ejes en torno a los cuales se construye, y que dan coherencia a los juicios dispersos de la vida cotidiana.

EL "MODELO CÍVICO" Y LA MORAL PÚBLICA

Cuando hablamos de moral, o de moralidad *pública*, tenemos casi siempre en mente una idea ya hecha, un modelo ejemplar que, a grandes rasgos, supone el respeto del orden jurídico, la responsabilidad de los funcionarios, la participación ciudadana, la protección de los derechos individuales... Esa idea hecha es el "modelo cívico".

No es, por cierto, una estructura rígida, sino un conjunto un tanto indefinido de ideas acerca de la vida pública, un conjunto de virtudes para la convivencia y para la organización de la vida política.[33] Agnes Heller ha propuesto un inventario de virtudes cívicas bastante completo: la tolerancia radical, la valentía cívica, la solidaridad, la justicia, la prudencia y la disposición para entrar en un diálogo racional.[34]

[32] No me interesa entrar en una discusión terminológica. Uso la expresión "moralidad" con un sentido aproximado al que le daba Kant, esto es, como designación del aspecto *subjetivo* de la conducta, el obrar por una conciencia de obligación; esto opuesto a la mera adecuación a un precepto objetivo.

[33] En las palabras de Salvador Giner: "El civismo es el arte de dirimir conflictos públicos o de vivirlos sin optar por la violencia", Giner, "El rapto de la moral", *op. cit.*, p. 17.

[34] Agnes Heller, "Ética ciudadana y virtudes cívicas", en A. Heller y F.

El modelo es un resultado histórico, y tiene coherencia, sin duda, pero importa notar que es un precipitado práctico de tres tradiciones muy diferentes: la tradición republicana, la tradición liberal y la tradición democrática. Y ese hecho provoca la mayoría de los dilemas y conflictos morales que se dan en la vida pública.

La tradición republicana tiene como modelo a la Roma clásica, y adquiere su forma moderna con Maquiavelo. En sus términos, la vida pública tiene un valor propio y distinto, tiene su moralidad, sus normas, vigentes aunque sean contrarias a las ideas de la moral cristiana.[35] De ella nos queda el énfasis en la *virtud* de los ciudadanos, y la convicción de que hay un *bien público* más allá de los intereses de los particulares.[36] Como tradición, ha dado su estructura a las defensas más sólidas de la Razón de Estado, y tolera mal los argumentos liberales, sobre todo en lo que toca a la propiedad y el mercado, porque supone una inequívoca *superioridad moral* del interés público sobre los privados.

La tradición liberal, por su parte, se concentra en las *garantías individuales*, en la *tolerancia*, y en la necesidad de respetar el *orden jurídico*. Supone, en términos prácticos, una inversión de los valores republicanos: aquí el respeto al individuo, en su carácter privado, es el fundamento de la moral pública. Su principal argumento político, como es lógico, es la limitación del gobierno; es una tradición muy vieja, que viene de la Edad Media, y que tiene entre sus defensores más clásicos a John Locke y John Stuart Mill. Es, probablemente, la tradición más consistente y la más afín con la sensibilidad contemporánea, para bien y para mal.

Feher, *Políticas de la posmodernidad*, Barcelona, Península, 1989, *passim*.

[35] "Como Cicerón y Livio, Maquiavelo creía que lo que los hombres —en todo caso los hombres superiores— buscaban era la satisfacción y la gloria provenientes de la creación y mantenimiento, a través del esfuerzo común, de un todo social fuerte y bien gobernado", Isaiah Berlin, "La originalidad de Maquiavelo", en *Contra la corriente. Ensayos sobre la historia de las ideas*, México, FCE, 1983, p. 99.

[36] David Brading ha escrito un curioso ensayo sobre la vigencia del ideal republicano en el pensamiento de Bolívar, Brading, "Republicanismo clásico y patriotismo criollo", en *Mito y profecía en la historia de México*, México, Vuelta, 1988.

Por último, la tradición democrática exige la *participación*, la *justicia* y el *autogobierno*. Tiene bien poco, o nada que ver con el liberalismo; según lo expone Dalmacio Negro:

> El gobierno liberal no se confunde, pues, necesariamente, como hoy es habitual, con el gobierno democrático. En unos famosos párrafos, lamentaba Ortega la confusión entre liberalismo y democracia [...] "Liberalismo y democracia —escribió— son dos cosas que empiezan por no tener que ver entre sí, y acaban por ser, en cuanto tendencias, de sentido antagónico." Se trata de dos respuestas a dos cuestiones de Derecho político completamente distintas.[37]

Es importante reparar en esa incompatibilidad, y no por sutilezas conceptuales. El conflicto entre ambas tradiciones produjo la mayor parte de los equívocos y de las frustraciones de los liberales mexicanos del XIX.

La tradición democrática sí tiene, en cambio, un vínculo importante con el republicanismo. Un vínculo que marcó todo el pensamiento político del siglo pasado, y que se hace evidente en la obra de Rousseau. Vale la pena, por eso, detenerse aquí un poco.

Rousseau es demócrata en sus premisas —Soberanía Popular, Voluntad General, Contrato Social—, y eso fue lo que más llamó la atención en el siglo pasado; pero sus conclusiones son, a veces, drásticamente autoritarias. Justo por su afinidad con la tradición republicana. La Voluntad General es el apoyo más incontestable que puede encontrar un Estado.

En efecto, la Voluntad General no puede ser un acuerdo contingente: es la única forma del Bien Común. Por eso no puede confundirse con la voluntad de la mayoría, ni aun con la de todos. La obediencia a la ley no significa sumisión, sino el recto entendimiento del propio interés. En el encuentro con la Voluntad General, los intereses y derechos de los individuos en cuanto tales desaparecen, para fundirse en el interés colectivo. "La virtud no es otra cosa que la conformidad de la voluntad particular a la general."[38]

[37] Dalmacio Negro, *El liberalismo en España*, Madrid, Unión Editorial, 1988, p. 11.

[38] J.J. Rousseau, *Discurso sobre la economía política*, Madrid, Tecnos, 1985, lib. II.

Esta solución, que rescata la *virtud* republicana para fundirla con el ideal democrático, ha mostrado su eficacia en el discurso politico de los últimos dos siglos, y en Iberoamérica ha definido el horizonte de la utopía más vieja y persistente. Lo mismo en el republicanismo de Bolívar, que en los ideales de Zarco y Ocampo, o en la mística de Martí, se descubre pronto la nostalgia por las virtudes del ciudadano que imaginó Rousseau.

Pero, vuelvo a mi argumento. El modelo cívico confunde las tres tradiciones en una fórmula más bien imprecisa. Sin embargo, las contradicciones no pueden eliminarse: se podría decir que forman el corazón del modelo de moral pública y de las formas de organización política de los últimos dos siglos.

EL CIUDADANO COMO HIPÓTESIS

El modelo cívico es una creación histórica, aunque hoy les parezca a muchos la expresión más evidente de los derechos de la Humanidad. Como idea, reposa sobre una muy peculiar definición de *lo público*, y sobre un tipo humano específico: el ciudadano.

La noción de lo público en el modelo cívico está estrechamente vinculada con las nociones de política y gobierno; de hecho, en ocasiones se usan los términos casi como sinónimos. La idea del espacio público es la de un conjunto de mecanismos para tratar con los problemas colectivos: *lo público* es, por así decirlo, una solución inevitable, casi espontánea, de los problemas que supone la coexistencia pacífica.

John Dewey ha desarrollado, en una formulación clásica, los supuestos de la idea de lo público en el modelo cívico.[39] Según su argumento, la distinción entre lo público y lo privado se funda en la diferente extensión y finalidad de las consecuencias de los actos:

> Cuando las consecuencias de una acción son limitadas, o se supone que sean limitadas, principalmente a las personas directamente comprometidas en ellas, la transacción es privada. [...] Sin embargo, si se halla que las consecuencias de una transacción se extienden

[39] John Dewey, *El público y sus problemas*, Buenos Aires, Ágora, 1958.

fuera de los dos directamente interesados, que ella afecta el bienestar de muchos otros, el acto adquiere la calidad de público.[40]

De ahí se desprende, con naturalidad, que "el público" necesite "formar arbitrios y medidas especiales" para atender los actos de consecuencias amplias. Y de ahí surge el Estado.[41] Lo público es, entonces, inmediata y casi exclusivamente político, mientras que el Estado es, llanamente, "la organización del público efectuada por medio de funcionarios, para la prosecución de los intereses compartidos de sus miembros".[42]

Llaman la atención dos cosas: lo público se forma *a partir de* lo privado, y para mejor proteger y ordenar los intereses de individuos particulares; y su naturaleza depende *lógicamente* del carácter de los actos y de sus consecuencias.

El problema es que no hay nada lógico ni natural en esa noción de lo público. En palabras de Charles Frankel: "la línea entre lo público y lo privado no puede ser el límite entre lo que compete a otras personas y lo que sólo nos afecta a nosotros. No es algo que se descubra, sino una construcción social".[43] Y es una separación que se señala por razones específicas, y que se estructura de muy diversas maneras.

En el Antiguo Régimen europeo, por ejemplo, lo público no era un ámbito claro y distinto: no había una separación entre la vida privada y la acción pública.[44] Las viviendas, la ropa, los modales, la etiqueta, eran expresiones cifradas del orden social: toda la vida era pública, como era jerárquica.[45]

[40] *Ibidem*, p. 18.

[41] *Ibidem*, p. 29ss.

[42] *Ibidem*, p. 33.

[43] Charles Frankel, "Los derechos privados y el bien público", en M. Mooney y F. Stuber (comps.), *Los humanistas y la política. Alicientes en tiempos difíciles*, México, FCE, 1984, p. 105.

[44] Habermas ha hablado de espacio público "representativo", refiriéndose a esto. "En tanto el soberano y sus estamentos 'son' el país, en vez de delegarlo meramente, pueden, en un específico sentido de la palabra, representar: ellos representan su dominio, en vez de para el pueblo, 'ante' el pueblo". Habermas, *Historia y crítica de la opinión pública*, Barcelona, Gustavo Gilli, 1981, p. 47.

[45] Según Norbert Elías, la etiqueta de la sociedad cortesana es "un tipo de organización donde cada acto recibe el carácter de prestigio que está vinculado con él, en cuanto símbolo de la respectiva distribución de poder", *La sociedad cortesana*, México, FCE, 1982, p. 115. Su extensión, por otra parte, iba de la estructura habitacional a los menores rituales domésticos.

Dentro de esa sociedad, y en un proceso de siglos, se va afirmando como algo distinto el espacio *privado*: separado, ajeno al poder y la organización del Estado.[46] Y sólo mucho tiempo después, cuando en ese margen privado se ha consolidado el aparato del mercado, cuando se ha definido con derechos y mecanismos de participación, sólo entonces "las personas privadas se reúnen en calidad de público".[47]

Philippe Ariés ha estudiado con detalle el proceso. En dos frases, entiende que las solidaridades colectivas dominantes en la Edad Media fueron poco a poco desplazadas por nuevas formas, más restringidas de sociabilidad. Un proceso que fue posible por la mayor solidez y estabilidad de la autoridad estatal.

Las comunidades, los vínculos de linaje y vasallaje, servían para dar protección a los individuos, donde el Estado no podía con la tarea. Y creaban un mundo que no era ni privado ni público, en el sentido moderno.[48] Con el crecimiento del Estado, perdieron utilidad las formas tradicionales, y pudieron los individuos encerrarse en espacios más reducidos.

Por supuesto, el apoyo más sólido de las nuevas formas de sociabilidad fue el mercado. Fuera de la tutela comunitaria, de las exigencias señoriales, los individuos hacían su fortuna de manera privada, amparados por el Estado.

En estas condiciones, es fácil entender por qué *lo público* del modelo cívico tiene una estructura individualista. Lo forman los individuos que ha creado el mercado. Pero también ayuda a entender por qué, si su raíz es inequívocamente liberal, lleva consigo una inercia democrática.

Ahora bien, esta organización del espacio público también ha necesitado una imagen del hombre y una moral. Así se ha inventado al ciudadano.

Nuestra idea de ciudadanía reposa sobre el conjunto de valores y supuestos del individualismo. El ciudadano, antes que otra cosa, es un *individuo*, y como individuo es la realidad básica de la vida social. Frente a él, las instituciones, las formas de

[46] Dice Habermas: "*Privat* alude a la exclusión de la esfera del aparato estatal; pues 'público' tiene que ver con el Estado formado entre tanto con el absolutismo..." Habermas, *op. cit.*, p. 50.

[47] *Ibidem*, p. 65.

[48] Véase Philippe Ariés, "Para una historia de la vida privada", en Ariés y G. Duby, *Historia de la vida privada*, Madrid, Taurus, 1989, vol. 3, p. 7.

organización todas no son sino "residuos", que pueden ser explicados por los intereses y acciones individuales.[49]

Otra vez, no hay nada natural en esto. El individuo como valor, como idea, es el producto de una configuración histórica muy peculiar, que depende del desarrollo del mercado y de la soberanía estatal.[50] El individuo se construye en contra de las fórmulas jerárquicas y corporativas, y transforma la trama entera de las relaciones políticas. De entrada, se hace necesario un contrato para explicar la autoridad:

> a partir del momento en que ya no es el grupo sino el individuo el que se concibe como ser real, la jerarquía desaparece, y con ella la atribución inmediata de la autoridad a un agente del gobierno. No nos queda ya más que una colección de individuos, y la construcción de un poder por encima de ellos no puede justificarse más que suponiendo el consentimiento común de los miembros de la asociación.[51]

Pero además, el papel del gobierno cambia al parejo; le toca ahora velar por la protección de los derechos e intereses individuales. El espacio público es ocupado, ya no por estamentos ni por corporaciones, sino por individuos o por fórmulas de representación de los intereses de los individuos.[52]

Pero el ciudadano no es el individuo sin más. Porque en el camino, lo público y lo privado se han separado, no únicamente como tipos de actividad, sino como ámbitos morales. De esta forma, el individuo es, por el anverso, tan sólo *hombre*, y por el reverso, *ciudadano*.

Por supuesto, la idea de que la acción pública requiere de una moral particular es muy vieja. Se puede, incluso, citar a Aristóteles sobre esto: "Es, por tanto, muy cierto, que la virtud

[49] "Se habla frecuentemente de un pretendido antagonismo entre el 'individuo' y la 'sociedad', en el que la 'sociedad' tiende a aparecer como un residuo no humano; la tiranía del número, un mal físico inevitable opuesto a la única realidad psicológica y moral, que es la contenida en el individuo". Louis Dumont, *Homo hierarchicus*, Madrid, Aguilar, 1970, p. 7.

[50] Sobre esto, vale la pena mirar a Louis Dumont, *Ensayos sobre el individualismo*, Madrid, Alianza, 1987, Steven Lukes, *El individualismo*, Barcelona, Península, 1975, y C.B. MacPherson, *La teoría política del individualismo posesivo*, Barcelona, Fontanella, 1970.

[51] Dumont, *Ensayos sobre el individualismo*, *op. cit.*, p. 90.

[52] Steven Lukes, *op. cit.*, p. 101ss.

del ciudadano y la virtud tomada en general, no son absolutamente idénticas".[53] La tradición republicana, de hecho, se funda sobre esta distancia. Lo peculiar del modelo cívico es que supone individuos racionales que son, en lo privado, egoístas e interesados, y en lo público, responsables y solidarios.

El público de los ciudadanos modernos surge una vez que se ha afirmado la esfera privada en su autonomía y, no pocas veces, con una superioridad moral. No es raro, así, que haya escritores que lamenten esto como una pérdida, una real devaluación de la vida pública:

> La posibilidad de disfrutar de "felicidad pública" —dice Hannah Arendt— ha disminuido en la vida moderna, porque durante los dos últimos siglos la esfera pública se ha encogido. Difícilmente podemos llamar un lugar *público* a la casilla de votación.[54]

En este panorama, la vida pública viene a ser una "alternativa" a la vida privada.[55] Sin embargo, las instituciones políticas están construidas sobre la hipótesis de la ciudadanía como condición permanente, como disposición moral genérica. Esto trae, inevitablemente, problemas, porque hay un conflicto ineludible entre los intereses individuales —egoístas, urgentes, limitados— y los intereses comunes.[56]

El ciudadano vive en esa tensión, obligado a atender a su supervivencia, como individuo privado, y a vigilar por el bien común, en tanto que miembro del público; y no siempre le resultará fácil el deslinde.[57] La idea original, desde luego, era algo

[53] Aristóteles, *La política*, México, Espasa Calpe, 1982, lib. III, cap. II, p. 81.

[54] H. Arendt, "Los derechos públicos y los intereses privados", en M. Mooney y F. Stuber (comps.), *op. cit.*, p. 114.

[55] La vida pública como alternativa es un recurso contra las decepciones en la búsqueda de la felicidad por el consumo, y acaso un recurso cíclico, como ha propuesto Albert O. Hirschman, *Interés privado y acción pública*, México, FCE, 1986, *passim*.

[56] "Hay un conflicto intrínseco entre los intereses de los individuos mortales y los intereses del mundo común que habitan; y la fuente de ese conflicto está en la abrumadora *urgencia de los intereses individuales*. Para reconocer y abarcar el bien común se requiere no solamente *autointerés civilizado*, sino también imparcialidad..." H. Arendt, *op. cit.*, p. 115.

[57] Sobre estos problemas, puede verse también a Carl Friedrich (comp.), *El interés público*, México, Roble, 1967. La mayoría de los ensayos parten de formulaciones similares a la de Dewey: el interés público surge por la existencia

mucho más glorioso; tenía, como antecedente remoto, los modelos de virtud de la Roma republicana, como lemas el "amor a la República" de Montesquieu y la Voluntad General de Rousseau,[58] y como imagen fundadora la apasionada vida cívica de la Revolución francesa:

> En el curso de ceremonias especiales —recuerda Schama— se consagraban los árboles a la causa de la libertad constitucional [...] Alrededor del mástil cívico se danzaba *en ronde*: la unión de las manos de miembros de los diferentes rangos y órdenes, en la unidad fraternal afirmada por el nuevo orden. Los árboles de la libertad celebraban el mito de la armonía decretado en su estilo peculiarmente masónico por los políticos revolucionarios de París. Se suponía que la devoción a la *patrie* era tal que anulaba todas las formas precedentes de fidelidad —a la corporación, el orden social, la provincia o la confesión— en la nueva familia política prolongada indefinidamente.[59]

Hoy todas esas imágenes resultan anticuadas, incluso extravagantes. Pero las virtudes cívicas siguen siendo el motor hipotético de los estados contemporáneos.

Con todo esto, me interesa llegar a una afirmación muy simple: la moral pública es una creación histórica. El espacio público puede tener, y ha tenido, estructuras muy diversas, y se ha apoyado en configuraciones de valores igualmente dispares.

La estructura de la moral pública

La ciudadanía no es un hecho espontáneo, como no lo es el individualismo. En todo el mundo, el modelo cívico se ha impuesto en un proceso lento, largo y sangriento. Acaso no sea una exageración ver la mayor parte de las luchas políticas del siglo pasado

---

de consecuencias no controlables de los actos individuales (privados).

[58] Véase Montesquieu, *Del espíritu de las leyes*, Madrid, Tecnos, 1987. lib. V, cap. II, y J.J. Rousseau, *Del contrato social*, Madrid, Alianza, 1985, en especial lib. IV.

[59] Simon Schama, *Ciudadanos. Crónica de la Revolución Francesa*, Buenos Aires, Javier Vergara, 1990, p. 492.

en España, en Francia, en Italia, como una guerra —literalmente— para crear ciudadanos.

Hoy es fácil reconocer, con sólo la intuición, los rasgos básicos de la moral cívica: forman parte de nuestro sentido común. El problema es reconocer la estructura y los valores de otras formas de organización, de otros sistemas de moral pública. Quiero decir, reconocerlos como sistemas *morales*, con el mismo valor y los mismos títulos que el nuestro.

Podría ser útil, en algunos aspectos, mostrar cómo y por qué es inviable —dadas ciertas condiciones— el modelo cívico. Pero los resultados serán más bien magros. Es fácil entender, por ejemplo, que la miseria no produce ciudadanos;[60] pero eso no ayuda mucho para saber qué otra fórmula moral hay en su lugar.

Creo que es más fructífero empezar de otro modo. Empezar describiendo las pautas de conducta en lo que toca a los asuntos públicos, esas regularidades del comportamiento donde se manifiestan los valores.[61]

La moral pública es un sistema de usos, de costumbres: formas de acción y relación dotadas de sentido. No tiene fronteras bien definidas, pero sí un núcleo reconocible: es la solución colectiva, histórica, para los problemas de autoridad, jerarquía, justicia y coexistencia pacífica en sociedad.

Pero no se reduce a eso. Toda moral pública supone, aunque sea tácitamente, un modelo de vida íntima. El tema no ha sido muy explorado, pero vale la pena anotarlo. Donde al ciudadano se le exige —en lo público— responsabilidad, moderación, patriotismo, se le supone —en lo íntimo— frugal, austero, ordenado.

Algo que importa dejar claro es que la moral pública no es un código completo y preciso: es un sistema de valores que orienta campos y tipos de actividad. Un modelo de moral pública puede ser reconstruido a partir de las prácticas habituales, de

[60] "Pedir sacrificios a individuos que todavía no son ciudadanos es exigirles un idealismo que no tienen y que no pueden tener en vista de la urgencia del proceso de la vida. Antes de pedir idealismo a los pobres, primero debemos hacerlos ciudadanos: y esto implica cambiar las circunstancias de sus vidas privadas hasta el punto en que puedan disfrutar de la vida pública". Hannah Arendt, *op. cit.*, p. 116.

[61] Véase *supra* n. 25.

documentos políticos, de instituciones jurídicas, pero muy rara vez podrá encontrarse de modo explícito en ninguna parte.

Por lo anterior, es lógico que no se obedecen sus normas por ninguna exigencia formal, ni hay sanciones previstas para las infracciones. Su fundamento es mucho más sólido, porque reposa sobre una conciencia de obligación moral, sobre la aceptación de la validez intrínseca de las normas.[62] Sencillamente, la moral pública dice *cómo se hacen* las cosas.

Eso no significa, por supuesto, que la moral pública deba ser por fuerza una y homogénea en una sociedad. Más bien supongo que ése será un caso raro. Pueden coexistir grupos de orientación cívica con otros que se rijan por una moralidad corporativa, comunitaria, señorial...De donde por lo común resultarán dos cosas: que uno de los modelos será dominante, y decidirá la organización formal de la vida pública; y que todos estarán entreverados en una misma trama, modificándose recíprocamente.

La combinación, sin embargo, produce un orden. Un sistema de valoraciones que estructura el espacio público, que le da forma y sentido, que decide expectativas y tipos de relaciones. Aunque sus elementos originales sean varios e incoherentes.

El tema no es muy nuevo. Hace más de doscientos años decía Montesquieu: "Las costumbres de un pueblo esclavo son parte de su esclavitud; las de un pueblo libre son parte de su libertad".[63] Y poco después Rousseau argumentaba que hay una clase de leyes

> que no se graba ni sobre el mármol ni sobre el bronce, sino en los corazones de los ciudadanos; que forma la verdadera constitución del Estado; que adquiere todos los días nuevas fuerzas; que cuando las demás leyes envejecen o se extinguen, las reanima o las suple [...] Hablo de las costumbres, de los usos, y sobre todo de la opinión; parte desconocida de nuestros políticos, pero de la que depende el éxito de todas las demás.[64]

[62] En el mismo sentido, Oakeshott escribe: "Tener una obligación y temer una sanción son razones completamente distintas para acatar una norma, y la obligación civil no tiene ninguna relación con el poder de los gobernantes para imponer penas o negar premios". M. Oakeshott, "On the civil condition", en *On human conduct*, Oxford, Clarendon Press, 1975, p. 156.

[63] Montesquieu, *op.cit.*, lib. XIX, cap. XXVII, p. 214.

[64] J.J. Rousseau, *Del contrato social, op. cit.*, lib. II, cap. XII, p. 60.

Estudiar la estructura de la moral pública es buscar esas leyes que, desde el corazón de los ciudadanos, dan su verdadera constitución al Estado.

La naturaleza del orden político

En los últimos dos siglos se ha supuesto, casi siempre, que la política es, en su meollo, una cuestión de *poder*. Una identidad que parece sólida, y que ha permitido, además, ampliar la noción de política, buscarla dondequiera que puede buscarse el poder.

Michel Foucault es uno de los que ha ido más lejos por este camino, con una minuciosa disección de nuestras ideas acerca de la locura, la enfermedad, la sexualidad, el delito. Después de mucho andar, se ha hecho una imagen bastante horrorosa de la sociedad, pero que no parece inverosímil:

> En las sociedades modernas —dice—, desde el siglo XIX hasta nuestros días, tenemos por una parte una legislación, un discurso, una organización del derecho público articulado en torno al principio del cuerpo social y de la delegación por parte de cada uno; y por la otra, una cuadriculación compacta de coacciones disciplinarias que aseguran en la práctica la cohesión de ese mismo cuerpo social. [...] Un derecho de soberanía y una mecánica de la disciplina: entre estos dos límites, creo, se juega el ejercicio del poder.[65]

La versión, sin embargo, tiene algunos problemas. La noción de *poder* describe, a grandes rasgos, determinada orientación de la conducta. Pero no puede explicarla. En efecto, cuando decimos que alguien o algo *tiene poder* queremos decir que tiene la capacidad de imponer su voluntad, de exigir cierta conducta, aun contra toda resistencia.[66] Sin embargo la noción de *poder* no es capaz de decir mucho acerca de las razones de

[65] Michel Foucault, Curso del 14 de enero de 1976, en *Microfísica del poder*, Madrid, La Piqueta, 1980, p. 150.

[66] La definición es de Max Weber: "*Poder* significa la probabilidad de imponer la propia voluntad, dentro de una relación social, aun contra toda resistencia, y cualquiera que sea el fundamento de esa probabilidad", *Economía y sociedad. Esbozo de sociología comprensiva*, México, FCE, 1981, p. 43.

la obediencia, porque se supone que el poder, por sí mismo, explica las cosas.

Es cierto que se han imaginado modelos para penetrar el concepto de *poder* y desmenuzarlo en elementos más simples. La fórmula general consiste en suponer que quien tiene poder puede repartir premios y castigos, porque controla recursos necesarios o porque dispone de fuerza física.[67] Los resultados, empero, no son muy alentadores. Es muy difícil imaginar, en la mayor parte de las situaciones, cuáles son los recursos que controla *el poder* y de qué modo se pueden materializar las sanciones.

Hace casi cinco siglos Étienne La Boétie propuso la pregunta a la que seguimos dándole vueltas:

> Es una cosa extraña, y sin embargo muy común, ver a un millón de millones de hombres servir miserablemente, llevando sobre el cuello un yugo, no por la exigencia de una fuerza superior, sino de alguna manera (según parece) encantados y seducidos por el solo nombre de uno, a quien no deberían temer, puesto que está solo, ni amar, puesto que se comporta de manera inhumana y salvaje. [...] ¿Qué puede ser eso? ¿Cómo se le puede llamar? ¿Qué desventura es ésa? ¿Qué vicio, o más bien, qué desventurado vicio?[68]

El desventurado vicio de la obediencia no resulta muy explicable por el poder. Sin embargo, el prejuicio de nuestro individualismo obliga a buscar allí las respuestas. Si sólo se conciben como reales a los individuos, todo lo demás: la jerarquía, el dominio, el mando, no son más que construcciones, artificios.[69] Y artificios, además, que destruyen la (ideal) igualdad y libertad de los individuos. Entonces hace falta imaginar el *poder* como

[67] Un modelo reciente, que intenta explicar la raíz psicológica y social del poder, es el de Peter Blau; su definición es clara y elocuente: la noción de poder, dice, se refiere a "la habilidad de personas o grupos para imponer su voluntad sobre otros, a pesar de su resistencia, a través de la disuasión,ya sea por el retiro de recompensas habituales o por el castigo..." Blau, *Exchange and power in social life*, Nueva York, John Wiley & Sons, 1967, p. 117.

[68] Étienne La Boëtie, *Le discours de la servitude volontaire ou le Contr'un*, París, Flammarion, 1983, pp. 132 y 133.

[69] Véase Louis Dumont, *Ensayos sobre el individualismo*, *op. cit.*, pp. 89ss.

explicación: por el poder mandan los unos y por el poder obedecen los otros.

Creo que es posible salir de allí, pero sólo alejándose del prejuicio individualista. Imaginando, por ejemplo, la política como *orden*. Desde ese horizonte, el dato original no es el individuo libre y autosuficiente, sino la vida social organizada en pautas, con regularidades que suponen y soportan valores, jerarquías. Y desde luego, la necesidad del orden podría, a su vez, ser explicada por la estructura de la vida humana.[70]

Vale la pena aclarar desde el principio, que el *orden* no tiene por qué ser justo ni bueno. Es un conjunto de regularidades, de normas, que sin duda permite que unos se beneficien más que otros, que unos manden y otros obedezcan, pero lo que importa es que es vivido y reproducido *como orden*. No es un ideal, es un hecho.

Ya que estamos en ello, hay que aclarar también que esta idea del orden no tiene nada que ver con la equívoca noción de *seguridad pública*, ni con la plena vigencia del aparato jurídico. De hecho, puede haber un orden político estable y muy bien definido, que comprenda la violación sistemática de la ley, la corrupción de los funcionarios públicos y el predominio de organizaciones criminales. Es el caso clásico de la Sicilia mafiosa; dice Hobsbawm:

> Por debajo del imperio de los Estados borbónico o piamontés, aunque a veces compenetrada con ellos en extraña simbiosis, la Mafia [...] constituía un aparato paralelo, tanto como sistema normativo como en su aspecto de poder organizado; de hecho, en lo que hacía a los ciudadanos que habitaban las áreas sometidas a su influencia, ella era la única ley y el único poder eficaces.[71]

Así como una mafia puede crear y mantener el orden, un gobierno autoritario, impuesto con la consigna del orden y la se-

[70] Sobre esto son ya clásicas las obras de A. Heller, *Sociología de la vida cotidiana*, *op. cit.*, *passim*, y de Berger y Luckmann, *op. cit.*, *passim*.

[71] Eric J. Hobsbawm, *Rebeldes primitivos. Estudio sobre las formas arcaicas de los movimientos sociales en los siglos XIX y XX*, Barcelona, Ariel, 1983, pp. 61ss. Hay mucho escrito sobre la historia de la mafia y su organización social; vale la pena, por ejemplo, mirar Rosario Minna, *Historia de la mafia*, Madrid, Swan, 1986, y Anton Blok, *The mafia of a sicilian village, 1860-1960*, Nueva York, Harper Torchbooks, 1974.

guridad, puede contribuir, en cambio, a "desordenar" a la sociedad. Porque puede dislocar las formas habituales de conducta y alterar las normas que rigen la organización cotidiana de la vida pública.

Finalmente, para terminar con esta serie de precisiones, creo que identificar el *orden* con la *estabilidad* es un poco exagerado. Samuel P. Huntington, en un ensayo clásico, supone que el orden existe donde hay un gobierno legítimo y eficaz, y un consenso global sobre los valores políticos, manifiesto en una estabilidad casi completa y una amplia fidelidad hacia las instituciones.[72] En la práctica, una versión así hace del orden una rara excepción antes que la regla, y la evidencia parece sugerir que lo contrario es más cierto: sociedades con gobiernos ilegítimos o bien poco eficaces, con instituciones inoperantes y desacreditadas, pueden mantener un orden muy ostensible.

Esto es así porque el *orden* no es una estructura rígida. Porque la misma necesidad que lo ha producido, lo mantiene y lo transforma, aun con cierta independencia de las instituciones políticas formales.

Aquí sigo de cerca los argumentos del profesor Friedrich Hayek. El orden social, afirma, es necesario porque los hombres solamente pueden actuar orientados por un conjunto de expectativas estables sobre la conducta de los demás.[73] Este orden, sin embargo, no puede ser "inventado": incluye en sí tal variedad de situaciones y posibilidades que, sencillamente, resulta inmanejable.

> Los órdenes de elevada complejidad, es decir, los únicos capaces de integrar un número de datos concretos superior a lo que cerebro alguno puede aprehender, sólo pueden ser fruto del juego de fuerzas de carácter espontáneo [...] Tan sólo en los tipos más simples de organización cabe suponer que todos los detalles pueden ser establecidos por una sola mente. Nadie, desde luego, ha conseguido hasta ahora ordenar deliberadamente cuantas actividades integran el normal quehacer de una sociedad compleja.[74]

[72] Véase Samuel P. Huntington, *Political order in changing societies*, New Haven, Yale University Press, 1968, capítulo I, *passim*.

[73] Friedrich Hayek, *Derecho, legislación y libertad*, Madrid, Unión Editorial, 1976, vol. I, p. 76.

[74] *Ibidem*, pp. 81 y 98.

Si no es una creación, tampoco supone ni necesita de un fin concreto; no hay una conciencia de finalidad que oriente las conductas. El orden es el resultado espontáneo del acatamiento de ciertas normas, cuya necesidad parece fundarse en la naturaleza misma de las cosas.[75]

Desde luego que una parte, nada despreciable, de la vida social está siempre regulada por instituciones formales, como el Derecho. Lo único que me interesa subrayar es que la inmensa mayoría de los comportamientos sociales *parecen seguir reglas* que no han sido explícitamente formuladas.

El orden, entonces, no depende de la intención de nadie; se produce y se reproduce, se transforma, cotidianamente, imperceptiblemente. Simmel lo ha dicho de una manera simple, y hasta hermosa:

> Los pasos infinitamente pequeños crean la conexión de la unidad histórica; las acciones recíprocas de persona a persona, igualmente poco apreciables, establecen la conexión de la unidad social [...] trátase de descubrir los hilos delicados de las relaciones mínimas entre los hombres, en cuya repetición continua se fundan aquellos organismos que se han hecho objetivos y que ofrecen una historia propiamente dicha.[76]

Las normas que componen el orden son de tal naturaleza que rara vez pueden hacerse conscientes. Se trata de esa sabiduría, casi inasible, del *saber cómo hacer* las cosas, cómo comportarse. Y cómo comportarse, esto es fundamental, ante situaciones nuevas.

El orden es el resultado de una práctica, pero una práctica que supone un permanente trabajo de interpretación: reducir el pródigo desorden del mundo a una serie de formas conocidas.[77] Nada de esto es realmente consciente, nunca actuamos con el propósito explícito de producir orden; y sin embargo, no podemos dejar de hacerlo.

[75] *Ibidem*, pp. 90ss.

[76] Georg Simmel, *Sociología*, Madrid, Revista de Occidente, 1977, vol. I, pp. 30-31.

[77] Aunque es bastante complejo, vale la pena revisar, sobre este punto, la obra de Aaron Cicourel, en particular su idea de que hay una serie de "procedimientos interpretativos" invariantes que permiten el razonamiento práctico cotidiano. A. Cicourel, *Cognitive sociology. Language and meaning in social interaction*, Harmondsworth, Middlessex, Penguin Books, 1973, cap. I, *passim*.

Es una peculiaridad que no puede dejarse de lado. El orden se produce, para decirlo de algún modo, por accidente; pero no puede ser creado intencionalmente. Es lo que Jon Elster ha llamado un "subproducto", a la vez inaccesible e ineludible para la acción racional.[78]

El orden es la trama misma de la política. El orden es la raíz del desventurado vicio de la obediencia y, más importante todavía, de las formas de la obediencia. Y hablar de orden es hablar de normas, de valores. La estructura de la moral pública se expresa como orden político.

Esta enorme y fatigosa introducción, pues, sirve sólo para justificar una minucia. La idea de que hay pautas, regularidades que sólo se hacen evidentes en largos periodos; que esas regularidades manifiestan valores, y que esos valores le dan forma a la vida política.

INDICACIONES DE MÉTODO

Por todo lo anterior, debe ser evidente que la moralidad y el orden ni se crean ni pueden variarse a voluntad. Pertenecen ambos a lo que Braudel ha llamado la "larga duración".[79] Su trama no puede revelarse en actitudes, opiniones o reacciones ante una situación cualquiera, por decisiva que sea. Son, por decirlo así, los entendidos básicos sobre los que se construye la política.

Es necesario, pues, aproximarse a ellos en un ensayo de sociología histórica. Porque se necesita distancia bastante para reconstruir su estructura. A la vez, y no está de más decirlo, porque no intento sólo interpretar de nuevo la historia de México, sino a la vez juzgar la utilidad y la precisión de algunas nociones sociológicas clásicas, de uso habitual; para empezar, las de Estado, Sociedad Civil, Opinión Pública.

El material de mi ensayo es del siglo XIX mexicano. Lo cual indica sólo unos límites muy imprecisos entre 1821 y 1880, o sea, bastante menos de un siglo. Desde luego, podría haber extendi-

[78] El argumento aparece en "States that are essentially by-products", en Elster, *Sour grapes*, *op. cit.*, cap. II, *passim*.

[79] Véase Fernand Braudel, "La larga duración", en F. Braudel, *La historia y las ciencias sociales*, Madrid, Alianza, 1986.

do el análisis en varias décadas atrás o adelante, pero creo que el periodo que defino tiene una identidad suficiente para ser reconocible: es un largo tiempo de agitaciones y cambios, como un paréntesis, entre dos etapas más o menos estables.

En esos primeros sesenta años de vida independiente del país pueden verse, y muchos, rastros de la organización colonial, en particular en lo que toca a las jerarquías sociales, el racismo y una acusada propensión a la organización corporativa. Mucho, sin embargo, ha cambiado por efecto de la independencia: de entrada, la organización de la autoridad pública, el papel del ejército, los mecanismos de representación y gestión de intereses, el lugar de la prensa periódica, las condiciones para el comercio. Así que el término inicial está bastante justificado.

Por la otra punta, el porfiriato también tiene notas propias y distintas. Por supuesto, el arreglo político de la dictadura depende del orden que se gestó en las décadas anteriores, pero consigue una estabilidad que no tenía precedentes; sobre todo por el control casi definitivo del ejército, y por la solidez de la trama de los poderes regionales, una vez que se pusieron en buena armonía los intereses del ejército, las autoridades locales y los grandes propietarios. También, y no es lo de menos, por el consenso —tan tramposo como se quiera— acerca del respeto a la Constitución de 1857.

Por supuesto, ni aun dentro de esos modestos límites es la historia homogénea. Al contrario, cada aspecto, cada materia exigiría uno o varios cortes, en momentos diferentes. Para tratar de las comunidades campesinas, por ejemplo, habría que señalar el cambio que supuso la desamortización; con las haciendas, en cambio, sería necesario fijarse en la estabilidad de la República Restaurada y en los primeros ferrocarriles. Para el ejército, es evidente la ruptura con la insurgencia civil de la Revolución de Ayutla, mientras que los partidos políticos tienen ya perfiles bien definidos hacia el final de la guerra contra los Estados Unidos; la actitud de la Iglesia, por supuesto, cambia mucho con las guerras de Reforma, aunque no varíe gran cosa su posición social.

No me olvido de nada de eso. En cada caso, procuro anotar los cambios, los momentos de ruptura o la dirección del proceso evolutivo. Escojo, sin embargo, con bastante conciencia de los riesgos, sobre todo las notas que tienen continuidad a lo largo del siglo.

Confío en que se entienda, sin mucho explicarlo, que estudiar el siglo XIX no es una mera curiosidad académica, si tal cosa existe. Creo que la mayor parte de nuestra ciencia social adolece de una falta de sentido histórico, o se nutre, en los más de los casos, de una historia oficial imprecisa, sesgada e incluso mentirosa. De ahí la desenvoltura con que se usan conceptos, términos y argumentos pensados en Europa, como las ideas de Estado, Democracia o Ciudadanía, Clases Sociales y otra buena cantidad de ellas, que son más bien inapropiadas.

Por otra parte, el mismo vicio está en la raíz de algunas suposiciones exageradas sobre los efectos del orden posrevolucionario en la vida pública del país. Ni la corrupción, ni la fabricación de elecciones, ni la venalidad de la prensa, ni la necesidad de intermediarios políticos, ni aun la agitación controlada del "pueblo" son una novedad.

Al principio es sorprendente, incluso gracioso, encontrar semejanzas entre la política decimonónica y la de hoy. Con algo más de atención, las coincidencias pueden servir como guía para explicar algunas notas características de la moral pública y del orden político mexicano: para describir su estructura en la larga duración. Eso es lo que me he propuesto hacer.

El procedimiento que he seguido es muy simple. Se apoya en el supuesto de que la moralidad no es un ideal abstracto, sino una pauta regular que puede inferirse de la conducta. Con ello además supongo que no hay una contradicción entre las exigencias altruistas de la moral y los intereses egoístas de la vida material: la moralidad es la forma social de los intereses. Así entendida, la moralidad es una construcción colectiva, cuya consistencia se hace evidente en el largo plazo.

Sobre esa base, entiendo que es inútil buscar "valores", como imperativos nítidos, y que tiene sentido en cambio construir "tipos de moralidad": sistemas más o menos coherentes e integrados, maneras de valorar, en este caso, la vida pública.

Como apoyo para esta operación, parto de una definición —que no necesita ser muy precisa— del modelo teórico de la "moral cívica"; porque era el que abiertamente proponían los publicistas del XIX, y el que suponían las constituciones. Lo siguiente es comparar el modelo con la conducta efectiva de los campesinos, los hacendados, los militares, los políticos, para entender por qué era inviable esa forma de vida cívica, y qué otra cosa había en su lugar.

He procurado definir con detalle, en páginas anteriores, el modelo cívico, pero no sobra la insistencia.

En un texto muy conocido, Gabriel Almond y Sidney Verba han propuesto un modelo general de "cultura cívica": es, dicen, una cultura pluralista, fundada en la comunicación y la persuasión, una cultura orientada hacia el consenso pero respetuosa de la diversidad, que favorece el cambio y también lo mantiene dentro de límites moderados.[80] El tipo de ciudadano que con ella se produce está orientado hacia la participación activa, racional e informada, pero sin una entrega absoluta a la vida pública:

> El mantenimiento de las actitudes más tradicionales y su *fusión* con las orientaciones de participación, llevan a una cultura política equilibrada en que la actividad política, la implicación y la racionalidad existen, pero equilibradas por la pasividad, el tradicionalismo y la entrega a los valores parroquiales.[81]

En la práctica, su modelo tiene algunas dificultades, sobre todo porque depende de una serie de variables demasiado exigentes, poco flexibles, y carece de una columna vertebral suficiente. Por mi parte, el tipo que considero útil tiene su eje en una nueva forma de obediencia política.

De manera harto esquemática, el "tipo ideal" se construye como sigue.[82] El rasgo central es la lealtad individual hacia las instituciones políticas, bajo la forma del Estado: sin la mediación de linajes, vasallajes, gremios, comunidades o corporaciones. El fundamento de esa lealtad es la convicción de que el Estado se instituye para el Bien Común, y la conciencia de un vínculo de solidaridad con el resto de los ciudadanos, mediado por la Ley.

La ciudadanía, pues, se funda en una forma particular de obediencia política. De la cual se derivan muchos corolarios de

[80] Gabriel Almond y Sidney Verba, *La cultura cívica. Estudio sobre la participación política democrática en cinco naciones*, Madrid, FOESSA, 1970, p. 24.

[81] *Ibidem*, pp. 48-49.

[82] Utilizo la noción de "tipo ideal" porque el procedimiento que sigo es en mucho similar al que proponía Max Weber. Véase, en particular, Weber, "La objetividad del conocimiento en las ciencias y la política sociales", en Max Weber, *La acción social: Ensayos metodológicos*, Barcelona, Península, 1984, pp. 167ss.

importancia desigual: el respeto de la legalidad, la moderación del propio interés por el bien público, el patriotismo, la participación desinteresada en la vida pública, la contribución en una opinión pública racional...

Procedo entonces, como va dicho, comparando las pautas de conducta de diferentes grupos con la hipótesis de la conducta cívica. Es evidente, y no sirve de mucho saberlo, que no había ciudadanos: no lo eran los campesinos, ni los hacendados, ni los militares, ni los clérigos, ni los políticos. Pero la comparación hace posible destacar, en cada caso, el rasgo o los rasgos propios de su moralidad.

El mecanismo me obliga a ser, hasta cierto punto, esquemático: porque de eso depende la utilidad del análisis. Encuentro, por ejemplo, que la conducta política del campesinado sigue una lógica comunitaria que obstruye la lealtad cívica, pero induce por su parte otras formas de participación. En forma parecida, los hacendados eran el eje de un sistema clientelista que sobrepasaba, por mucho, las funciones meramente económicas. En el clero y en el ejército hay una inclinación básica hacia la defensa corporativa de intereses, matizada en el caso de los militares por la naturaleza casi patrimonial de las fuerzas armadas. Los políticos, por su parte, rara vez aparecen como "representantes" de la ciudadanía: son más bien intermediarios que, en un sistema de reciprocidad, gestionan la desobediencia controlada de sus clientelas.

El funcionamiento general de la vida pública no se conforma, es lógico, con la hipótesis cívica. Predominan las lealtades personales y las conspiraciones, y la autoridad pública es, más que otra cosa, un recurso útil para promover intereses particulares.

En todos los casos, insisto, reconstruyo por la abstracción de un rasgo elemental la lógica de un tipo ideal. Max Weber:

> [El tipo ideal] es un cuadro mental. No es la realidad histórica y mucho menos la realidad 'auténtica', como tampoco es en modo alguno una especie de esquema en el cual se pudiera incluir la realidad a modo de ejemplar. Tiene más bien el significado de un concepto límite puramente ideal, con el cual se mide la realidad a fin

de esclarecer determinados elementos importantes de su contenido empírico, con el cual se la compara.[83]

En el procedimiento metódico están implícitas algunas hipótesis iniciales bastante simples. Sobre todo me interesa anotar dos.

Primero, supongo que las formas de moralidad pública en México no seguían un modelo homogéneo, y que ninguno de los tipos coincidía con los imperativos de la moral cívica. Segundo, y es una consecuencia de lo anterior, bajo el orden formal que definía el aparato jurídico, la vida política se organizaba por medio de relaciones y prácticas regulares con todas las características de un orden efectivo, aunque informal.

Apoyado en eso, sugiero una tesis general que informa la orientación de mi análisis: el proyecto explícito de toda la clase política decimonónica de crear ciudadanos, de dar legitimidad y eficacia a un Estado de derecho, democrático y liberal, estaba en abierta contradicción con la necesidad de mantener el control político del territorio. Sin el apoyo de la moral cívica, el Estado que imaginaban era una quimera; sin el uso de los mecanismos informales —clientelistas, patrimoniales, corruptos— el control político era imposible.

Donde no había ciudadanos, actuar como si los hubiera suponía un riesgo inaceptable para la clase política.

[83] Max Weber, "La objetividad del conocimiento...", *op. cit.*, p. 167.

N.B.: En todas las citas de textos del siglo pasado, he respetado la ortografía y la sintaxis originales, donde no las he encontrado ya corregidas por algún editor. En algunos casos se trata de simples errores, en otros es la grafía convencional de la época, y en otros más, como en los textos del doctor Mora, se trata de manías ortográficas personales. He intercalado, entre corchetes, algunas palabras cuando las he sentido necesarias para mantener el sentido de la frase.

EL ORDEN RURAL

La otra política

Cumplida la independencia, vino el Imperio, después una rebelión y otra, y otra más, el constituyente y la República. La política parecía el asunto de unos cuantos, que hacían y deshacían sin muchos miramientos. ¿Y los pueblos? se pregunta, tiempo después, Tornel,

> ¿Y los pueblos? Los pueblos callaron y obedecieron, como han obedecido y callado siempre, sin que estímulo alguno pudiera sacarlos de la fría indiferencia con que ven pasar y repasar tantas revoluciones, en las que jamás les cabe parte ni provecho.[1]

La idea no es original; ni siquiera extraña. Casi todos los políticos y escritores del siglo pasado estaban convencidos de que el campo era un peso muerto para la política nacional. Asunto curioso de por sí, en una sociedad abrumadoramente rural. Pero lo que es notable es que a la mayoría les parecía, si no natural, por lo menos comprensible.

Otero, por ejemplo, se explica la indiferencia con que campesinos e indígenas vieron la guerra del cuarenta y siete, sin casi hacer aspavientos:

> [. . .] fácil es comprender —dice— el ningún interés que esta parte importante de la población de la República puede tomar en la conservación de un orden de cosas del cual ella es víctima. Los indios seguramente han visto entrar al ejército norteamericano con la misma indiferencia con que veían antiguamente entrar los ejércitos españoles cuando estos dominaban en el país, y con la misma calma con que después de la independencia han visto ir y venir a nuestras tropas en nuestras continuas revoluciones interiores.[2]

[1] José María Tornel y Mendívil, *Breve reseña histórica de los acontecimientos más notables de la nación mexicana*, México, INEHRM, 1985, p. 12. La edición original es de 1852.

[2] Mariano Otero *et al.*, "Consideraciones sobre la situación política y social de la República Méxicana en el año 1847", en M. Otero, *Obras*, México, Porrúa, 1967, vol. I, p. 102. Aunque por lo general se atribuye directamente

De hecho, según la imagen que se hace, los indios estaban, no ya marginados, sino excluidos de raíz: "puede asegurarse que a las tres cuartas partes de los indios no les ha llegado tal vez la noticia de haberse hecho la independencia".[3] Acaso la afirmación sea exagerada, pero lo que me interesa es la actitud; porque tiene un fondo de verdad, bajo un montón de prejuicios.

Los grandes temas políticos sólo interesaban a una minoría muy reducida,[4] y eso tal vez explica, en parte, la versatilidad de las opiniones y la persistencia de la agitación. Por su naturaleza, la "gran política" era elitista; y frente a ella, el campo se aparecía sin duda poblado por una masa inerte.

Sin embargo, los campesinos hacían política. Los cientos y aun miles de rebeliones deberían ser testimonio suficiente. Lo que hay que subrayar es que entonces, y todavía mucho después, aquello no era, no parecía política.

Era, sin embargo, una forma antiquísima de la política. En toda Europa, hasta el siglo XIX, el proceso de modernización estuvo acompañado por rebeliones campesinas. Escribe Fernand Braudel:

> el mundo campesino no cesa de luchar contra lo que le agobia, el Estado, el señor, las circunstancias exteriores, las coyunturas desagradables, las tropas armadas; contra lo que lo amenaza, o por lo menos, molesta *a las comunidades aldeanas, condición de su libertad*. Y todo esto tiende a unificar su espíritu.[5]

En pequeñas y grandes rebeliones, los campesinos europeos, como los americanos, defendían la estabilidad del orden comunitario. En particular contra el Estado, contra el nuevo derecho del capitalismo. Y si no era su actitud nada cívica, sería más que ingenuo suponerlos marginados de la vida política.

En México, para los grupos urbanos, ilustrados, era eviden-

---

a Otero, el texto es, sin duda, de varios autores; se identifica, por ejemplo, la contribución de un autor mucho más anticlerical y mordaz.

3 *Ibidem*, p. 101.

4 Dice Costeloe: "Es probable que menos de un 5 por 100 de la población estuviese interesado en términos tales como federalismo, centralismo, monarquía o república, o fuese capaz de comprenderlos." M. Costeloe, *La primera república federal de México (1824-1835). Un estudio de los partidos políticos en el México independiente*, México, FCE, 1983, p. 27.

5 Fernand Braudel, *Civilización material, economía y capitalismo. Siglos XV-XVIII*, Madrid, Alianza, 1984, vol. III, p. 430.

te que los campesinos no podían ser ciudadanos: eran siervos o amotinados, detenidos al margen de la historia. Por eso no contaban, sino en las buenas intenciones de regeneración.

A la distancia, es casi evidente que su conducta no era, en absoluto, irracional. Igual que en los motines de subsistencia del Antiguo Régimen europeo, es posible señalar una pauta en sus rebeliones: una forma de organización, una lógica y un conjunto de temas estratégicos.[6] Desde luego, los grandes asuntos políticos no les interesaban demasiado; pero tenían una vida política muy activa y muy consistente.

Eso, sin embargo, no podía contentar a la clase política nacional; y mucho menos a los liberales. El imperativo de civilizar a los indios es elocuente por sí solo. En el mejor de los casos, esa existencia anómala de los campesinos indios pesaba como un inexcusable cargo de conciencia, para gente como Guillermo Prieto:

> Esa barbarie mansa de la clase indígena, ese sacrificio perpetuo de toda una raza, ¿cómo se quiere que no falsee toda reforma, que no nulifique todo sistema, que no desmienta todo proyecto de bienestar futuro?[7]

Por lo general, empero, la actitud era mucho más beligerante, y no se contemplaban transacciones con el objetivo final de suprimir esa "anomalía", ya fuese por la inmigración, por la educación o, directamente, por la guerra.[8] Es curiosa, y volveremos sobre ella, la tenacidad con que se mantiene, contra vien-

[6] Para Europa, son clásicos los textos de G. Rudé, *La multitud en la historia*, Madrid, Siglo XXI, 1979, de E.P. Thompson, "La economía moral de la multitud en la Inglaterra del siglo XVIII", en *Tradición, revuelta y consciencia de clase*, Barcelona, Crítica, 1984, y Pierre Vilar, "Motín de Esquilache y crisis de Antiguo Régimen", en *Hidalgos, amotinados y guerrilleros*, Barcelona, Crítica, 1982. Para México es fundamental ver W.B. Taylor, *Embriaguez, homicidio y rebelión en las poblaciones coloniales mexicanas*, México, FCE, 1987.

[7] Guillermo Prieto, *Viajes de orden suprema*, México, Gobierno del Estado de Querétaro, 1986, vol. I, p. 307

[8] En 1848, la prensa liberal veía la asimilación como uno de los grandes objetivos nacionales. Para algunos, así *El siglo XIX*, la igualdad legal iría creando una conciencia cívica en la raza indígena; para otros, como *El Monitor Republicano*, no había más remedio que "esterminarla o civilizarla y mezclarla con las otras (razas)". Véase Charles A. Hale, *El liberalismo mexicano en la época de Mora (1821-1853)*, México, Siglo XXI, 1985, p. 244.

to y marea, la confianza en la eficacia política de la educación.

En 1850, Juárez pedía que se estableciese una escuela en Juchitán, "porque sólo la ilustración puede desterrar de esos pueblos los vicios y la inmoralidad que los dominan".[9] Más de treinta años después, Altamirano argumentaba, en defensa del proyecto de hacer obligatoria la instrucción primaria, que "la escuela es la garantía de la democracia (...) porque ella es el valladar más fuerte alzado contra las falacias de la ambición y contra los amagos de la tiranía".[10]

Para las teorías políticas de la élite, la realidad campesina era, por decir lo menos, un estorbo; para sus sistemas jurídicos era una anomalía; para sus proyectos y sus ambiciones, para su credo progresista, era el lastre de la barbarie.[11] Sin embargo, en la práctica política, era el fundamento de su dominio; en la práctica no se olvidaban de los campesinos, ni los trataban con condescendencia, sino que sabían hacer de ellos un recurso político. De ahí salió la fuerza de Juan Álvarez, de Manuel María Gándara, de Francisco Leyva, de Plácido Vega.

LA COMUNIDAD COMO MODELO

La historia oficial y los murales de Diego Rivera nos han acostumbrado a la dudosa idea de que cualquier tiempo pasado fue peor. En particular por lo que toca a los campesinos. Y en particular ahí el prejuicio es ostentosamente falso.

La imagen clásica de la colonia, y aun del XIX, de un campo casi feudal, agitado por el perpetuo conflicto entre hacendados voraces y comunidades despojadas, es demasiado inexacta. El

[9] Benito Juárez, exposición al Congreso de Oaxaca, 2 de julio de 1850, en *Exposiciones (cómo se gobierna)*, edición de Ángel Pola, México, INEHRM, 1987, p. 295.

[10] Ignacio Manuel Altamirano, discurso en Puebla, 5 de febrero de 1882, en *Discursos y brindis*, México, SEP, 1986, pp. 398-399.

[11] En un libro reciente, y polémico, F.X. Guerra escribe: "Esta elite cultural es el verdadero 'pueblo', el único que está formado por individuos[...], por ciudadanos. [...] Es el 'país real', mientras que los gobernados no son más que el 'país legal' en nombre de los cuales se gobierna, una sociedad cuyas solidaridades, jerarquías y valores no son más que barbarie y tiranía..." *México: del antiguo régimen a la Revolución*, México, FCE, 1988, vol. I., p. 166.

campo mexicano ha sido siempre mucho más complejo y dinámico que todo eso. Hubo haciendas fuertes y haciendas débiles, hubo comunidades despojadas y comunidades que mantuvieron sus tierras y sus formas de organización hasta el siglo XX, hubo relaciones de cooperación como las hubo de conflicto; y sobre todo, salvo tendencias muy gruesas, hay muy pocas posibilidades de generalizar ningún juicio.[12]

Desde luego, para entender la moralidad pública de los campesinos, en especial de los campesinos indígenas, el referente mayor y más sólido es el de la *comunidad*. Que no es, por descontado, sólo una unidad demográfica, sino una estructura política.

Las comunidades campesinas mantuvieron siempre las huellas de su origen: como repúblicas y como pueblos habían tenido durante la colonia un amplio margen de autonomía, del que derivaban su cohesión y su fuerza política. Dos temas había fundamentales para la persistencia de las comunidades, el autogobierno y el control sobre las tierras.[13] Ambas cosas hacían posible que la comunidad vigilase por su supervivencia, y ambas exigían una lealtad bastante rigurosa de sus miembros.

Su fuerza y su organización, sin embargo, eran muy variables. A principios del XIX, por ejemplo, los pueblos de Oaxaca permanecían casi aislados y cerrados en sí mismos, con un orden tradicional bastante estable; un poco más al norte, los pueblos de Nueva Galicia sufrían un proceso de modernización económica que aumentaba sus lazos con el exterior, al tiempo que disminuía su cohesión interna; en el Bajío, por otra parte, el proceso de asimilación de los indígenas había avanzado bastante, y las comunidades apenas tenían control sobre sus miembros.[14]

[12] Entre los estudios recientes que han transformado la versión clásica del campo mexicano destacan los de Herbert Nickel, David Brading, John Tutino, W.B. Taylor y Friedrich Katz que iré comentando en lo que sigue.

[13] La estructura teórica de los pueblos era muy compleja, y suponía una importante capacidad de control de tierras: fundo legal, ejido, terrenos de repartimiento, propios, y montes y aguas.

[14] Sobre esto, ver por ejemplo, W.B. Taylor, "Bandolerismo e insurrección: agitación rural en el centro de Jalisco, 1790-1816", en F.Katz (comp.), *Revuelta, rebelión y revolución*, México, Era, 1990, vol. I, pp. 207-208, y David Brading, *Haciendas y ranchos en el Bajío. León (1700-1860)*, México, Grijalbo, 1988, pp. 59-60.

Es indudable que hay una tendencia, muy lenta y desigual, pero persistente, a la disolución de las comunidades —bajo su forma tradicional— con la extensión progresiva de las relaciones de mercado. Sin embargo, los pueblos resistieron incluso cuando habían ya perdido buena parte de sus tierras.[15] Y su autonomía, y su forma de hacer política, eran un problema mayúsculo para la organización de un Estado, pero eran también muy útiles para dar estabilidad al predominio político de élites regionales.

El modelo más clásico del funcionamiento de las comunidades supone que eran "sistemas sociales limitados", con fronteras bien definidas y una conciencia sólida de identidad.

> Cada comunidad —dice Eric Wolf— conservaba sus propias costumbres y lenguaje, y se rodeaba con una muralla de desconfianza y hostilidad contra los extraños. Un conjunto de esas comunidades podía estar subordinado a una hacienda que se encontrase valle abajo, pero conservaba al mismo tiempo un fuerte sentido de su diferencia cultural y social con respecto a la población de la hacienda.[16]

La descripción puede ser justa para algunas comunidades —en Oaxaca, por ejemplo—, pero en general tiene algunos problemas. Porque los pueblos estaban siempre en relación con el mundo exterior: si no dependían de las haciendas para obtener trabajo, concurrían a los mercados urbanos próximos y, en todo caso, eran mucho más flexibles de lo que sugiere el modelo.[17]

Las comunidades tenían estructuras diferentes, y enfrentaban problemas diferentes también, pero no es aventurado suponer que tenían en común una lógica, una manera de ver el mun-

[15] Comenta Katz que, a fines del siglo XIX, la mayoría de los campesinos del centro siguieron residiendo en sus pueblos, y que "las aldeas mismas lograron conservar cierta autonomía, reteniendo a veces pequeñas extensiones de tierra que, si bien no alcanzaban para mantener a la población un año entero, sí producían lo suficiente para alimentarla durante algunos meses". F. Katz, *La servidumbre agraria en México en la época porfiriana*, México, Era, 1982, p. 42.

[16] Eric R. Wolf, *Las luchas campesinas del siglo XX*, México, Siglo XXI, 1985, p. 17.

[17] Para una crítica del modelo de Wolf, véase Guillermo de la Peña, *Herederos de promesas. Agricultura, política y ritual en los altos de Morelos*, México, CIESAS, 1980, pp. 60-64.

do y de entenderse con él. El profesor James Scott ha seguido esta idea, y ha propuesto que las sociedades agrarias desarrollan una *ética de subsistencia* que rige su organización.[18] En esquema, es una organización de la acción social orientada hacia la eliminación del riesgo: el gran riesgo de la hambruna.

La garantía de subsistencia está en la base del *orden* de las comunidades campesinas: la fuerte cohesión interna, las exigencias distributivas y los vínculos clientelistas tienen el mismo objeto. La noción de *justicia*, por otra parte, está estrechamente vinculada con la subsistencia, y con el criterio moral básico que es la reciprocidad. En expresión de Scott, "la obligación de la reciprocidad es el principio moral por excelencia, y se aplica con la misma fuerza a las relaciones entre iguales y entre desiguales".[19]

Es entonces lógico que, en su conducta política, los campesinos busquen y prefieran los vínculos *personales* con hacendados o caciques, con quienes pueden mantener relaciones de reciprocidad. Por la misma lógica, el Estado suele aparecer más como amenaza que como garantía; en particular los impuestos, decretados por autoridades distantes, cobrados de manera rigurosa y tasados sin considerar las necesidades particulares de cada comunidad, son con frecuencia resentidos como injustos.[20]

A todo esto hay que sumar, en el caso mexicano, la tradición corporativa y paternalista de la colonia. Las comunidades buscan su nicho de subsistencia en la competencia de las autoridades, y aspiran siempre a que la autoridad suprema intervenga como mediadora en los conflictos.

Es relativamente fácil ver, en los textos, esa lógica comunitaria, y en particular la aversión de los campesinos hacia el Estado: un Estado demasiado débil para servir de mediador, pero fuerte, a la vez, para extorsionar a los pueblos. Ignacio Ramírez lo vio con bastante claridad:

> Viene el recaudador de contribuciones y paga; viene el reclutador de soldados y marcha a la guerra; viene un agente del ministerio de fomento y presta sus trabajos forzados; viene un policía y va

[18] James Scott, *The moral economy of the peasant. Rebellion and subsistence in Southeast Asia*, Londres, Yale University Press, 1976.

[19] *Ibidem*, p. 169.

[20] *Ibidem*, cap. 4, *passim*.

> a la cárcel, y viene el verdugo, y muere: para el campesino todo esto es una calamidad misteriosa; y no comprende que en virtud de sus poderes [como pueblo soberano] todos esos aventureros aparecen periódicamente para atormentarlo.[21]

Los impuestos personales, exigidos además en efectivo —que los campesinos no tenían—, eran un motivo de fricción permanente, y no es raro que aparezcan como justificación de rebeliones.

En 1845, por ejemplo, los nahuas y mixtecos del suroeste de Puebla se negaron a pagar el impuesto de capitación;[22] en 1848, Jacinto Pat, jefe de los mayas rebeldes, advertía que "si abolieran la contribución, descansaría todo indio, puesto que todos los de su raza están alzados";[23] en 1850, los indígenas de Santuario del Cardenal, cerca de Ixmiquilpan, se insurreccionaron en protesta por los nuevos impuestos;[24] en 1851, los pueblos de Tepalcingo y Tecosautla, en el Estado de México, se resistieron al pago de impuestos;[25] en 1885, la rebelión totonaca encabezada por Antonio Díaz Manfort se propuso la supresión de las contribuciones e impuestos personales, y de los impuestos al pequeño comercio.[26]

La misma lógica, no sobra anotarlo, aparece en numerosos motines durante la colonia. El cobro de nuevos impuestos, o de tasas que se sentían exageradas era una fuente constante de inquietud en los pueblos campesinos desde el siglo XVI.

El problema podía no ser ni siquiera el monto del impuesto, ni la legitimidad de la autoridad que lo exigía, sino la manera de cobrarlo, sin atender a las necesidades particulares de cada cual. En sustancia, era sólo una manifestación de la resistencia campesina a la igualación individualista que imponía el Estado.

[21] Ignacio Ramírez, en *El Semanario Ilustrado*, 6 de noviembre de 1868, *Obras completas*, México, Instituto de Investigaciones Jorge L. Tamayo, 1985, vol. II, p. 403.

[22] Leticia Reina, *Las rebeliones campesinas en México (1819-1906)*, México, Siglo XXI, 1986, p. 245.

[23] Carta de Jacinto Pat al padre Vela, mediador en el conflicto, citada en Nelson Reed, *La guerra de castas de Yucatán*, México, Era, 1985, p. 85.

[24] *Ibidem*, p. 123.

[25] Moisés González Navarro, *Anatomía del poder en México, 1848-1853*, México, El Colegio de México, 1983, p. 185.

[26] Renée González de la Lama, "Los papeles de Díaz Manfort: una revuelta popular en Misantla (Veracruz), 1885-1886", en *Historia Mexicana*, vol. XXXIX, núm. 2, octubre-diciembre de 1989.

Una queja del juez de Miacatlán en 1844 es elocuente:

> Es muy sensible a los ojos de un hombre delicado aunque sea de los mas infelices, ver que orgullosa y despóticamente se le presenta el comisionado exigiéndole el pago total de lo vencido, sin atender a que los infelices no pueden satisfacer sino parcialmente...[27]

Se ha escrito ya muchísimo sobre las luchas campesinas por la tierra, sus conflictos con las haciendas y su resistencia a las leyes de desamortización. Lo que me interesa es indicar que esas luchas se inscriben en una lógica mayor, de defensa del orden tradicional: autogobierno, tierras comunales, servicios religiosos; en todos los terrenos la comunidad intenta mantener su cohesión y su seguridad.

El misoneísmo campesino es perfectamente sensato; la modernidad, ya fuese por el mercado o por el Estado, sólo aparecía como amenaza.

Hoy es casi evidente que la supresión del orden colonial afectó a los pueblos, y que el régimen republicano debía chocar, sin remedio, con sus formas habituales de vida. Sin embargo, el conflicto sólo se desarrolló enteramente a partir de la Reforma. En un principio, la desorganización del Estado actuó a su favor:

> la debilidad de los primeros regímenes republicanos vigorizó a las 'repúblicas' de indios. Aunque se pretendió aniquilarlas como una 'reliquia vergonzosa del antiguo régimen colonial', las 'repúblicas' fortalecieron su afán separatista, y muchas aldeas de indios acabaron siendo estados soberanos e independientes.[28]

Una autonomía así era un obstáculo para la racionalidad estatal, que los liberales de mediados de siglo se empeñaron en remover.

[27] Carta del juez de Miacatlán al prefecto de Cuernavaca, 3 de junio de 1844, citada por Brígida von Mentz, *Pueblos de indios, mulatos y mestizos, 1770-1870. Los campesinos y las transformaciones protoindustriales en el poniente de Morelos*, México, CIESAS, 1988, p. 143.

[28] Luis González y González, Emma Cosío Villegas y Guadalupe Monroy, *La República Restaurada. La vida social*, Daniel Cosío Villegas, *Historia moderna de México*, México, Hermes, 1985, p.163. Sobre la fuerza de las comunidades en las primeras décadas del siglo, ver también John Tutino, "Cambio social agrario y rebelión campesina en el México decimonónico. El caso de Chalco", en F. Katz, *Revuelta, rebelión y revolución*, *op. cit.*, pp. 104ss.

La organización de los municipios había sido el primer intento, y drástico, de transformar el orden de los pueblos. El nuevo sistema quitaba autonomía, por supuesto, a las comunidades, y las subordinaba al Estado central; pero además, no todos los pueblos alcanzaban a tener su ayuntamiento, y muchos quedaron sujetos a la autoridad de los mestizos, dominantes en los centros más poblados. Sobre el caso de Oaxaca escribe Rodolfo Pastor:

> La ley implicaba la formación de una docena de municipios bajo control de los mestizos en los centros ladinos de la sierra, a los cuales los pueblos tendrían que someterse de la misma manera que los 145 pueblos pequeños del valle de Oaxaca resultaban ahora sufragáneos del Honorable Ayuntamiento Municipal de la capital del estado . La constitución del municipio no era, desde la perspectiva de los pueblos, más que el violento despojo de sus prerrogativas políticas y la abolición de la segregación racial, supuestamente 'humillante' para el indio, parecía una artimaña para entregar sus gobiernos en manos de los mestizos.[29]

El cambio no fue fácil, y por décadas la organización de los municipios estuvo "viciada" por la persistencia de prácticas tradicionales, y por los intentos de mantener, en lo que fuese posible, la autonomía que habían tenido en otro tiempo. Inventar las instituciones era una cosa, transformar el espíritu público de los campesinos era otra muy distinta, y mucho más difícil.

Desde que era gobernador de Oaxaca, en 1849, Juárez vio con disgusto, y hasta con alarma "esa tendencia que generalmente se observa en los pueblos, de sustraerse de las obligaciones que las leyes les imponen".[30] El proyecto liberal incluía, por ello, una ofensiva en regla para terminar con el "espíritu de tribu", repartiendo las tierras y sujetando los pueblos a las autoridades políticas.[31]

[29] Rodolfo Pastor, *Campesinos y reformas: la mixteca, 1700-1856*, México, El Colegio de México, 1987, p. 421.

[30] Benito Juárez, exposición al Congreso de Oaxaca, 2 de julio de 1849, en *Exposiciones*, *op. cit.*, p. 225.

[31] Un panfleto de 1855 proponía, además, la prohibición de los dialectos indígenas para forzar su asimilación; la medida, junto con el reparto de tierras, debía ser la base de la reforma social del país. Véase Donald J. Fraser, "La política de desamortización en las comunidades indígenas", *Historia Mexicana*, vol. XXI, núm. 4, abril-junio de 1972, p. 625.

La disolución de las comunidades era un objetivo explícito de la desamortización, y no podía ser de otro modo. El modelo liberal de Estado exigía la supresión de esas lealtades locales, y la uniformidad de la autoridad estatal. Necesitaba fundar su dominio sobre una sociedad de *individuos*: no podía negociarlo con cuerpos y comunidades.

> Incuestionable —escribía el ministro Lerdo— es que *no debe tolerarse la subsistencia de comunidades* de indígenas, procurándose por el contrario la repartición de los bienes de que han sido propietarios, y éste es cabalmente uno de los principales preceptos de la ley.[32]

También se tomaron medidas más drásticas, sobre todo con los grupos más beligerantes. Conforme la autoridad estatal se iba consolidando, y la clase política encontraba un *modus vivendi* más o menos estable, la ofensiva contra las comunidades se hizo más fuerte. La Constitución de Sonora de 1873, por ejemplo, establecía:

> Art. IV. Privar a las tribus yaqui y mayo de los derechos de ciudadanía mientras mantengan la anómala organización que tienen ahora en sus pueblos y rancherías, pero concederles el goce *a individuos de las mismas tribus* que residan en los pueblos organizados del estado.[33]

Lo definitivo, con todo, no fue la legislación, sino la alianza que pudo establecerse, a partir de los ochenta, entre los hacendados y la clase política. Eso, unido a la expansión del mercado y la modernización de muchas haciendas, terminó por minar las posibilidades de defensa de los pueblos, aunque, por supuesto, no acabó con ellos.[34]

[32] Carta del ministro Miguel Lerdo de Tejada al gobernador de Michoacán, sobre la aplicación de la ley de desamortización, en 1857. Citado en *ibidem*, p. 640. Las cursivas son mías.

[33] Citado en Rodolfo Acuña, *Caudillo sonorense: Ignacio Pesqueira y su tiempo*, México, Era, 1981, p. 157. Las cursivas son mías.

[34] "A partir de los años ochenta, las posibilidades de las comunidades de hacer valer sus derechos sobre la tierra y el agua se redujeron más que nunca. [...] las comunidades indígenas fueron puestas casi totalmente a la defensiva", Herbert J. Nickel, *Morfología social de la hacienda mexicana*, México, FCE, 1988, p. 114.

En ese panorama, no deja de ser notable que hubiese quienes defendieran la peculiar política campesina, desde un punto de vista liberal. Encuentro, sobre esto, una curiosa nota de Ignacio Ramírez, de 1868:

> Esa profunda y constante agitación [en defensa de sus tierras] despertará también el espíritu de empresa; y los que ahora se buscan y comprometen para recobrar sus bienes perdidos, mañana se entregarán en concordia a la apertura de caminos y de canales, a la formación de escuelas, a la conservación de los bosques y a la consecución de todos los bienes sociales.[35]

El argumento resulta lógico: demasiado lógico. El problema es que el tipo de participación, la moralidad pública que exige, como fundamento, la sociedad liberal que imagina Ramírez, no tiene nada que ver con la moralidad comunitaria de los campesinos. Algo parecido ocurre a Molina Enríquez:

> El indio puro o con escasa mezcla de sangre exótica, llega a tener a veces, algunos rudimentos de espíritu público, como se observa en numerosos poblados de las serranías de la República, cuyos habitantes defienden con energía el *self-government* de su miserable comunidad...[36]

No son rudimentos: es una moralidad pública perfectamente desarrollada, sólo que no se trata de *self-government*, sino de la autonomía y la subsistencia de un orden tradicional. El problema estriba en que defender a los campesinos y defender al Estado liberal son pretensiones incompatibles. Los campesinos no eran, ni querían ser, ciudadanos.

Acaso fuese posible rastrear, en Europa, un cambio en esta actitud a principios del XIX, al menos en Francia. Y ello por dos cosas: la propiedad individual de la tierra, y la incorporación al ejército para defender a una patria que ya no se definía sólo como patrimonio real. Algo así, al menos, da a entender Michelet; en el campesino francés, dice, "no encontraréis los sentimientos del jornalero, del mercenario: es un propietario, y un soldado

[35] Ignacio Ramírez, en *El Semanario Ilustrado*, 30 de octubre de 1868, *Obras completas*, *op. cit.*, vol. II, p. 401.

[36] Andrés Molina Enríquez, *Los grandes problemas nacionales*, México, Era, 1985, p. 387.

(lo ha sido, y podría serlo mañana): su padre sirvió en la *grande armée*''.[37]

El énfasis que pone Michelet en el servicio militar merece ser tomado en cuenta. Unas páginas más allá insiste: ''El campesino ya no es ese hombre [sumiso]; tiene el corazón más en alto: ha sido soldado''.[38] Los mexicanos del XIX entendían de qué se trataba, y se cuidaron mucho de permitir que se formaseń milicias cívicas entre el campesinado. Pero de eso hablaremos más tarde.

LA POLÍTICA CAMPESINA

En julio de 1836 la ''nación'' ópata envió una breve relación de agravios al Presidente de la República, pidiendo su intervención en defensa de los pueblos. El documento es interesante, y merece una cita extensa.

> [En 1831] se digno el Excelentísimo Señor Presidente que mandaba entonses en la nación Mejicana don Anstacio Bustamente, oir con atencion nuestros clamores, y en consecuencia dio a los embiados, una orden para que el gobernador de Sonora administrara justicia a los pueblos; mas tan luego que aquella se le precentó, la vio áquel majistrado con mucho enfado, y en lugar de administrar justicia trató muy mal y con palabras ofensibas a los comisionados [...] ¿y porque sufran tantos atropellamientos y despojos los pueblos de la nacion Opata? por dos rasones, la primera porque son obedientes a las leyes y al gobierno Mejicano, y la segunda porque los usurpadores de nuestras tierras todos son ermanos parientes, compadres, y amigos de los mandatarios [...] de suerte que los mandatarios de Sonora son peores que los españoles, y nosotros los yndios vivimos en la epoca de la libertad mas oprimidos que cuando estabamos sullugadas, abido Yndependencia para los Morenos, Escalantes, Morales y Escobosos y no para nosotros, digo esto, porque en aquellos tiempos nunca nos quitaron nuestras propiedades, y hoy se priban de ellas a una comunidad y no se les hase justicia.[39]

[37] Jules Michelet, *El pueblo*, México, FCE, 1991, p. 37.
[38] *Ibidem*, p. 45.
[39] Representación de la tribu ópata, 27 de julio de 1836, firmada por Juan Ysidro Bojorques, en *Planes en la Nación Mexicana*, México, Senado de

Es una típica representación de comunidades indígenas: reclaman las tierras de los pueblos, usurpadas por amigos y parientes de las autoridades, y lo hacen a través de sus representantes tradicionales, que hablan en nombre de la "nación" ópata, y piden al Presidente que llame al orden a las autoridades inferiores.

Sin embargo, el documento revela también otras cosas. Lo que más me interesa es que conocen la política nacional, y que se sienten mexicanos. No viven aislados en su mundo comunitario. Reclaman lo que les dejó pendiente Bustamante cinco años atrás, denuncian los manejos del gobierno del estado y sus paniaguados, y aprovechan para hacer notar que si han sufrido los despojos es "porque son obedientes a las leyes".

Se sienten mexicanos; sienten que la nacionalidad, además, les da ciertos derechos: "abido Yndependencia para los Morenos, Escalantes, Morales y Escobosos y no para nosotros".

Un documento que sería sólo curioso si no hubiese muchos otros de carácter similar. En 1849, por ejemplo, las autoridades y "el común" del pueblo de Juchitán reclaman su derecho de aprovechar las salinas de Tehuantepec, y alegan:

> el que coge y disfruta lo que es suyo no lo hurta: nosotros somos mexicanos, *somos la nación*, y somos dueños y tenemos el mismo derecho para que de este fruto aprovecharnos, y de esto que trabajamos tenemos los impuestos de que pagarle á la nacion y otras cargas concejiles precisas. . .[40]

Se podrán encontrar casos de pueblos que, como decía Otero, no tuvieran noticias de la independencia a mediados de siglo, pero ésa no era, ni mucho menos, la regla. Las comunidades, en su mayoría, estaban en relación permanente con el mundo exterior, y sabían manejarse en él.

Durante la colonia, los indios aprendieron pronto a utilizar los recursos legales, y dieron bastante trabajo al Juzgado General de Indios.[41] Después de la independencia no cambiaron las

la República, 1987, vol. III, editado por Josefina Z. Vázquez, pp. 86-87.

[40] El documento aparece en Víctor de la Cruz, *La rebelión de Che Gorio Melendre*, México, Ayuntamiento de Juchitán, 1983, p. 31. Las cursivas son mías.

[41] Véase Woodrow Borah, *El Juzgado General de Indios en la Nueva España*, México, FCE, 1985.

cosas; los pueblos seguían concurriendo a los tribunales con insistencia para resolver sus problemas de tierras o para quejarse de autoridades locales.[42]

Desde luego, sus conflictos eran rigurosamente locales, y nunca tramaron alianzas de carácter nacional. Porque tenían su manera de hacer política. Y por eso mismo se desentendían, a veces, abiertamente de las cuestiones nacionales. Sobre Manuel Lozada, por ejemplo, dice Vigil:

> no acordaba su hospitalidad á los enemigos del gobierno porque simpatizase con sus principios, sino más bien á causa de una completa indiferencia hácia ellos: tanto el gobierno, como sus contendientes, era, ó debían ser con el tiempo, sus enemigos; ninguna de las causas debatidas en los campos de batalla era la suya.[43]

Y Lozada lo tenía muy claro. Incluso bajo el imperio de Maximiliano, los pueblos de la sierra de Alica se declararon neutrales: "conviene —decía su manifiesto— que los pueblos del departamento no sigan sosteniendo idea alguna política, para no exponerse á fomentar con su cooperación el desarrollo de males que han de producir necesariamente la disolución social..."[44]

Otros pueblos tenían menos fuerza para sostener su neutralidad, pero procuraban seguir una política similar. Entre otros, Powell cita el caso del ayuntamiento de Monte Alto, en el Estado de México, que ofreció su apoyo a los conservadores en 1858, pero con una advertencia bien clara: "Este municipio no consentirá en ser invadido o perjudicado por el jefe de ningún partido".[45]

Desde luego, en otros muchos casos, la participación de campesinos e indígenas no tenía nada de voluntaria. Violenta-

[42] Escribe Leticia Reina: "Las movilizaciones campesinas no brotaban espontáneamente como pudiera parecer. Los campesinos pedían constantemente revisión de los linderos de las propiedades y restitución de sus tierras, y las protestas se hacían cada vez más frecuentes, primero contra las autoridades locales y después contra las estatales, llegando incluso a enviar comisiones para quejarse ante el gobierno federal". Reina, *Las rebeliones campesinas*, *op. cit.*, p. 31.

[43] José María Vigil y Juan B. Híjar y Haro, *Ensayo histórico del Ejército de Occidente*, México, INEHRM, 1987, p. 610.

[44] El manifiesto aparece citado en Vigil, *op. cit.*, p. 487

[45] T.G. Powell, *El liberalismo y el campesinado en el centro de México (1850-1876)*, México, SEP, 1974, p. 91.

dos por unos y otros, prestaban servicios, daban forraje y alimentos, y a veces marchaban a la guerra. Sin exagerar puede decirse que esa participación forzosa sólo daba más fuerza y más sentido a su neutralidad original: tanto los unos como los otros eran, visiblemente, enemigos.[46]

Pero no estaban siempre tan indefensos, ni era tan fácil forzarlos a tomar partido. Su lógica política les permitía, con frecuencia, utilizar las rivalidades regionales y las guerras civiles. Los políticos negociaban el apoyo de los pueblos, y éstos sabían aprovechar su fuerza con un buen sentido de oportunidad. El pueblo de Tecosautla, por citar sólo un caso, apoyó el plan de Jalisco de 1852, y consiguió la supresión de las contribuciones personales.[47]

Los ejemplos abundan; casi todos los planes nacionales cuentan con actas de adhesión de pueblos y de comunidades indígenas. Los seris y ópatas, "como verdaderos amantes de su Patria, idólatras de su libertad, y deseosos de oponer un dique á los males que aquejan á la Patria", se unieron en 1832 al pronunciamiento de Santa Anna.[48] El pueblo de Tarecuato también se adhirió al plan de Veracruz, y aprovechó la ocasión para imponer algunas condiciones:

> 1. Estos Pueblos son libres de dependiente, y son soberanos, y ni patrimonio rejio, ni Yngleso, ni Santano. Bamos viviendo como Dios manda. [. . .]
> 4.Lo levantamos un sivico castrense contra todos vellaco, y solos mandamos en ella, pero no se dejan protejer á México ni ningun otro Estado; y si un Estado lo quieres venir Tarequato le daremos campo y agua y lenia y rastrojo y paja para sus vadaljes pero nos pagaran paja y mais.
> 5.Esta Junta no dejaras que comercio estrangero en Tarequato ni Tangamandapio [. . .]
> 7. Religion la misma: C.A.R.; pero los pobres se podran casar, que será lo mejor [. . .]

[46] Dice Charles Berry: "En tiempos de emergencia [. . .] se inducía a los indios a que apoyaran a una u otra parte, se les obligaba a formar cuadrillas de trabajo, se les despojaba de sus escasos recursos agrícolas y financieros. . ." Charles R. Berry, *La Reforma en Oaxaca. Una microhistoria de la revolución liberal (1856-1876)*, México, Era, 1989, p. 38.

[47] Moisés González Navarro, *op. cit.*, p. 185.

[48] Pronunciamiento del pueblo de seris, 3 de junio de 1832, en *Planes en la Nación Mexicana*, *op. cit.*, vol. II, p. 124.

> 8. Le criaremos una junta de habio para protejer maguellera [...]
> 11. Los gobiernos se unira y pondras a disposicion de Junta de Tarequato para salvar el Mexico nuestro: y cuero con ingles y con Santana que nos hacen mal revolviendo por ganar ello.[49]

Otra vez, vale la pena notar que hacen política "para salvar el México nuestro", y sumándose, de hecho, a un pronunciamiento de alcance nacional. Pero se preocupan por controlar una milicia local, por limitar los posibles abusos del ejército, por reducir las obvenciones parroquiales y por proteger la producción local, prohibiendo el comercio extranjero y creando una junta de avío para la magueyera.

No es raro, por todo esto, ver pueblos que, con distancia de pocas semanas, se pronuncian y se despronuncian según soplen los vientos. Y acaso sin demasiado interés por la causa del gobierno ni de los rebeldes. Unos y otros pedían a las autoridades locales que se manifestasen a su favor; entre ambos, los pueblos trataban de hacer su política.[50]

La guerra contra los Estados Unidos fue también una ocasión propicia para que algunos pueblos procurasen sacar ventaja. La mayoría vio con desinterés el conflicto, pero hubo, en cambio, numerosas rebeliones durante la guerra —la de Sierra Gorda y la de los mayas, las más conocidas— en vista de la debilidad del Estado.[51] Otros, pocos sin duda, pero que vale la pena mencionar, usaron la idea de la defensa nacional para promover sus intereses. Un caso sorprendente es el del Ayuntamiento de Tantoyuca, que imagina una guerra nacional popular con una lógica aplastante:

> Supuesto que la guerra que nos hacen los norteamericanos, tiene por objeto la dominación y despojo de nuestro territorio, el cual no puede recobrarse sin la cooperación de todos los mexicanos; se

[49] Plan reformador de Tarecuato, 26 de enero de 1832, en *ibidem*, vol. II, p. 82.

[50] Sobre esto puede verse, por ejemplo, la serie de actas de "despronunciamiento" que consiguió el general Arista en 1840, de los pueblos de San Andrés de Navas, Santa Rita de Morelos, San Pedro de Gigedo, Valle de Santa Rosa, Ciudad Guerrero y varios otros, en *ibidem*, vol. III, pp. 188ss.

[51] Para un recuento de ese periodo, González Navarro, *op. cit.*, capítulo 1, *passim*.

declara: que todas las propiedades territoriales serán comunes a todos los ciudadanos de la República.[52]

No se siguió ese criterio para organizar la defensa del territorio, ni tuvo esa naturaleza la nacionalidad. Y tal vez sea una lástima.

Durante las guerras de Reforma, la resistencia campesina a las leyes de desamortización se mezcló con la guerra entre liberales y conservadores. Pero eran guerras diferentes. De hecho, la legislación contra las tierras comunales venía avanzando desde el siglo anterior, y la Ley Lerdo sólo precipitó el proceso. En algunas regiones, como Jalisco y Nayarit, parece poco probable que las leyes liberales fuesen la causa directa de los levantamientos campesinos de esos años; como escribe Jean Meyer, "la Ley Lerdo. . .tuvo el papel de precipitante político. Por eso se le atribuye hasta lo que no hizo".[53]

Los campesinos participaban en la política nacional, pero lo hacían a su manera: sin actitudes cívicas, sin entusiasmo partidista y, sobre todo, obedientes sólo a sus líderes y autoridades tradicionales.

Un caso notable, que explica bien lo que vengo diciendo, es el del campesinado del sur, en particular de lo que es hoy el estado de Morelos.[54] Durante la Revolución de Ayutla, los pueblos dieron un apoyo abierto a los liberales: a mediados de 1855 Juan Alvarez repartió cientos de armas en los distritos de Morelos y Cuernavaca, donde se organizaron partidas para combatir al gobierno de Santa Anna.

La rebelión estuvo acompañada, como es lógico, por demandas de salarios más altos y aun incendios de campos cañeros. Era el efecto, no del liberalismo ilustrado de Comonfort o Juárez, sino de la variante populista, jacobina si se quiere, de Juan Álvarez. Pero darles la razón a los pueblos que reclama-

[52] Plan de Tantoyuca, 7 de enero de 1848, en *Planes en la Nación Mexicana*, *op. cit.*, vol. IV, p. 386.

[53] Jean Meyer, "La desamortización de las comunidades en Jalisco", en *Esperando a Lozada*, México, El Colegio de Michoacán, 1984, p. 136.

[54] Sobre esto, vale la pena ver el artículo de Florencia Mallón, "Los campesinos y la formación del Estado en el México del siglo XIX: Morelos, 1848-1858", *Secuencia. Revista Americana de Ciencias Sociales*, núm. 15, septiembre-diciembre de 1989.

ban tierras, a los jornaleros que protestaban contra los hacendados, estaba fuera del alcance de la clase política.

Sin embargo, como los campesinos de Michelet, los del campo de Morelos no olvidaron pronto que habían sido soldados:

> Una serie de dirigentes populares surgieron en los pueblos, incluyendo a José Manuel Arellano en Tetecala, Guadalupe Rubio en Coatlán, Isidoro Carrillo en Xochitepec, Agustín Trejo en Tepoztlán y otros. Estos se incorporaron al ejército del Sur de Álvarez, pero cuando Álvarez se retiró después de renunciar a la presidencia en diciembre de 1855, estos hombres permanecieron en los pueblos llamándose a sí mismos comandantes militares, aunque sin ninguna comisión o aprobación formal de parte del gobierno.[55]

A poco de subir a la Presidencia, Comonfort comenzó a recoger las armas que Álvarez había repartido. Siguieron muchos problemas, pero la lógica de los gobiernos liberales era inequívoca; Álvarez apenas pudo proteger a algunos de sus antiguos subordinados, acusados de asesinatos o saqueos.

El liberalismo no podía pactar con los campesinos, aunque sólo la estabilidad del porfiriato hizo viable un gobierno sin ellos, sin sus líderes.

Las relaciones entre la clase política nacional y los pueblos pasaban, pues, por sus autoridades y por un conjunto de intermediarios con influencia regional. Así, podía controlarse el sur con la intervención de Juan Álvarez, podía ganarse el predominio en Sonora gracias a las relaciones entre los yaquis y Manuel María Gándara, podía negociarse la lealtad de distritos enteros del Occidente gracias a Plácido Vega, y así podía también terminarse alguna rebelión contentando a los jefes y caciques, como ocurrió con los coras, huicholes y tepehuanes, tras la muerte de Manuel Lozada:

> Todos estos pueblos —escribe Jean Meyer— dependen finalmente, les guste o no, de sus jefes; sin ellos nada es posible y la asamblea de estos jefes toma las decisiones. En el hundimiento de la confederación, la responsabilidad, en primera instancia, recae sobre los jefes. Su actitud, además, fue contraria a la de los pueblos. Dejaron de luchar para defender los intereses de sus pueblos y se hicieron caciques en el sentido moderno de la palabra, es decir,

[55] *Ibidem*, p. 72.

se pusieron del lado de la administración para explotar a sus hermanos.[56]

La moralidad campesina exige ese tipo de relaciones. Sus lealtades son, por fuerza, personales, porque se fundan en un acuerdo tácito de reciprocidad: la confianza puesta en don Juan Álvarez no puede transferirse al estado de Guerrero. No son vínculos jurídicos, ni institucionales, ni siquiera pueden convertirse en ello.

Muchos de esos líderes e intermediarios eran mestizos; al menos culturalmente mestizos. Los hubo amigos del orden y la estabilidad, como Álvarez, y los hubo también más o menos intransigentes en su oposición, y más o menos belicosos, como Mariano Olarte, Julio López, Eleuterio Quiroz o Manuel Lozada. Lo importante es que por su mediación, la política campesina se mezclaba con la política nacional.

Una política extraña, sin duda, pero a la vez del todo lógica. El ejemplo más dramático de la manera campesina de hacer política (y de hacer la guerra), es la retirada de los mayas en 1848, cuando estaban a punto de tomar la ciudad de Mérida, ya sin defensas, después de una larguísima lucha; cada jefe reunió a los de su pueblo, y marchó con ellos de regreso:

> 'Ha llegado el tiempo de que hagamos nuestra plantación, porque si no lo hacemos, no tendremos la Gracia de Dios para llenar el vientre de nuestros hijos'. Habían batido al *dzul*, tomado miles de rifles y botín sin cuento, y eso estaba bien; pero había llegado la hora de plantar el maíz. Mérida y Campeche podían esperar, urgía plantar el maíz.[57]

[56] Jean Meyer, "El reino de Lozada en Tepic", en *Esperando a Lozada*, *op. cit.* p. 251.

[57] Nelson Reed, *op. cit.*, p. 105.

EL ORDEN SEÑORIAL

EL LUGAR DE LAS HACIENDAS

Desde que comenzó a pensarse en "modernizar" la economía mexicana, hace más de doscientos años. la hacienda ha tenido mala prensa. La hostilidad hacia la gran propiedad territorial y su organización productiva aparece igual en Jovellanos, que en los liberales doctrinarios del XIX, en positivistas como Molina Enríquez y en toda la gama, variopinta, de populistas, desarrollistas y revolucionarios del siglo XX.

Sólo con mucho trabajo se han ido abriendo paso otras versiones. Con mucho trabajo porque la idea de la hacienda como institución feudal, como obstáculo para el desarrollo, como manifestación palmaria de la injusticia, es parte indispensable de la mitología patriótica.

La versión canónica es, probablemente, la de Molina Enríquez. En su interpretación, "el verdadero espíritu" de las haciendas lo forman "el señorío y la renta"; la gran propiedad se adquiere "más por espíritu de dominación que por afanes de cultivo".[1] Los hacendados, aspiran a la estabilidad y la consideración social, de modo que terminan por ser un obstáculo para el progreso:

> reducidos los propietarios a vivir holgadamente de sus rentas, toda su industria se cifrará en aumentarlas, y las rentas subirán, como han subido entre nosotros, el sumo posible. No ofreciendo entonces la agricultura ninguna utilidad, los capitales huirán no sólo de la propiedad, sino también del cultivo, y la labranza, abandonada a manos débiles y pobres, será débil y pobre como ellas...[2]

La versión parece consistente, sin embargo tiene problemas serios. El más importante, desde luego, la variedad de haciendas que hubo en el campo mexicano.

Hubo plantaciones con cultivos para la exportación en el sur

[1] Andrés Molina Enríquez, *Los grandes problemas nacionales*, México, Era, 1985, p. 158.

[2] *Ibidem*, p. 155.

y el sureste; grandes haciendas, muchas ganaderas, en el norte; hubo zonas, como Oaxaca, donde dominó la propiedad comunitaria hasta bien entrado el siglo XIX; también regiones de rancheros, donde los pueblos tenían poca fuerza y las haciendas carecían de recursos, como el occidente, y hubo otras de una enorme tensión entre hacendados y comunidades, de competencia y conflicto por la tierra, y por el control de la economía local.[3]

Hoy es evidente que no se puede hablar de la hacienda, sin más: hay innumerables precisiones y adjetivaciones que hacen falta para tratar el asunto con mínima precisión. Las pocas, poquísimas, generalizaciones que pueden hacerse tienen, con todo. alguna utilidad.

La nota más importante, para empezar a entender algo, es que las haciendas eran empresas, organizadas para maximizar beneficios, aunque con dos rasgos peculiares: producían para mercados pequeños, y servían como inversión de seguridad en una sociedad de precaria estabilidad económica.

Por lo general, hasta que se comenzó la exportación masiva de algunos productos, las haciendas eran empresas de baja rentabilidad; sólo tenían asegurado un buen margen de ganancias cuando se dedicaban a abastecer centros mineros importantes o grandes ciudades.[4] Los mercados regionales tenían una capacidad de consumo limitada, de modo que un año de buenas cosechas suponía la ruina de los grandes productores, sobre todo en aquellas zonas donde había competencia de comunidades o de rancheros.

En esas condiciones, una de las estrategias dominantes fue el control del mercado regional y la especulación con los ciclos productivos. Los hacendados acaparaban el grano en los años malos, y lo ocultaban hasta elevar al máximo su precio;[5] y esto era una estrategia económicamente "racional". Lo importante es entender la naturaleza de la sociedad que permitía ese tipo de

[3] Sobre esta variedad pueden verse los trabajos, que ya he citado, de Jean Meyer, Guillermo de la Peña, Brígida von Mentz, William B. Taylor, John Tutino, David Brading y, sobre todo, Herbert J. Nickel.

[4] Véase Herbert J. Nickel, *Morfología social de la hacienda mexicana*, México, FCE, 1988, pp. 72-73.

[5] Es la mecánica de las crisis de subsistencia, según la ha analizado Enrique Florescano, *Origen y desarrollo de los problemas agrarios de México (1500-1821)*, México, Era, 1986, cap. IV, *passim*.

conductas, incluso en contra de las amenazas y reconvenciones de las autoridades política y eclesiástica; lo importante es la moralidad de esos hacendados que no sentían responsabilidad por las privaciones de sus "conciudadanos", y que sólo obedecían a la autoridad pública de mala gana si no había remedio.

Otra manera de evitar riesgos era el recurso de la aparcería. En los años malos, la mayor pérdida era para el arrendatario, mientras que en los años buenos, el hacendado obtenía la mitad de la cosecha casi sin inversión.[6]

Una fórmula más era la reducción de la producción para el autoconsumo de la hacienda. Las dificultades de comercialización y transporte, sumadas a la violencia de los ciclos, podían hacer, no sólo más seguro, sino incluso más rentable reducir los gastos al mínimo y separarse, de hecho, del mercado.

Nada de esto es demasiado nuevo, pero me interesa para subrayar sólo que las haciendas eran gestionadas como empresas, no como feudos. En las palabras de Herbert Nickel:

> Los hacendados se comportaban de acuerdo con las condiciones del mercado al tratar de maximizar los beneficios en un rango restringido de comercialización, mediante la limitación de la producción, a través de la eliminación de productores que les hacían la competencia y/o de la entrega de tierras marginales a los aparceros.[7]

Otro gran tema de la versión clásica de la hacienda es el ausentismo de los dueños. Otero habla de su "parodia de pueril ostentación", con títulos de nobleza comprados, y de su vida "indolente" en las ciudades, mientras los administradores que-

[6] Según Tutino, la aparcería resolvía, además, el problema que suponía la falta de liquidez para el pago de la mano de obra, puesto que los arrendatarios hacían el trabajo a cambio de la mitad de la cosecha. J. Tutino, "Cambio social agrario y rebelión campesina en el México decimonónico: el caso de Chalco", en F. Katz (comp.), *Revuelta, rebelión y revolución. La lucha rural en México del siglo XVI al siglo XX*, México, Era, 1990, vol. I p. 123.

[7] Herbert Nickel, *Morfología social de la hacienda*, *op. cit.*, p. 24. González Navarro ha escrito, refiriéndose a las grandes haciendas del norte: "aun en el supuesto de que estos riquísimos hacendados hayan tenido cierto aspecto exterior de señores feudales, es indudable que sus haciendas eran capitalistas, entre otras razones porque producían para el mercado", en *Anatomía del poder en México, 1848-1853*, México, El Colegio de México, 1983, p. 142.

daban en sus tierras.[8] Por lo mismo los criticaban muchos otros liberales, y después los positivistas.

Sin embargo, y aunque la crítica contenga un adarme de verdad, no parece insensato que muchos de ellos fijaran su residencia en las ciudades. Entre otras cosas, porque solían tener otras varias empresas —en minas y comercio, por ejemplo—, y porque la concentración administrativa casi los obligaba a estar cerca de los centros de decisión para mejor gestionar y representar sus intereses.

Por otra parte, en esto la crítica convencional se apoya, más o menos explícitamente, en el modelo de una ética capitalista protestante como la que definió Weber, ascética, absorbente. que exige la dedicación plena a los negocios. Para esa lógica, el ausentismo de los hacendados es "irracional", incluso inmoral. Sin embargo, no sería muy aventurado suponer que existiese, que funcionase entonces en México una ética del capitalismo católico, que necesitara del ocio y la ostentación.

Es poco lo que se ha explorado este terreno, pero importa anotar al menos la idea.[9] Glenn Dealy ha propuesto un modelo bastante atractivo; según él, en una cultura católica el ocio y la ostentación no son formas de dispendio —a la manera protestante— sino que pueden ser usados con una rigurosa racionalidad para conseguir y mantener un rango social. La eficiencia, la puntualidad, la acumulación misma estarían entonces subordinadas en una estructura moral que aprecia el rango, la dignidad y el señorío más que la riqueza.[10] Lo cual no quiere decir, por cierto, que no se aprecie la riqueza: sólo que su lugar es otro.

Acaso eso era lo que ocurría con los hacendados mexicanos. De momento no pasa de ser una conjetura.

Lo que sí es cierto es que las haciendas eran empresas, en algunos aspectos, bastante extrañas. Eran extrañas, sobre todo, por su mano de obra. Las relaciones laborales en ningún momento se rigieron tan sólo por criterios de mercado: por la per-

[8] Mariano Otero, "Ensayo sobre el verdadero estado de la cuestión social y política que se agita en la República Mexicana" [1842], en Otero, *Obras*, edición de Jesús Reyes Heroles, México, Porrúa, 1967, vol. I, p. 29.

[9] Debo la sugerencia del tema a la inagotable imaginación de Ernesto Azuela Bernal.

[10] Véase Glenn C. Dealy, *Public man. An interpretation of Latin American and other catholic countries*, Amherst, University of Massachussetts Press, 1977, pp. 34ss.

sistencia de las comunidades en algunas regiones, por la escasez de población en otras, y en general por la variedad de funciones sociales y políticas que cumplía la hacienda.

Porque la hacienda no era solamente una empresa. Su sola gestión económica obliga a pensar en una influencia muy extendida, puesto que no sólo controlaba sus recursos naturales y su mano de obra, sino que tenía un predominio significativo en el mercado regional.[11] Pero ocurre, además, que era con frecuencia el centro de la vida social para un enorme número de dependientes, jornaleros, arrendatarios, que formaban una comunidad muy peculiar.[12]

La hacienda era una forma de vida: un orden. Como lo vio José Medina Echavarría, la hacienda era una célula del poder político y militar, era el núcleo de una sólida estructura de vínculos familiares, encarnaba un modelo de autoridad y un modelo cultural.[13] Pero no a la manera de un feudo, cerrado y autárquico; la hacienda era un nexo entre el mundo urbano y el mundo rural, y una pieza insustituible del orden agrario.

Su relación con las comunidades campesinas era un asunto mucho más complejo de lo que supone la imagen más tradicional. Sólo en algunas regiones, en circunstancias particulares, hubo entre ambas un conflicto abierto y permanente, y eso sobre todo a partir de la integración de mercados que se produjo durante el porfiriato. Por lo común su trato era más ambiguo.

John Tutino ha sostenido, con buena fortuna, la idea de que entre pueblos y haciendas existía una "estructura de explotación simbiótica", al menos hasta las primeras décadas del XIX. Según dice, a la mayoría de las haciendas no les interesaba arrebatar sus tierras a las comunidades, puesto que necesitaban trabajadores eventuales, que vivieran y se pudieran mantener en sus pueblos una buena parte del año.

(...)dentro de la estructura social prevaleciente, ni unos ni otros

[11] Véase Herbert Nickel, *Morfología social*, *op. cit.*, p. 19.

[12] Para los que habitan su núcleo central y para los que residen en la periferia —aparceros y arrendatarios— son los centros de intercambio, de culto, de fiesta, etc., la comunidad rural de base..." F.X. Guerra, *México: del Antiguo Régimen a la Revolución*, México, FCE, 1988, vol. I, p. 134.

[13] Es un libro precioso pero, infortunadamente, no muy popular: José Medina Echavarría, *Consideraciones sociológicas sobre el desarrollo económico de América Latina*, Costa Rica, EDUCA, 1976, cap. IIB, *passim*.

podían funcionar por su cuenta. Los españoles no podían lucrar sin la mano de obra eventual barata que les proporcionaban las comunidades campesinas. Y, conforme crecía la población campesina, los campesinos no podían subsistir sin los ingresos que les proporcionaba el trabajo en las haciendas.[14]

El lento proceso de la modernización económica trabajó en contra de la autosuficiencia de los pueblos. Muchos necesitaron buscar trabajo, así fuera temporal, en las haciendas, sobre todo en las regiones de economía más dinámica, como el Bajío y el occidente.[15]

Ese tipo de relación se mantuvo, aunque tuviera formas variadas, porque las haciendas apenas necesitaban una pequeña porción de trabajadores permanentes. La mayoría solían ser jornaleros, semaneros o meseros contratados en las comunidades. No era extraño, por cierto, que los contratos fuesen firmados con las autoridades locales, y no personalmente con los trabajadores.

Un empresario alemán que residió en México a mediados del siglo habla de ello como de cosa común y corriente:

> En el Estado de Veracruz, por ejemplo, es algo muy usual solicitar del alcalde de una aldea indígena el envío de cierto número de trabajadores. Estos reciben dinero por adelantado, pero la aldea entera es la fiadora, y las autoridades municipales deben suministrar los campesinos solicitados hasta que la deuda quede liquidada.[16]

Es un dato interesante sobre la cohesión comunitaria, y una reminiscencia clara de la función de los alcaldes mayores, en-

[14] John Tutino, "Cambio social agrario y rebelión campesina", *op. cit.*, p. 99.

[15] Sobre Nueva Galicia a fines del XVIII, dice Taylor: "La economía rural se estaba monetizando cada vez más; la escasez de tierras y el aumento de la población en los pueblos desequilibraba el mercado de mano de obra agrícola en favor del comprador, y muchos habitantes de los pueblos empezaron a dejar sus casas en busca de empleo", Taylor, "Bandolerismo e insurrección: agitación rural en el centro de Jalisco, 1790-1816", en F. Katz (comp.), *Revuelta, rebelión y revolución*, *op. cit.*, p. 204. Sobre el Bajío hace Brading un análisis de conclusiones similares en *Haciendas y ranchos en el Bajío. León, 1700-1860*, México, Grijalbo, 1988, p. 87.

[16] Carl Christian Sartorius, *México hacia 1850*, México, CNCA, 1990, p. 159.

cargados de organizar el trabajo de las repúblicas durante la época de la colonia.

Conforme avanzaba el siglo, sin embargo, es probable que la fórmula fuese cada vez menos resultado de una espontánea responsabilidad colectiva, y más una evidencia de la capacidad de control de alcaldes y jefes políticos hechos comerciantes; parece claro que la combinación de la falta de trabajadores —crónica u ocasional— en las haciendas, y el control de las comunidades, fue ocasión frecuente para negocios más bien turbios.[17]

Lo cierto es que las haciendas supieron mantener, en ocasiones, una buena relación con los pueblos próximos, y que ambas partes pudieron beneficiarse del trato. De manera desigual esto es obvio, pero la desigualdad no era un obstáculo para que llegaran a entenderse; al contrario, el hacendado podía asumir un papel protector, incluso paternalista.[18] Y podía ser una forma estable y aceptada por todos de buen grado.

Hay que recordar, para poner todo esto en su contexto, que la economía mexicana sufrió un estancamiento estructural durante la mayor parte del siglo. Hasta 1860 las haciendas vivieron precariamente: por la desaparición de centros mineros, la falta de créditos, las luchas políticas, la debilidad del Estado... De modo que, si no surgió un orden rural alternativo, no por eso es menos cierta la inseguridad del sistema de haciendas.[19] La

[17] "[Durante el porfiriato] El jefe político de Pochutla proporcionaba trabajadores de los pueblos de su jurisdicción a los hacendados, y si los peones huían antes de terminarse el contrato se encargaba de devolverlos a las haciendas. Las autoridades municipales de Tenosique y Balancán regresaban constantemente a los trabajadores que huían de los aserraderos de los Mejares, y los jefes políticos de cuatro grandes poblaciones del sur de México enviaban con regularidad a los presos a trabajar bajo contrato a Valle Nacional", F. Katz, *La servidumbre agraria en México en la época porfiriana*, México, Era, 1982, p. 31.

[18] Brígida von Mentz comenta casos así, *Pueblos de indios, mulatos y mestizos, 1770-1870. Los campesinos y las transformaciones protoindustriales en el poniente de Morelos*, México, CIESAS, 1988, pp. 149ss.

[19] Así lo explica Coatsworth: "el latifundio, dice, empezó a desmoronarse. Los terratenientes fueron incapaces de prevenir las invasiones de las tierras de las haciendas por parte de los indígenas de los poblados circundantes. Los arrendatarios dejaron de pagar sus rentas [...] Las haciendas fueron a la ruina una tras otra y se vendieron en parcelas a los pequeños productores, o simplemente fueron abandonadas", en "Los orígenes sociales del autoritarismo en México", *Los orígenes del atraso. Nueve ensayos de historia económica de México en los siglos XVIII y XIX*, México, Alianza, 1990, p. 214.

imagen convencional que tenemos recuerda más al orden del porfiriato, a las haciendas "modernas" de fines del siglo, que al resto de la historia.

La moral señorial

El mayor problema para entender la mecánica de las haciendas es la situación de los peones. Y el asunto dista mucho de ser claro.

En 1869, el gobernador de Veracruz Francisco Hernández y Hernández decía:

> En los diferentes empleos que he desempeñado en el Estado, he podido notar que en algunos pueblos se abusa de una manera ignominiosa de los trabajadores o llamados jornaleros, y recuerdo haber visto alguna vez contratos escritos de compra y venta de infelices, a quienes, suponiendo bestias sus amos, compraban y vendían para especular infamemente con su trabajo. Esta conducta innoble se recargaba con los castigos y demás tropelías con que los especuladores mortificaban a estos desgraciados.[20]

Sólo veinte años antes, también en Veracruz, Carl Christian Sartorius contaba una historia muy distinta:

> Muchos de los indios de las mesetas prefieren trabajar a destajo en estas grandes propiedades, en las cuales disponen de vivienda y de cierta ración de maíz para cada miembro de la familia, además de los jornales en efectivo que cada uno de los que laboran recibe. Como están exentos de contribuciones para la Iglesia y el curato, su situación es preferible a la de los que habitan en las poblaciones. [. . .] Son en realidad una especie de *glebae adscripti*, no por obligación, sino porque así lo desean.[21]

Es posible que las cosas hubieran cambiado mucho en ese tiempo; es posible también que estuvieran hablando de haciendas diferentes; es posible, finalmente, que el uno y el otro estu-

[20] Citado por Luis González y González, Emma Cosío Villegas y Guadalupe Monroy, *La República Restaurada. La vida social*, en Cosío Villegas, *Historia moderna de México*, México, Hermes, 1985, p. 345.

[21] C.C. Sartorius, *op. cit.*, p. 158.

vieran prejuiciados, o que contaran sólo una parte de lo que vieron, con su cuenta y su razón. Pero, a pesar de todo eso, creo que los dos vieron más o menos lo mismo, y que los dos tenían razón. Sólo que la cosa no era simple.

La versión tradicional supone que el peonaje era una forma apenas disimulada de esclavitud. Supone que el hacendado era un "tirano insolente", y el peón "una pobre bestia de carga. destituida de toda ilusión y de toda esperanza".[22] Pero la verosimilitud de la imagen se ve seriamente comprometida cuando se cae en cuenta de que ni en la revuelta de Hidalgo, ni en la rebelión de 1910 tuvieron parte los peones acasillados; y que muchos, al contrario, tomaron el partido de sus patrones.[23]

La situación de los trabajadores variaba mucho de una región a otra: en el sur, por ejemplo, la escasez crónica de trabajadores hacía que los recursos de coacción extraeconómicos fuesen casi lo habitual; en el centro, con abundante mano de obra y con una economía dinámica, las relaciones mercantiles se extendieron bastante; en el norte, despoblado y próximo a centros mineros, los salarios eran por fuerza más altos.

En realidad, en todo el territorio se usaron medidas de fuerza y coacciones extraeconómicas para retener a la mano de obra en las haciendas: donde había comunidades campesinas, para hacerlas ingresar al mercado laboral; donde no había población, para conseguir trabajadores; y en todas partes, para mantener el tipo de orden que suponía la hacienda.

El procedimiento más socorrido, y también el más criticado, fue la retención de los peones por endeudamiento. Se hacían fuertes anticipos, que el salario no podía cubrir, de modo que los trabajadores se veían forzados a quedarse en la hacienda hasta la liquidación. O sea, casi de por vida, si es que la deuda no se traspasaba a sus descendientes.

La legislación sancionaba esto, reconociendo los derechos del hacendado, y exigiendo que los peones tuviesen un "papel de suelta" para poder contratarse de nuevo.[24] No era raro tampoco que los hacendados falsearan las cuentas para aumentar el

[22] Andrés Molina Enríquez, *op. cit.*, p. 172.

[23] Véase, sobre esto, Katz, *La servidumbre agraria*. . ., *op. cit.*, *passim.*, y Nickel, *Morfología social*, *op. cit.*, *passim.*

[24] González Navarro, *op. cit.*, pp. 149-151; Reed, *op. cit.*, pp. 22-23; Nickel, *Morfología social*. . ., *op. cit.*, pp. 220ss; Katz, *La servidumbre agraria*. . ., *op. cit.*, *passim.*

adeudo, que se negaran a recibir el pago, y que se confabulasen con las autoridades para alterar la situación jurídica de sus dependientes.

Todo eso era cierto. Eran recursos para hacer funcionar a esas extrañas empresas en un precario e inestable mercado laboral. Éste fue el panorama que vio don Francisco Hernández. Sin embargo, la cuestión tiene un reverso.

La proporción de los peones acasillados, permanentes, era bastante reducida: la mayor parte del trabajo era hecho por trabajadores temporales. Pero los acasillados tenían un lugar especial dentro de la hacienda: estaban integrados en un sistema tradicional que garantizaba su subsistencia, al margen de los salarios.[25]

La suya no era una relación puramente mercantil. Si las deudas les quitaban la libertad para moverse, la hacienda les proporcionaba un "seguro de subsistencia"; la propia "tienda de raya", con la que sin duda se cometieron abusos, era un mecanismo de estabilización del ingreso real. Si no era "justo", el sistema paternalista sí daba una seguridad con la que no contaban los trabajadores temporales.[26]

Éste fue el panorama que vio Sartorius. Otro viajero, Henry George Ward, veinte años atrás había visto algo parecido:

> [. . .]todos los principales dependientes que viven en las haciendas del conde [de Sierra Hermosa] reciben un salario muy bajo, y a cambio se les permite tener cierta cantidad de ganado vivo en las tierras. Muchos de los rancheros, que únicamente cuentan con cuatro o cinco dólares al mes en dinero, poseen hasta mil cabras más un atajo de ochenta o cien caballos.[27]

A lo mejor el señor Ward exageró un poco. Pero parece claro que en la mayor parte de los casos, los peones acasillados contaban con una variedad de "privilegios": el uso de pequeñas parcelas para cultivos propios, raciones de maíz, venta de víveres a precios rebajados, préstamos y, ocasionalmente, incluso

[25] Herbert J. Nickel (ed.), *Paternalismo y economía moral en las haciendas mexicanas del porfiriato*, México, Universidad Iberoamericana, 1989, *passim*.

[26] Véase Herbert J. Nickel, "Elementos de la economía moral en las relaciones laborales", en Nickel, *Paternalismo y economía moral*, *op. cit.*, p. 59.

[27] Henry George Ward, *México en 1827*, México, FCE, 1981, p. 611.

servicios médicos. A cambio, por supuesto, se les exigían otras muchas cosas, aparte de las jornadas habituales, como el realizar faenas en el casco de la hacienda, prestar algunos servicios personales, y guardar una actitud respetuosa hacia el patrón y su familia.[28]

Como ha apuntado el profesor Katz, los adelantos tenían dos funciones: "aseguraban al hacendado una fuerza permanente de trabajo, y creaban al mismo tiempo una relación de protector-protegido entre el hacendado y sus peones".[29] El endeudamiento, como la garantía de subsistencia, no tenían sólo una utilidad económica: daban sentido y apoyo a un tipo peculiar de relaciones, a una moral señorial.

Llegados aquí, vale la pena preguntarse quiénes eran los hacendados.

Molina Enríquez, para seguir con él, veía en el hacendado a un "señor feudal", que dentro de su hacienda "manda, grita, pega, castiga, encarcela, viola mujeres y hasta mata".[30] Wistano Luis Orozco, poco antes, lo veía además "ignorante e incivil", tiránico y vanidoso.[31] Casi un siglo atrás, Joel R. Poinsett tampoco se formó un juicio muy favorable de su clase: "felices en la posesión de amplias haciendas, y con la consideración que les confieren sus riquezas y rango, no buscan otras distinciones. No se distinguen ni por sus conocimientos ni por la moralidad estricta de sus costumbres".[32]

Propios y extraños los despreciaban, lo mismo que despreciaban la organización de las haciendas. Y por las mismas razones. A mí no me interesa si eran buenos o malos, que de todo habría, sino qué tipo de gente eran, con qué costumbres, qué moralidad.[33]

[28] Nickel, "Elementos de la economía moral...", *op. cit.*, pp. 32-33.

[29] Friedrich Katz, *La servidumbre agraria...*, *op. cit.*, p. 38.

[30] Molina Enríquez, *op. cit.*, p. 158.

[31] Wistano Luis Orozco, citado por Arnaldo Córdova en el prólogo a Molina Enríquez, *op. cit.*, p. 19.

[32] Joel R. Poinsett, *Notas sobre México (1822)*, México, Jus, 1973, p. 179.

[33] Para empezar no sobra una aclaración que hace Medina Echavarría: "Se habla con frecuencia —escribe— del sistema de la hacienda como de un orden feudal, lo cual es técnicamente un disparate. No sería tanto si se prefiriera el término mucho más amplio de *señorial*." José Medina Echavarría, *op. cit.*, p. 59.

No eran sólo empresarios, pero eran también empresarios. El lucro era un objetivo evidente y reconocido. En la colonia no estuvo nunca estigmatizada la actividad comercial; al contrario, para eso se venía a América. Por otra parte, el giro hacia la positiva estimación social de la riqueza ya se había producido en España, como lo ha mostrado, en un libro insustituible, el profesor Maravall: "La riqueza, dice, no se verá legitimar nunca formalmente como razón de la nobleza, pero desde el siglo XVI será reconocida como factor determinante de la misma".[34]

Buscaban enriquecerse, sin disimulo. Pero también, desde un principio, aspiraban a un predominio social más amplio. Consiguieron, en la colonia, títulos de nobleza y privilegios, pero consiguieron además —y es mucho más importante— el control político efectivo de las regiones donde tenían propiedades.[35] La tierra servía, entonces, para hacer negocio, pero servía también para ganar posiciones de estimación social y de influencia política.

Los hacendados pretendían ser "señores", y no tan sólo ricos. Creaban y defendían un espacio de dominio propio y particular, donde su autoridad *personal* no tuviese competencia. Como informal, su dominio podía ser arbitrario, pero también aspiraba a ser justo (dentro de cierta definición, nada moderna, por supuesto); mantenía una estrecha e intensa reciprocidad con la comunidad sobre la que mandaba.

La coincidencia de algunos rasgos ha hecho fácil y frecuente la comparación entre el orden rural mexicano y el feudalismo europeo; pero el símil es demasiado inexacto. Hay, es cierto, una muy notable dispersión del poder, una sólida autonomía de los notables locales, una vinculación sólo a medias mercantil en-

[34] Unas páginas más allá, Maravall insiste: "parece que sobre 1600 se buscan riquezas para poder dominar en lugar de los señores inadaptados y en ruina, ante las novedades del régimen económico traído por el dinero, y así por vías nuevas participar en el poder; se pretende afanosamente adquirir distinciones y privilegios, ennoblecerse, para facilitar la adquisición y multiplicación de esas riquezas", José Antonio Maravall, *La literatura picaresca desde la historia social (siglos XVI y XVII)*, Madrid, Taurus, 1986, pp. 91 y 104.

[35] La política de los Habsburgo favoreció el fortalecimiento de estos señores locales, que fueron tramando un dominio político sobre la base del control territorial y sus alianzas comerciales y familiares. Véase Diana Balmori, Stuart Voss y Miles Wortman, *Las alianzas de familia y la formación del país en América Latina*, México, FCE, 1990, pp. 43ss.

tre el hacendado y sus peones, y una característica confusión de la riqueza —en propiedades territoriales— con la autoridad.[36]

Sin embargo, *no es un orden feudal*: no hay vínculos de vasallaje, los propietarios no son, en ningún sentido, un estamento comparable a la nobleza feudal, ni existe una fijación jurídica, estereotipada, de las condiciones de su dominio;[37] la presencia del Estado, aunque precaria, es cierta siempre. Los tribunales. los municipios, los jefes políticos y los comandantes militares intervienen para dar forma al orden rural. Por eso es la suya una autoridad siempre discutida, y siempre opuesta a la lógica estatal. Ni el Estado de los Borbones, ni el republicano se entendieron bien con los hacendados.

La moralidad señorial supone, en pocas palabras, una personalización de la autoridad, una organización jerárquica de la vida social, una defensa tradicionalista del orden local, una lógica clientelista de las relaciones políticas, y un recelo permanente frente a la autoridad formal.

Un buen hacendado, un buen señor, mantiene una relación casi paternal con sus peones. No importa que sea liberal o conservador: es el patrón. Un buen hacendado es como Melchor Ocampo:

> Cuatro veces perdoné la deuda a todos mis peones (todavía puedo mostrar los libros y estoy seguro de que ni aquellos ni mis vecinos dirán que los he, no digo ya tiranizado, pero ni aun tratado ásperamente). Puedo jactarme de haber dulcificado mucho sus costumbres, vuéltolos más hábiles para varios trabajos y ser hoy mismo bien querido aun de los que dejé en Pateo y Buena Vista.[38]

Con todo el bien que, sin duda, les hizo, es evidente y abismal la distancia que lo separa de sus peones.

[36] Son algunas de las notas que Marc Bloch presenta como típicas del feudalismo europeo, aunque insiste en que su presencia en otras sociedades no las hace, automáticamente, feudales. Véase Marc Bloch, *La sociedad feudal. Las clases y el gobierno de los hombres*, México, UTEHA, 1979, pp. 188ss.

[37] Sobre esto conviene también ver a Max Weber, *Economía y sociedad. Esbozo de sociología comprensiva*, México, FCE, 1982 (Sociología de la dominación, cap. 3.IV, Dominación patriarcal y patrimonial, y cap. 3.V, Feudalismo, Estado estamental y patrimonialismo).

[38] Melchor Ocampo, en un artículo escrito en 1857, *Obras completas*, México, El Caballito, 1978, vol. II, p. 47. Es curioso, por cierto, que en un liberal tan convencido se transparente tan bien la moralidad señorial.

La vida social en la hacienda es jerárquica. La autoridad del patrón se confirma por su superioridad, una superioridad que le viene de ser diferente. No es, por tanto, vivida como pura explotación, ni como pura fuerza: la jerarquía organiza el conjunto de la vida, y asigna a cada cual su lugar, imponiendo deberes y derechos recíprocos.[39]

Desde un punto de vista moderno, las expresiones del orden jerárquico señorial pueden parecer muy ofensivas. Hoy vemos vanidad y despotismo, humillación y servidumbre, y no es muy fácil que reconozcamos todos los matices de una relación así.[40]

Las expresiones ostensibles de respeto eran una parte necesaria de la organización clientelista. La desigualdad tenía todo el peso de "la naturaleza de las cosas", y era el principio básico sobre el que se construía el orden. Es del todo lógico, así, que Alamán considerara tan necesario mantener la distancia, el respeto, la jerarquía:

> [. . .]los empleados —dice— no sólo no hablan, pero ni aun levantan los ojos delante del administrador, y bastaría que hubiese un dependiente que no pudiera sujetarse a esa severa disciplina para que se relajase en todos.[41]

Un elemento básico de la jerarquía era la diferencia racial, pero estaba ésta entretejida con otros muchos factores de desigualdad. Y no era sólo una imposición unilateral, sino una tra-

[39] Según Louis Dumont, la *jerarquía* es el "principio de gradación de los elementos de un conjunto por referencia al conjunto, entendiéndose que en la mayor parte de las sociedades es la religión lo que proporciona la visión del conjunto, y que la gradación es, por lo mismo, de naturaleza religiosa". *Homo hierarchicus*, Madrid, Aguilar, 1970, p. 85. Habría que explorar, por cierto, en qué medida y bajo qué forma podía tener elementos religiosos la jerarquía rural mexicana.

[40] Sólo como ejemplo, cito unas líneas de Luis González y González: "Otro tipo de abuso [en la hacienda] se derivaba de la altanería del patrono, que exigía de los operarios el deber de quitarse el sombrero en su presencia y conservarse ante él en una postura humillante." *La República Restaurada*, *op. cit.*, p. 424.

[41] Citado por Moisés González Navarro, "La venganza del sur", en *Historia Mexicana*, vol. XXI, núm. 4, abril-junio de 1972, p. 685. Es curioso, dicho sea de paso, que Alamán había suprimido, por entonces, las fórmulas más clásicas del paternalismo, como la tienda de raya o el pago en especie.

[42] Véase Nickel, "Elementos de economía moral en las relaciones laborales", *op. cit.*, p. 24.

ma clientelista, fundada en la reciprocidad,[42] y en un trato rigurosamente personal: incluso los propios salarios solían fijarse de acuerdo con las condiciones particulares de cada peón.[43]

Por todo eso, los hacendados eran sumamente reacios a modificar las relaciones tradicionales con sus peonadas. Para muchos era claro, conforme se extendían las relaciones de mercado, que las reglas paternalistas, el endeudamiento, el seguro de subsistencia, eran poco rentables. Sin embargo, su autoridad, y todo el orden que se construía a través suyo, dependían de ello.[44] Igual que no era cívico, el orden señorial no era capitalista: la ordenación jerárquica de la vida social era un imperativo poco flexible.

Nada de lo dicho obliga a suponer que los hacendados fuesen "buenos", ni que las relaciones dentro de la hacienda fueran armoniosas. Los señores castigaban a sus peones, y a veces con enorme crueldad: tenían, en las haciendas, cepos y cárceles, y eran comunes los azotes y otro tipo de torturas.

Nunca las haciendas fueron feudos, ni el poder del hacendado para castigar a sus peones era ilimitado, como suponía la versión tradicional.[45] Los juzgados y los jefes políticos solían intervenir en las disputas entre operarios y patrones, y ponían algunas cortapisas al dominio señorial. Acaso sólo en el porfiriato, cuando el vínculo entre autoridades y terratenientes adquirió más solidez, también el dominio de éstos pudo ser más arbitrario. González Navarro ha documentado algunos casos que parecen hablar en ese sentido:

> Por los ochenta, el administrador de la hacienda de Ulapa (Tetepango, Hgo.) intentó meter en bartolinas de seis metros cuadrados a las familias de los peones castigados; pero como éstas se negaron a cambiar sus jacales por las nuevas pocilgas, el administrador pi-

[43] González Navarro ha documentado este tipo de diferencias salariales, que dependían, por ejemplo, del estado civil o de la raza de los trabajadores: *El Porfiriato. Vida social*, México, Hermes, 1985, D. Cosío Villegas, *Historia moderna de México*, *op. cit.*, parte II, cap. 2, *passim*.

[44] Sobre esta resistencia, véase Katz, *La servidumbre agraria*. . ., *op. cit.*, p. 42 y Nickel, "Elementos de economía moral. . .", *op. cit.*, p. 43.

[45] La versión de T.G. Powell, de que los hacendados "gobernaban sus dominios como señores absolutos", y que las autoridades se limitaban a dejarlos hacer, parece un poco exagerada. (Véase Powell, *op. cit.*, p. 46), sobre todo a la luz de las últimas investigaciones de Nickel, *Morfología social*. . ., *op. cit.*, *passim*.

dió auxilio al ejército federal. Acto seguido, una partida de soldados amenazó de muerte a los renuentes y destruyó 236 jacales habitados por 700 gentes.[46]

Ese tipo de cosas, sin embargo, podían romper con la lógica clientelista. Son indicio de una transformación en el sistema tradicional de dominio señorial. La alianza con el Estado acaso hacía a los señores más fuertes, pero también los hacía convertirse en otra cosa.

Sólo en algunas regiones, en particular en el centro del país, los hacendados terminaron por imponer un orden político a su medida. El caso de Morelos es el más conocido. Sin embargo, ese dominio sólo fue posible a fines del siglo, cuando el aparato de control juarista —que en Morelos encabezaba Francisco Leyva— fue sustituido por fórmulas excluyentes, mediante el acuerdo de las autoridades locales y nacionales con los grupos de hacendados de mayor influencia.[47] No era, es lo que importa, la solución "normal" para el orden rural mexicano.

La política señorial

El dominio señorial de los hacendados y la organización de un Estado moderno no eran muy compatibles. Todo lo que éste necesitaba, de racionalización de la autoridad, de sujeción legal, de lealtades ciudadanas, iba en contra de los fundamentos de la autoridad señorial.

Durante la colonia, los hacendados americanos tuvieron buen éxito en el intento de conservar sus privilegios y su influencia política local.[48] Y aunque solían conseguir también influen-

[46] González Navarro, *El Porfiriato*, *op. cit.*, p. 224.

[47] El proceso de sustitución del aparato juarista por el acuerdo oligárquico del porfiriato es estudiado con detalle en Dewitt Kennieth Pittman Jr., *Hacendados, campesinos y políticos. Las clases agrarias y la instalación del Estado oligárquico en México, 1869-1876*, México, FCE, 1989, *passim*.

[48] "Estos primeros notables 'americanos' lograron resistir toda invasión real de sus prerrogativas y dominar sus localidades, en especial mediante el control que ejercían sobre el cargo de corregidor (o alcalde mayor) del distrito". Diana Balmori *et al.*, *op. cit.*, pp. 19-20.

cia en los órganos formales de la política colonial, la base de su predominio fue siempre informal.

Sus intereses eran básicamente locales, y no era raro que entrasen en conflicto con la visión general del Estado.Es conocido, por ejemplo, que durante las crisis agrícolas los hacendados acaparaban los granos, y hacían pasar hambre a las ciudades próximas, hasta que el maíz alcanzaba sus precios máximos. El Estado colonial, en esos casos, atento a la estabilidad política, estaba obligado a intervenir.

> En algunos casos las autoridades de las ciudades y el virrey intentaron oponerse a estas maniobras. Unas veces enviando "comisionados" a las haciendas con autorización para revisar los graneros de los agricultores y "manifestar" las cantidades de granos existentes. Otras, obligando a los hacendados a enviar sus granos a las alhóndigas de las ciudades para que ahí se vendieran a precios moderados. En todos los casos, esas medidas encontraron una fuerte oposición por parte de los hacendados...[49]

Pero era un conflicto de difícil solución. Porque no había otra manera de mantener el orden rural que contar con la cooperación de los hacendados; y sin embargo, su autonomía y su predominio regional los convertía en un obstáculo para la autoridad estatal.

Por sus alianzas económicas así como por su control clientelista, los hacendados formaron redes muy coherentes en muchas regiones, y fueron capaces de mantener su orden bastante más allá de la independencia, precisamente porque no dependían del Estado colonial.[50] Según Antonio Annino, los "sectores oligárquicos", como él los llama, "tuvieron siempre una sola preocupación: garantizar la autonomía de sus propias formas de dominio informales frente a las presiones conjuntas del Estado y de la sociedad subalterna".[51]

Los hacendados, como señores, se sentían representantes y

[49] Florescano, *op. cit.*, p. 83.

[50] Estas redes regionales sobrevivieron a la independencia, y no fueron en general afectadas por las guerras entre liberales y conservadores. Véase Guillermo de la Peña, "Poder local, poder regional: perspectivas socioantropológicas", en J. Padua y A. Vanneph, *Poder local, poder regional*, México, El Colegio de México, 1986, p. 36, y también D. Balmori *et al.*, *op. cit.*, *passim*.

[51] Antonio Annino, "El pacto y la norma: los orígenes de la legalidad oligárquica en México", *Historias*, núm. 5, enero-marzo de 1984, p. 25.

defensores de un plan civilizatorio y, por esa vía, muy próximos al hispanismo radical. Fueron asiduos lectores de la *Historia* de Alamán, acaso porque justificaba su predominio cultural, y estaban convencidos de que dejar las tierras a los pueblos era lo "más eficaz para volver al país a la barbarie".[52]

Tenían, a no dudarlo, una idea propia acerca del orden político necesario; era un orden hispanista, católico, autoritario, paternalista.[53] Pero es dudoso que hubieran sido capaces de imponerlo como modelo de Estado: ni con la dictadura de Santa Anna, ni siquiera con el porfiriato. Porque su dominio informal, clientelista, señorial, se avenía mal con cualquier idea de Estado, con cualquier aparato institucional de vigencia efectiva.

Es fácil reconocer que las divisiones ideológicas eran, para ellos, de interés muy secundario. Y no era raro que sus redes familiares les permitieran contar con el amparo de cualquiera de los partidos.[54] Acaso resulte extraño para el modelo cívico, pero parece un rasgo natural de las formas señoriales. Robert Louis Stevenson hizo de esto el nudo trágico de la que es, acaso, su mayor novela, *The Master of Ballantrae*; sensato y consecuente, lord Durrisdeer envía a uno de sus hijos con los rebeldes, y a otro lo pone al servicio del rey. Para salvar a la familia.[55] Era, según Stevenson, el caso más frecuente.

En ocasiones su influencia local se entrelazaba con el dominio institucional. En ocasiones controlaban, más o menos directamente, a jefes políticos, comandantes militares, ayuntamientos, etc. Y en ocasiones los propios ayuntamientos necesitaban

[52] La referencia es de una carta de los hacendados del Estado de México, en respuesta a los intentos pacificadores del gobernador Arizcorreta en 1849. Citada por González Navarro, *Anatomía del poder*, *op. cit.*, p. 165. Sobre su afición a Alamán, *ibidem*, p. 394.

[53] Véase Von Mentz, *op. cit.*, p. 139.

[54] "Cualquiera que fuese el partido prevaleciente, las redes siempre tenían influencia y palanca políticas. De ahí que los miembros de las familias pudieran sobreponerse y recuperarse de cualquier adversidad política." Diana Balmori, Stuart Voss y Miles Wortmann, *Las alianzas de familias y la formación del país en América Latina*, México, FCE, 1990, p. 30.

[55] "It took the three a whole day's disputation before they agreed to steer a middle course, one son going forth to strike a blow for King James, my lord and the other staying at home to keep in favor with King George. Doubtless this was my lord's decision; and, as is well known, it was the part played by many considerable families", R.L. Stevenson, *The Master of Ballantrae*, Mahwah, Watermill, 1987, p. 4.

la colaboración de los hacendados para mantener el orden. Pero es evidente que su autoridad no se fundaba en el apoyo del Estado.

A mediados de siglo, varios estados dieron facultades a los propietarios para que armasen compañías de policía rural.[56] Con lo cual no se hacía sino reconocer, jurídicamente, una práctica que era habitual: mantener armados a los peones para la defensa de las haciendas.

Hay que detenerse, aquí, un momento. Los hacendados armaban a sus peones para defender las haciendas. No a todos; en particular, a los acasillados. Y los usaban contra los bandidos o contra los pueblos.[57]

Dos cosas son de notarse: primero, la solidez del vínculo clientelista que unía al patrón con su peonada permanente; segundo, su distancia respecto del resto de la población campesina. Escribe el profesor Katz:

> La rivalidad entre los peones acasillados de las haciendas y los residentes en los pueblos libres cercanos era tradicional en México y probablemente continuó aún después de que los pueblos perdieron sus tierras comunales. La relativa seguridad que disfrutaban, así como el paternalismo del hacendado, les daban un sentimiento de superioridad y reforzaban sus lazos con la hacienda.[58]

Aunque con menos intensidad, también se mantenían relaciones clientelistas con los pueblos, con los trabajadores temporales, con los artesanos. La red era amplia y de raíces profundas en la lógica de la vida agraria.

No es extraño, entonces, leer que durante la primera guerra de independencia hubiese hacendados, y no pocos, que formaran fuerzas realistas con sus empleados.[59] O que durante la Revolución de 1910, la mayoría de los acasillados no se incorporó

[56] Fue el caso de Jalisco (1847), Durango (1847) y Michoacán (1853), entre otros. González Navarro, *Anatomía del poder*, *op. cit.*, pp. 123-124.

[57] Katz es explícito: "las fuerzas que organizaban los hacendados para combatir a las aldeas indígenas se formaban con peones acasillados y vaqueros", *La servidumbre agraria*, *op. cit.*, p. 21.

[58] *Ibidem*, p. 54.

[59] Brígida von Mentz, *op. cit.*, p. 138.

al movimiento armado, e incluso defendió las propiedades de sus patrones.[60]

No es extraño que las guerras campesinas, donde las hubo, no contasen con los peones. La guerra de castas de Yucatán, dice Reed, la iniciaron y mantuvieron los mayas de la zona limítrofe de la civilización; los mayas del occidente, "familiarizados de tiempo atrás con el poste de la flagelación y el peonaje", se unieron a los hacendados en la guerra: "habían logrado el ajuste al modo de vida ladino, y su lealtad había pasado del pueblo a la hacienda o la ciudad".[61]

Los estudios recientes, menos apasionados que los de otro tiempo, coinciden en esto. El lento proceso de la modernización agrícola había creado, ya a principios de este siglo, un sector de jornaleros sin empleo fijo: separados de los pueblos, o despojados de sus tierras, y ajenos también al sistema clientelista de las haciendas. Ese grupo, que algunos llaman "proletariado rural", dio el mayor contingente para la Revolución de 1910, y no los peones acasillados.[62]

El orden rural descansaba, en buena medida, sobre la tan criticada actitud señorial de los hacendados. Ineficiente para el desarrollo económico, estorbosa para cualquier proyecto de Estado, insultante para la conciencia ilustrada y liberal, pero también insustituible.

A fines de 1869, los habitantes de las haciendas de San Nicolás Peralta y Santa Catarina escribían a la legislatura de Toluca "del amor y estimación" que les tenía el hacendado, don Gregorio Mier y Terán,

> ese anciano bienhechor que nos hizo hombres y que mereció siempre el afecto y la veneración de nuestros abuelos. Mientras vivió este señor nada nos faltaba. Teníamos con él desde los auxilios de

[60] Katz, *La servidumbre agraria*, *op. cit.*, p. 54 y Nickel, *Paternalismo*, *op. cit.*, *passim*.

[61] Reed, *op. cit.*, p. 56.

[62] "Se fue gestando un proletariado rural, caracterizado por una movilidad geográfica muy grande para los cánones de la época y por ser ajeno a las modalidades de la dominación patriarcal a la que estaban sujetos los peones residentes en las haciendas.[. . .] Fue justamente ese sector del campesinado. . . el que constituyó la fuerza principal de la vertiente agraria de la revolución que estalló en 1910." Juan Felipe Leal, "Campesinado, haciendas y Estado en México: 1856-1914", *Secuencia. Revista Americana de Ciencias Sociales*, núm. 5, mayo-agosto de 1986, p. 31.

la instrucción primaria hasta los recursos para mantener a nuestros hijos.[. . .] Nosotros no fuimos criados sino hijos del sr. Mier, quien jamás abusó del señorío de su casa para oprimirnos, ni para hacer alarde de la categoría de único amo y propietario[. . .][63]

No todos serían tan bondadosos, y muchos abusaron lo que quisieron, y según pudieron, del "señorío de su casa". Pero eran todos señores, y nunca dejarían de tener al menos la nostalgia de un imposible orden patriarcal. Porque estaba el Estado.

[63] El texto de la carta aparece citado en F.X. Guerra, *op. cit.*, vol. I, p. 135.

EL PODER DE LOS INTERMEDIARIOS

LAS RUINAS DEL ESTADO

Dondequiera que se mire, en el XIX mexicano, está el Estado. Pero, si se atiende con un poco más de suspicacia, resulta que el Estado no está en ninguna parte: en ninguna parte hay una organización jurídica eficiente de las relaciones sociales, ni es un hábito la obediencia, ni siquiera hay un razonable monopolio de la fuerza física.

Jouvenel ha dicho que "el fin predeterminado y providencial de todo cataclismo revolucionario es la liquidación de un Poder débil, y la erección de un Poder fuerte".[1] En el mismo sentido, Tocqueville entendió que la Revolución francesa sólo siguió la lógica de la centralización iniciada en el Antiguo Régimen, porque "cuando un pueblo ha destruido en su seno la aristocracia, corre por sí mismo hacia la centralización".[2]

> Todos los panfletos publicados incluso por los futuros revolucionarios en 1788 y 1789, son totalmente enemigos de la centralización y favorables a la vida local (ver, entre otros, a Condorcet). La centralización fue restablecida por las costumbres, no por las ideas.[3]

En México, al término de las guerras de independencia, ocurrió justo lo contrario. La primera guerra había traído consigo una destrucción sin precedentes de los vínculos de autoridad y obediencia; no con Hidalgo y Morelos, sino con las innumerables gavillas sueltas de bandidos insurgentes e insurgentes bandidos, como Vicente Gómez, Albino García, Bernardo "Huacal", los Villagrán, los Osorno, y algunos de más nota después, como Gordiano Guzmán.[4]

[1] Bertrand de Jouvenel, *Du pouvoir. Histoire naturelle de sa croissance*, París, Hachette, 1972, p. 352.

[2] Alexis de Tocqueville, *El Antiguo Régimen y la Revolución*, Madrid, Alianza, 1982, vol. I, p. 97.

[3] *Ibidem*, vol. II, p. 101.

[4] Sobre esto puede verse el interesante ensayo de Beatriz Martínez de

Habla por sí sola la respuesta de Albino García a una reconvención de la Junta de Zitácuaro: "La mui alta Junta?. . . no hai más soberano que Dios, ni más alturas que las de los montes, ni más juntas que las de los ríos."[5]

La segunda guerra, la de Iturbide, tuvo consecuencias similares, aunque en otro sentido. Fue una reacción de los cuerpos tradicionalmente privilegiados y de los poderes locales en contra de los intentos de modernización del Estado español.

> ¿Cómo libertarse —dice Suárez Navarro— de perder de un golpe toda su importancia civil y religiosa, si no era proclamando un órden político que los guareciera del torrente reformador, desbordado en Madrid, que desde allí amagaba todos los dominios ultramarinos?[6]

Fue una ofensiva en contra del Estado como institución, una defensa del sistema más viejo de privilegios y fueros, de poderes patriarcales y cuerpos separados. Pero hay más, se llevó adelante entre negociaciones y asonadas, por un grupo de oficiales realistas: fue el producto de un ejército desleal, que suplantó de hecho a la autoridad política. Un precedente que no hay que olvidar. Como ha dicho Martín Luis Guzmán, "Iturbide es el símbolo mexicano de la componenda politica fraudulenta y de la inmoralidad militar".[7]

El nuevo Estado habría de acusar siempre las huellas de su origen. Fue el resultado de una transacción, después de la derrota de la lógica estatal moderna. La revolución de independencia no sirvió para concentrar el poder, porque su intención era justo la contraria:

> fue el producto, único caso en la historia occidental, de una victo-

Murguía, "La revolución imposible. Identidades e intereses en la primera guerra de Independencia de México (1810-1816)", tesis de maestría en Sociología Política, Instituto Mora, México, 1991.

[5] F. Osorno Castro, *El insurgente Albino García*, México, Editorial México Nuevo, 1940, p. 66.

[6] Juan Suárez y Navarro, *Historia de México y del general Antonio López de Santa Anna*, México, INEHRM, 1987, p. 5. La edición original es de 1850.

[7] Martín Luis Guzmán, "La querella de México", en *Obras completas*, México, FCE, 1984, vol. I, p. 16.

ria completa de las aristocracias territoriales en su lucha secular contra la monarquía absoluta.[8]

Como diría después Rabasa, terminó por imponerse la forma republicana federal, pero la nación "no estaba más equipada para ese sistema que para cualquier otro"; cierto es que había habido un aprendizaje de la libertad, pero se había aprendido en diez años de desorden.[9]

La construcción de un Estado moderno no estaba en el interés de nadie, salvo en el de la clase política, o de una parte de ella. Los pueblos, los hacendados, los militares, buscaban su espacio en alguna otra parte, en un orden que mantuviera sus privilegios y que aumentara su capacidad para obrar. Hacían su política en contra del Estado en lo que éste tenía de orden cívico, liberal o democrático.

El resultado fue un orden que descansaba sobre bases locales más o menos sólidas, pero cuya cohesión nacional era precaria. El federalismo fue una solución formal bastante eficaz; pero también, dice Coatsworth, "profundamente oportunista", porque dependía de los caudillos regionales, a quienes mal podía someterse a un orden institucional rígido.[10]

Los liberales de la generación juarista intentaron, con seriedad, cambiar las cosas.[11] Lo que consiguieron, al cabo de diez años, fue hacer más estable, más previsible, la misma maquinaria de intermediación.

Como en la Europa medieval, "de la idea abstracta del poder se separaba mal la imagen concreta del jefe".[12] Sin embargo, y a pesar de la drástica destrucción del vínculo estatal en las primeras décadas, nunca se fragmentó del todo el mando políti-

[8] Antonio Annino, "El pacto y la norma: los orígenes de la legalidad oligárquica en México", *Historias*, núm. 5, enero-marzo de 1984, p. 5.

[9] Emilio Rabasa, *La evolución histórica de México*, México, M.A. Porrúa/UNAM, 1986, pp. 49-50.

[10] Véase "Los orígenes sociales del autoritarismo en México", John Coatsworth, *Los orígenes del atraso. Nueve ensayos de historia económica de México en los siglos XVIII y XIX*, México, Alianza, 1990, p. 226.

[11] Véase Florencia Mallón, "Los campesinos y la formación del Estado en el México del siglo XIX: Morelos 1848-1858", *Secuencia. Revista Americana de Ciencias Sociales*, núm. 15, septiembre-diciembre de 1989, pp. 56-57.

[12] Marc Bloch, *La sociedad feudal. Las clases y el gobierno de los hombres*, México, UTEHA, 1979, p. 154.

co. El Estado era insustituible como mecanismo de organización formal del dominio.

El problema no era, como creyeron muchos liberales, que subsistieran prejuicios de la antigua sociedad: el racismo, la religiosidad, la xenofobia, el misoneísmo. Lo realmente grave (grave para los ilustrados y los liberales, se entiende) era que, en sus prácticas, la sociedad producía un orden ajeno y enemigo de la institución estatal, de las autoridades formales, de la inflexibilidad de la ley.

> De aquí resulta —escribía el doctor Mora— que en México no haya *ningún orden* establecido: no el antiguo, porque sus principios están ya desvirtuados y medio destruidos los intereses que lo apoyaban; no el nuevo, porque aunque las doctrinas en que se funda y los deseos que ellas excitan son ya comunisimas en el pais, todavía no se ha acertado con los medios de combinarlas con los restos del antiguo sistema, o de hacerlos desaparecer: en suma, no se puede volver atrás ni caminar adelante sino con grande dificultad.[13]

En realidad, había orden, el orden de los caciques y los señores, de los pueblos y los comandantes militares. Lo que no se consiguió en todo el siglo fue un Estado de derecho eficaz. La arbitrariedad era el mayor fantasma de la clase política; a pesar de lo cual, el Estado sobrevivió. Incluso con leyes e instituciones de plano inoperantes.

El asunto es complejo. Al parecer, por precario que fuese su dominio, el Estado servía como instrumento para consolidar las redes locales y, más importante, para darles legitimidad. El poder supralocal era necesario para formalizar, aunque sólo en parte, el orden social.

Los primeros gobiernos se limitaban a procurar su supervivencia en medio de recelos, asonadas e incertidumbres. Sobre el Antiguo Régimen pesaba todo tipo de acusaciones de despotismo, de modo que los nuevos políticos buscaban su diferencia con unos escrúpulos retóricos dignos de nota.

El ministro de Relaciones, Herrera, al presentar su primer informe, en 1822, leía:

[13] José María Luis Mora, *México y sus revoluciones*, México, FCE, 1986, vol. I, p. 534.

En este lugar venian a proposito las grandes innovaciones y reformas por que acaso estan clamando mucho hace las necesidades de los pueblos; pero las circunstancias exijian que la Regencia se limitace á conservar la pública tranquilidad, y el curso ordinario de los negocios, obrando con la circunspeccion que era menester *para no traspasar ni que se creyese que traspasaba* los terminos prescriptos por la ley...[14]

En realidad, aunque hubiese querido hacerlo, tampoco habría podido. Los renovados poderes locales le mostraron bien pronto a Iturbide los límites que tenía la acción estatal. Algo que Guadalupe Victoria, en 1828, sabía: "En tiempo de convulsiones, la fuerza que obra en los Estados para su engrandecimiento, se limita á procurar su conservación".[15]

Fue el XIX, casi entero, tiempo de convulsiones. Las autoridades locales mantenían vínculos muy débiles con el gobierno central y, de hecho, no había instituciones nacionales capaces de subordinar los intereses particulares a un proyecto general. No, al menos, bajo la forma individualista y republicana del bien común.

Por fuerza, comunidades, pueblos, regiones enteras buscaron la protección de "hombres fuertes", ya fuesen grandes hacendados, jefes militares, antiguos insurgentes, caciques o intermediarios de todo tipo.[16] Los hacendados, los comerciantes, todos los "notables" locales, desarrollaron redes familiares muy sólidas, que trenzaban al comercio con la minería, con el poder militar, con la propiedad de la tierra... De hecho, las familias sustituyeron a casi todas las otras instituciones sociales que habían sido desmanteladas.[17]

[14] José Manuel de Herrera, "Memoria de 1822", Secretaría de Relaciones Interiores y Exteriores, en *Memorias inéditas*, México, Secretaría de Relaciones Exteriores, 1973, p. 66. Las cursivas son mías.

[15] Guadalupe Victoria, discurso en la apertura de sesiones de las cámaras, 1 de enero de 1828, citado por José María Tornel, *Breve reseña histórica de los acontecimientos más notables de la nación mexicana*, México, INEHRM, 1985, p. 195.

[16] "La fidelidad a estos poderosos garantizaba no sólo la seguridad colectiva de la población, sino también, individualmente, la posibilidad de lograr, con la protección de estos personajes, una carrera administrativa o militar cualquiera...", F.X. Guerra, *México: del Antiguo Régimen a la Revolución*, México, FCE, 1988, vol. I, p. 46.

[17] Según André Bourgiére, "cuando el Estado deja de tener poder suficiente para actuar y proteger a su pueblo, la familia se expande, asume el con-

De ese modo, la sociedad fue construyendo su propio orden, su propia forma de hacer política: con fuertes lealtades locales, con relaciones clientelistas y señoriales, con vínculos personales y sistemas de reciprocidad. Un orden que recogía, pero que también transformaba la tradición política hispánica.

Sólo como ejemplo, sirve recordar que en 1836, en las lindes de Michoacán y Jalisco no había más autoridad que la de Gordiano Guzmán; tanto así que cuando Guzmán se pronunció contra Bustamante (1837), tenía con él a buena parte de los pueblos de toda la región. Y no era que en Aguililla y Apatzingán fuesen todos federalistas, sino que no podían escoger: los "sujetos honrados de todos los pueblos", como decía un informe, apoyaban a los rebeldes "a causa del desamparo del gobierno y porque no les quedaba otro remedio ante la necesidad de salvar sus intereses y personas".[18]

EL USO PRIVADO DE LA AUTORIDAD PÚBLICA

El aparato político y burocrático del Estado se reconstruyó pronto; lo que no hubo nunca fue, no ya control, pero ni siquiera una mediana coordinación del conjunto de funciones políticas, administrativas y militares del Estado. Cada autoridad gestionaba su propio espacio de influencia, y negociaba su posición con los "notables" locales.

La falta de comunicaciones era un obstáculo más para la concentración de la autoridad política; y si era difícil asegurar la obediencia de los funcionarios, mucho más la del ejército. Los comandantes militares tenían, en sus regiones, un poder prácticamente independiente.[19]

Sin embargo, y es notable, el país nunca se fragmentó. En general, ese conjunto de sistemas políticos locales mantuvo una

---

trol de todo aspecto de la vida del individuo y se convierte en un bastión". Citado por Diana Balmori, Stuart Voss y Miles Wortman, *Las alianzas de familias y la creación del país en América Latina*, México, FCE, 1990, p. 38.

[18] Juan Ortiz Escamilla, "El pronunciamiento federalista de Gordiano Guzmán, 1837-1842", *Historia Mexicana*, vol. XXXVIII, núm. 2, octubre-diciembre de 1988, p. 259.

[19] Véase Michael P. Costeloe, *La primera república federal de México (1824-1835)*, México, FCE, 1983, p. 229.

cierta coherencia, y una relación ambigua pero cierta con la autoridad central. El ruinoso Estado mexicano era un elemento más de fuerza en los complicados equilibrios regionales.

El federalismo fue uno de los grandes temas políticos decimonónicos. Menos llamativo pero más complejo era el asunto de la organización municipal.[20] Para la dogmática liberal, pero también para muchos conservadores, el municipio era el fundamento más sólido de la moral cívica; según Alamán, "fueron los cuerpos municipales en su origen el principio y la base de la libertad civil",[21] y según Ignacio Ramírez, "el sistema municipal es la única institución que bajo todas las formas de gobierno escuda al individuo contra los caprichos de la autoridad".[22] La coincidencia es más que curiosa.

El problema aparecía cuando había que transformar esa verdad doctrinaria en instituciones políticas concretas. Porque el municipio teórico se confundía, en la práctica, con los gobiernos tradicionales de las repúblicas de indios o con el control desaprensivo de caciques y hacendados.

> En México —escribe Charles Hale— Mora deseaba que se desarrollara la iniciativa local: la consideraba como el fundamento verdadero del sistema federal y como un aspecto de su proyecto de limitación de la autoridad absoluta para preservar la libertad individual. Sin embargo, en vista de la ignorancia local y del reinado de los caciquillos, era necesario un control administrativo centralizado para combatir el privilegio y fomentar el progreso. El resultado fue un sistema de prefectos *con* ayuntamientos administrativos...[23]

En esto, como en muchos otros temas, se transparenta la principal contradicción interna del proyecto liberal: quería un

[20] Para una visión panorámica, véase, Andrés Lira, "Idea y realidad en la formación constitucional del municipio", en Brigitte Boehm de Lameiras, *El municipio en México*, México, El Colegio de Michoacán, 1987.

[21] Citado por José C. Valadés, *Alamán: estadista e historiador*, México, UNAM, 1987, p. 453.

[22] Ignacio Ramírez, en *El Mensajero*, 7 de septiembre de 1871, *Obras completas*, Mexico, Instituto de Investigaciones Jorge L. Tamayo, 1985, vol. II, p. 256.

[23] Charles Hale, *El liberalismo mexicano en la época de Mora (1821-1853)*, Mexico, Siglo XXI, 1985, pp. 93-94.

Estado limitado, pero necesitaba un Estado fuerte.[24] En los términos en los que vengo hablando, pretendían arraigar en estructuras locales un Estado cuya eficacia como institución nacional era más que dudosa.

De hecho, ni siquiera la transacción que imaginó Mora, y otros muchos con él, pudo dar los resultados apetecidos. Porque los prefectos y los jefes políticos tramaban su propia red de influencia con los poderosos locales. Toda la autoridad que tenían, y que estaba pensada para promover una inercia concentradora, terminaba sirviendo para dar más cohesión y mejor amparo a los intereses locales. Una lógica persistente, que sólo habría de empezar a revertirse con el porfiriato,[25] y que, como muestra el caso de Coahuila, nunca desapareció del todo.[26]

Habría mucho más que decir sobre los municipios y los jefes políticos, pero dejo la digresión para volver a mi asunto. El control que podía tener la autoridad central sobre los funcionarios locales era muy precario. La vida política se centraba en las tramas regionales.

Sirve como ejemplo, para verlo claro, la disputa por los recursos fiscales. Con el Estado siempre en bancarrota, cada funcionario, cada jefe militar, cada gobernador buscaba el dinero donde lo hubiese, desatendiendo las exigencias y reclamaciones de las autoridades nacionales. Los jefes de cualquier pronunciamiento buscaban siempre, lo primero, tomar alguna aduana que les diera recursos: era normal; pero también en tiempos de paz disponía cada cual de los ingresos que tenía a mano.

El comandante general del estado de Jalisco, José María Jarero, como los demás, usaba los recursos que correspondían al gobierno general sin muchos miramientos. El 24 de febrero de 1843 escribía al general Paredes: ''Verá U. cómo me vienen ex-

[24] Es la tesis de David Brading, ''El patriotismo liberal y la Reforma mexicana'', en *Mito y profecía en la historia de Mexico*, Mexico, Vuelta, 1988, *passim*.

[25] Véase Guerra, *op. cit.*, vol, I, pp. 123ss., y Paul J. Vanderwood, *Desorden y progreso: bandidos, policías y desarrollo mexicano*, México, Siglo XXI, 1986, pp. 118ss.

[26] Como lo ha mostrado Romana Falcón, las jefaturas políticas de Coahuila habían empezado a ser un obstáculo para la centralización porfirista, porque obedecían, más que al gobierno general, a la política del gobernador Garza Galán. Véase R. Falcón, ''La desaparición de los jefes políticos en Coahuila. Una paradoja porfirista'', en *Historia Mexicana*, vol. XXXVII, núm. 3, enero-marzo de 1988, *passim*.

trañando por los dos mil pesos que he tomado; pero no serán los últimos si continúan con su indiferencia..."[27] En efecto, no fueron los últimos. Dos semanas después volvía a escribir a Paredes:

> El Ministerio se empeña en quitarme cada día más y más los recursos; pero no hay cuidado: yo tomaré lo necesario [...] Yo espero de la integridad de U., y tambien de su fina amistad, que me sostenga en justicia dignamente, y más, que he tomado seis mil pesos para despachar la cuerda que sale, sin falta, el día 10 con Moret.[28]

El dinero hacía falta, al centro como a los estados, a los comandantes militares o a los municipios. Los "hombres fuertes" protegían sus regiones asegurando sus ingresos: por eso busca Jarero el amparo del general Paredes.

No es sólo localismo, ni ambición de caciques y caudillos. El gobierno general no podía atender, con frecuencia, a las necesidades locales. En medio de la prolongada crisis de la Reforma, Ignacio Manuel Altamirano informaba a su protector, Juan Álvarez, que ninguno de los gobernadores enviaba el producto de los impuestos al centro, y le recomendaba que hiciera lo mismo: "Haga allí —le decía— lo que la prudencia dicte, sabiendo que desde aquí no le enviarán nada, ni satisfarán sus peticiones".[29]

Cuanto más distantes estaban del centro, y cuanto más sólido era su predominio regional, mayores posibilidades tenían de retener los recursos. Incluso en la República Restaurada, Ignacio Pesqueira manejaba la aduana de Guaymas según le convenía: en 1867, por ejemplo, removió al responsable de la aduana sólo mientras se cobraban los impuestos del cargamento del barco *Coquette*;[30] en 1872, el Ministerio intentó recobrar el control

[27] Carta de J.M. Jarero a M. Paredes, 24 febrero de 1843, en *El general Paredes y Arrillaga según su propio archivo*, en Genaro García, Documentos inéditos o muy raros para la historia de México, México, Porrúa, 1974, p. 40.

[28] Carta de J.M. Jarero a M. Paredes, 7 de marzo de 1843, *ibidem*, p. 47.

[29] Carta de I.M. Altamirano a J. Álvarez, 11 de septiembre de 1861, citada por Clyde G. Bushnell, *La carrera política y militar de Juan Álvarez*, México, Porrúa, 1988, p. 274.

[30] Los funcionarios adictos a Pesqueira cobraron los impuestos del cargamento, para cubrir con ellos las deudas del estado y para financiar la campaña contra los indios. "Después de esta demostración de fuerza, Pesqueira devolvió la aduana a Almada." Rodolfo Acuña, *Caudillo sonorense: Ignacio Pesqueira*

de la aduana, y ordenó a Mauro F. Díaz, muy amigo de Pesqueira, que la entregase a Gerónimo Sandoval: el gobernador, sencillamente, hizo caso omiso del mandato.[31]

No eran casos aislados: era la forma habitual de proceder. Tanto es así, que cuando José María Iglesias se encargó del Ministerio de Hacienda, en 1867, vio uno de los principales problemas en "las autoridades locales, ó jefes militares indisciplinados y codiciosos, que habían establecido el sistema de disponer á cada paso de los fondos de la Federación".[32]

La querella de los recursos fiscales es acaso una de las evidencias más notables de la autonomía política de las regiones. Mientras los gobernadores, los comandantes militares o los caudillos pudieron disponer más o menos con libertad de los fondos públicos, se mantuvo también la estructura regional de la política.

El control de los recursos fiscales llevaba consigo la posibilidad de mantener al ejército, de levantar milicias locales, de dar fuerza al clientelismo de las burocracias, de organizar y ganar elecciones. Y don Lucas Alamán lo sabía bien; por eso, cuando intentó centralizar el poder del Estado,

> concibió y llevó a cabo el proyecto de empobrecer a los Estados para destruir la Federación, sin tocar las cuestiones políticas; y de él son aquellas palabras: Dejemos a los Estados sus soberanías y sus fuerzas, y quitémosles los dineros.[33]

Donde los conservadores fracasaron, los liberales juaristas comenzaron a tener mejor fortuna. Durante la propia guerra contra el Imperio, Mariano Escobedo se indignaba por el regionalismo tamaulipeco: "Los ciudadanos de este Estado —escribía a Juárez— son susceptibles hasta un extremo increíble y a igual extremo llevan el espíritu de localismo. No puede, sin gran peligro, dárseles un gobernador que no sea tamaulipeco...".[34] Y

---

y su tiempo, México, Era, 1981, p. 123.

[31] *Ibidem*, p. 143.

[32] José María Iglesias, *Autobiografía*, México, INEHRM, 1987, p. 46.

[33] Guillermo Prieto, *Viajes de orden suprema*, Mexico, Gobierno del Estado de Querétaro, 1986, vol. I, p. 67.

[34] Carta de Mariano Escobedo a Benito Juárez, 5 de diciembre de 1866, en Masae Sugawara (comp.), *Mariano Escobedo*, México, Senado de la República, 1987, p. 216.

en cuanto tuvo ocasión, puso en práctica el mejor remedio que encontró a mano: nombrado el gobernador Pavón, le escribió

> informándole que cuanto antes establezca su gobierno en Ciudad Victoria a fin de que pueda recibir la comandancia del puerto de Tampico el jefe que deba desempeñarla pues me propongo que éste, lo mismo que el de Matamoros, estén ocupados por fuerzas al servicio de la Federación, para evitar las dificultades que suelen sobrevenir con motivo de los productos de las aduanas en un Estado tan revoltoso como el de Tamaulipas.[35]

Juárez no terminó con los poderes regionales y locales, pero estaba en el camino de una solución, que mantenía todas las formas federales y municipales, y neutralizaba su vida política.

EL MODELO PATRIMONIAL

La estructura política que se va dibujando, con todo esto, tiene semejanzas muy notables con el tipo de dominación patrimonial que imaginó Max Weber.

El poder de los hacendados, el de los caciques locales y aun el de los caudillos, en rasgos importantes se organiza como una extensión del poder *doméstico*.[36] No hay una distinción nítida entre funciones, recursos y actuaciones públicos y privados; el dominio es muy claramente personal. Incluso las fuerzas armadas obedecen a lealtades personales, cuando no son de plano ejércitos irregulares.[37] Y esto no es un "residuo" del orden colonial, sino la organización de un nuevo tipo de dominio, ante la crisis del Estado.

El gobierno general se encuentra, así, obligado a negociar su gestión con grupos de notables locales y con funcionarios casi autónomos que defienden sus competencias como si fueran

[35] Carta de Mariano Escobedo a Benito Juárez, 30 de septiembre de 1867, *ibidem*, p. 340.

[36] Max Weber, *Economía y sociedad*. . . , México, FCE, 1981, acerca de la sociología de la dominación, cap. 3. IV, *passim*.

[37] Es un rasgo fundamental del patrimonialismo en su definición weberiana, sobre el que me extenderé en otro capítulo. Véase Weber, *op. cit.*, pp. 765-766.

privilegios personales.[38] Incluso el aparato político y administrativo, desde los jefes políticos y gobernadores hasta los recaudadores de las aduanas, terminaba siendo, antes que un apoyo, un obstáculo para la centralización política y la racionalización administrativa.

> [En los sistemas patrimoniales] los funcionarios que de hecho o de derecho se encontraban en posesión de las prebendas por medio de la apropiación podían limitar considerablemente la esfera de dominio del señor, frustrar todo intento de racionalización de la administración por la introducción de una burocracia bien disciplinada y mantener la estereotipación tradicionalista de la distribución política de poderes.[39]

Se imponía, como en el modelo de Weber, el principio opuesto a la objetividad y universalidad de la dominación legal y burocrática. Todo eran "consideraciones personales": un mando personal, que decidía y actuaba de acuerdo con situaciones particulares, y con demandas de "solicitantes concretos y frente a las circunstancias, censuras, promesas y privilegios puramente personales".[40]

Los "señores territoriales" defendían, más que otra cosa, la autonomía de su dominio. Pero eso no suponía independizarse del Estado, sino imponerle condiciones: porque la relación privilegiada con las autoridades estatales era uno de los recursos estratégicos que hacían posible su autoridad.

La lógica del orden convertía a los hombres fuertes locales en *intermediarios*. Otra vez Weber:

> El señor territorial en cuanto tal pretende ser la autoridad por medio de la cual el soberano ha de entrar en relación con los súbditos. [. . .] La tendencia se ha manifestado en todas partes en el sentido de "mediatizar" la totalidad de los súbditos del soberano patrimonial, de interponer entre ellos y él la capa de notables locales como

[38] Dice Weber que en el orden patrimonial, la delimitación de competencias "es una consecuencia de considerar el cargo como un derecho *personal* del funcionario [. . .] De ahí que existan ante todo intereses económicos contrapuestos en los diferentes funcionarios, intereses que dan origen a esta determinación de las 'competencias' correspondientes a cada autoridad". *Ibidem*, p. 774.

[39] *Ibidem*, p. 782.

[40] *Ibidem*, p. 785.

única poseedora de cargos políticos de toda clase, de cortar las relaciones directas entre ambos...[41]

Hasta aquí el ocurso teórico. No pretendo decir que el Estado mexicano decimonónico era patrimonial, punto por punto, de acuerdo con el esquema weberiano. Pero sí que hay similitudes y concomitancias que vale la pena explorar, y que ayudan a ordenar un tanto el panorama.

El poder de los intermediarios

El Estado colonial era, desde su constitución, un aparato de mediación. De mediación no entre intereses en competencia, sino entre cuerpos con privilegios particulares, entre potestades eclesiásticas y civiles, entre culturas e identidades distintas. Jerárquico y corporativo, como era, tenía como principio de dominio y de gestión el reconocimiento de las diferencias.[42]

La eficacia y la fuerza del aparato político colonial dependían de su capacidad de mediación y, aunque suene extraño, el reconocimiento jurídico de las diferencias era la raíz de la unidad política. Una extensa y compleja burocracia había "reconquistado" América para la corona, había creado un orden minucioso y sólido que hacía descansar la vida política sobre el arbitraje último del monarca.[43]

La organización misma de las "repúblicas de indios" respondía a esa lógica. Los indios no eran súbditos, sin más, sino miembros de corporaciones con una representación política particular; sus autoridades eran, jurídica y socialmente, un mecanismo de intermediación:

> Los principales entre los vecinos de los pueblos eran pues verdaderos intermediarios; lidiaban con ambos mundos, el indígena y el

[41] *Ibidem*, pp. 798-799.

[42] Véase Howard J. Wiarda, "Law and political development in Latin America: Toward a framework for analysis", en H. Wiarda (ed.), *Politics and social change in Latin America. The distinct tradition*, Massachusetts, The University of Massachusetts Press, 1982.

[43] J. M. Ots Capdequí, *El Estado español en las Indias*, México, FCE, 1986, pp. 44ss.

español; hablaban dos idiomas; vinculaban a dos sociedades, y sobre todo mediaban entre la República y las autoridades españolas en términos políticos, y entre los comuneros del pueblo y los empresarios y rancheros vecinos, en términos económicos.[44]

Todo ese complicado aparato jurídico, político y administrativo de mediación fue destruido con la independencia. El nuevo Estado, "débil, disputado y concebido por las élites como un representante de sí mismas, no podía asumir el papel mediador del estado colonial".[45]

Pero eso no quiere decir que no fuesen ya necesarias las mediaciones. La sociedad independiente seguía siendo una reunión de mundos diferentes, de cuerpos con pretensiones particularistas, de autoridades en competencia. Lo que no hubo más fue una concentración política de esos segmentos, no hubo un principio de autoridad que ordenase formalmente sus conflictos. Los mecanismos de intermediación surgieron de manera espontánea y se reprodujeron al margen del orden jurídico. A eso llamaron los escritores del siglo pasado "el caos", o "la anarquía".

Pero era un orden, orientado además hacia una forma estatal; no republicana, desde luego, ni liberal, ni mucho menos democrática, pero sí necesitada de cohesión y capaz de dar lugar a una autoridad nacional, bien que muy peculiar.

Los nuevos intermediarios no tenían una posición jurídica como tales; su influencia y su capacidad como mediadores eran atributos personales.[46]

El Estado, en su organización jurídica, no podía ser mediador institucional. Su autoridad era un recurso en los conflictos, era un instrumento más o menos útil, no el eje de organización de la vida política. El gobierno, en consecuencia, tenía que ser negociado con los señores territoriales; pero éstos tampoco tenían un dominio absoluto: eran intermediarios. No garantizaban la

[44] Brígida von Mentz, *Pueblos de indios, mulatos y mestizos (1770-1870)*, México, CIESAS, 1988, p. 95.

[45] John Tutino, "Cambio social agrario y rebelión campesina en el México decimonónico. El caso de Chalco", en Friedrich Katz, *Revuelta, rebelión y revolución*, México, Era, 1990, vol. I, p. 101.

[46] Sobre el origen y formas del "personalismo" político, véase Richard M. Morse, "Toward a theory of Spanish American Government", en Wiarda, *op. cit.*, pp. 117ss.

obediencia de sus clientelas y allegados, sino que *negociaban su desobediencia.*

El caso más clásico es el del sur, dominado primero por Guerrero y después por Juan Álvarez. Alamán relata que, en el año 1824, la agitación política de los pueblos del sur obligó a Guerrero a marchar allí, "habiendo logrado tranquilizarlo todo *con solo su presencia*".[47] Seis años después, Guerrero se vio obligado a huir de la capital, tras el golpe de Estado de Bustamante; naturalmente, se fue al sur, donde, según cuenta Zavala,

> todas las gentes que habitan la costa Grande desde Acapulco hasta Zacatula, se levantaron *á la aparición de su antiguo gefe*, despojado y perseguido por las tropas de Jalapa. El coronel D. Juan Alvarez, los Polancos, los Ramos, los Gallardos, *nombres conocidos entre aquellas montañas y en aquellas costas ardientes*, todos corrieron á alistarse bajo las banderas de su antiguo gefe...[48]

La primera imagen que dan los textos es romántica: los pueblos se alzan o se apaciguan con sólo la aparición del general. Entre el gobierno y los campesinos del sur, está Guerrero, decidiendo la paz y la guerra. Pero hay algo más interesante, y que ahora me importa subrayar: quienes acuden para apoyarlo son Álvarez, Polanco, Ramos, Gallardo, los que tienen "nombres conocidos". Y tras ellos, entonces sí, los pueblos.

La influencia de los intermediarios, salvo que se redujera a territorios muy pequeños, dependía de una *red de lealtades*. En otro ejemplo conocido, Manuel Lozada dominaba a los coras y tepehuanes por medio de sus jefes y representantes, y algo similar ocurre en todos los casos. Los intermediarios no eran sólo jefes carismáticos, no eran representantes de "masas" ni de simple "pueblo"; encabezaban un sistema de lealtades, organizado en cuerpos y comunidades.

La red de un intermediario era un mecanismo de representación política corporativo o cuasicorporativo. Por eso no dispo-

[47] Lucas Alamán, *Historia de México desde los primeros movimientos que prepararon su independencia en el año de 1808 hasta la época presente* [1852], México, FCE, 1985, vol. V, p. 779.

[48] Lorenzo de Zavala, *Ensayo histórico de las revoluciones de México desde 1808 hasta 1830* [1845], México, FCE, 1985, vol. II, p. 218. Las cursivas son mías.

nían de una autoridad ilimitada: negociaban su posición eminente con unos y otros.

Juan Álvarez siguió los pasos de Guerrero y, como su antiguo jefe, pasó de ser tratado como bandido a ocupar la Presidencia en cosa de veinte años. Ya en los cuarenta era indispensable; el gobernador del Estado de México le pedía una y otra vez que volviese al orden a los campesinos rebeldes. En Tixtla, Chilapa, Chilpancingo, Teconapa, Cacahuatepec, Ayahuahilco, en toda la Costa Chica y en Tierra Caliente se pacificaban las revueltas por la "persuasión" de Álvarez, por el "afecto" que le tenían los pueblos.[49]

Pero los entretelones del milagro son más interesantes, si cabe, que el hecho mismo. En enero de 1848, por ejemplo, Álvarez informaba a Riva Palacio que había apaciguado un amplio movimiento de rebeldía "con sólo mi permanencia de tres días en la Villa de Chilapa en donde se me presentaron más de doscientos alcaldes, manifestándome el engaño con que los habían hecho saltar a la arena".[50] Su presencia, pues, convocaba a los alcaldes, que ya es bastante; y ahí empezaba el milagro.

Pero la red no era un mecanismo automático de subordinación, y don Juan Álvarez tenía frecuentes fricciones con los comandantes militares encargados de la represión local, empezando por Nicolás Bravo, con quien competía por el dominio del sur; Bravo acaso con mejores vínculos con la clase política nacional, Álvarez con un apoyo más sólido entre los pueblos.

Álvarez tenía que ofrecer protección, antes que nada. Por eso se quejaba el alcalde de Ayahuahilco en mayo de 1842: "Háganos usted el favor —le escribía— de no volver a venir a persuadirnos a que nos entreguemos dispersos a las manos de nuestros encarnizados enemigos. . ."[51]

Al parecer, alguna vez Álvarez había tratado a los pueblos de indios de "muy pícaros", y a los hacendados de "falsos",[52] y no le merecían mejor opinión muchos de los presidentes, empezando por Bustamante y Santa Anna.

[49] Sobre las rebeliones controladas por "la sola presencia" de don Juan Álvarez, véase Clyde G. Bushnell, *op. cit.*, pp. 129, 131, 166, 169, 177 y *passim*.

[50] *Ibidem*, p. 177.

[51] *Ibidem*, p. 131.

[52] Véase Moisés González Navarro, "La venganza del sur", en *Historia Mexicana*, vol. XXI, núm. 4, abril-junio de 1972, p. 680.

Su apoyo a las demandas de los campesinos del sur fue bastante regular. Contaba con ellos con suficiente seguridad para repartirles armas y organizarlos en cuerpos de milicia, y, con toda la imprecisión del caso, podría decirse que abanderaba una especie de liberalismo "radical" o populista.[53] Sin embargo, él no estaba de manera incondicional ni con unos ni con otros: su posición, puesta a prueba en cada conflicto, venía de qué se había hecho necesario para unos y para otros.

El personaje del intermediario no ha sido nunca muy popular, porque era la imagen de la ilegalidad triunfante, la prepotencia del México bárbaro frente al orden estatal. Álvarez, en particular, les resultaba antipático a los conservadores: por su proximidad con Guerrero, por su amistad con los pueblos, por la extensión de su influencia; *El Mosquito Mexicano* solía tratarlo bastante mal:

> Qué menguados y collones deben ser los que para lograr su sistema favorito, se valen de la gente mas idiota, como son los indios para que los proclamen, y qué inmorales son los mismos, pues tambien se valen de los facinerosos de nombradía con el mismo objeto y para que conduzcan con seguridad a esos hombres incautos por el camino de todos los crímenes.[54]

Pero los intermediarios, en efecto, hacían falta. Porque sólo a través de su red se conseguía la estabilidad.

Según él mismo lo cuenta, don Carlos María de Bustamante acudió varias veces, alarmado, a los ministros para pedirles que pusieran un alto a Juan Álvarez, que hacía y deshacía en el sur según le convenía; se entrevistó con el ministro de Guerra y con el gobernador Riva Palacio, y "ambos me respondieron que no tuviese el menor cuidado, pues Álvarez era *el hombre que necesitaba el supremo gobierno* en el sur".[55] La respuesta es un poco cínica, pero también reveladora de la forma que asumía, en

[53] Véase Florencia Mallón, *op. cit.*, *passim.*

[54] *El Mosquito Mexicano*, 26 de mayo de 1844, citado por Clyde G. Bushnell, *op. cit.*, p. 140.

[55] Carlos María de Bustamante, *El nuevo Bernal Díaz del Castillo, o sea, historia de la invasión de los anglo-americanos en México* [1848], México, INEHRM, 1987, vol. I, p. 78. Acaso hace falta aclarar que fue ése el momento de mayor influencia de Álvarez antes de Ayutla, y que tenía una vieja y muy cercana amistad con Riva Palacio.

aquellas condiciones, lo que se ha dado en llamar Razón de Estado.

Conviene recordar, por cierto, que este tipo de intermediación no era sólo necesaria con los pueblos, ni sólo para controlar el descontento rural. La misma lógica de representación corporativa, la misma confianza en los vínculos personales, y la misma necesidad de negociar la desobediencia de la ley privaban en el resto de la sociedad.

Así, por ejemplo, eran indispensables los intermediarios militares. El ejército, prepotente y de mal conformar, con un margen de autonomía poco controlable, era un problema cotidiano para cualquier gobierno. Su lealtad no dependía de la jerarquía formal, sino de la confianza en este o aquel caudillo, que les garantizaba empleos, grados, prebendas y regalías. El más sólido de los intermediarios militares en las primeras décadas fue, acaso, el general Anastasio Bustamante; de él dice Zavala que, en la crisis de 1830,

> empleaba su influencia particular respecto de los descontentos, apelando á sus antiguas relaciones de amistad; les recordaba sus conecsiones íntimas, y la familiaridad con que habían vivido sirviendo juntos una misma causa desde el año de 1821, siendo compañeros en las desgracias; los escitaba á unir sus sentimientos, así como sus esfuerzos, á consolidar el órden, establecer la paz. . .[56]

No es sorprendente que, en 1832, la red de Bustamante —con el apoyo de Mier y Terán— resistiera el pronunciamiento de Santa Anna mejor de lo que lo hicieron los gobiernos de Iturbide, Victoria y Guerrero. Y no es sorprendente que comenzara a quebrarse por la agresiva gestión de Santa Anna para ganarse, entre otros, al general Esteban Moctezuma.[57]

[56] Lorenzo de Zavala, *op. cit.*, vol. II, pp. 206-207.

[57] "El progreso del levantamiento [Veracruz, 1832] fue bastante decepcionante, pues la mayoría del ejército permaneció fiel al gobierno, durante casi todo el año. Es posible que se debiera a la *actividad de convencimiento* destacada por Mier y Terán (. . .) También pesaba, sin duda, *el respeto con que contaba Bustamante* como cabeza del ejército. [La crisis comenzó cuando el general Esteban Moctezuma], invitado por los rebeldes, aceptó la dirección del movimiento", Josefina Z. Vázquez, "Dos décadas de desilusiones: en búsqueda de una fórmula adecuada de gobierno (1832-1851)", introducción a los vols. II, III y IV, *Planes en la Nación Mexicana*, México, Senado de la República, 1987, vol. II, pp. 13-14. Las cursivas son mías.

Los intermediarios eran una pieza básica del orden político. Con ellos podía hacerse mucho, sin ellos, casi nada. Para mantener en paz a los yaquis, e incluso para reprimir a otros descontentos, Ignacio Pesqueira contaba con Cajeme, alcalde mayor de los yaquis y mayos; y Cajeme, por supuesto, contaba con el favor del gobierno de Pesqueira para tramar su red de influencia entre los pueblos.[58] En plena guerra contra el Imperio, én 1864, Ramón Corona reconocía que "algunos pueblos del distrito de San Ignacio se mostraban indiferentes á los males de la nación", sólo por la indiferencia de Plácido Vega, de modo que se vio obligado a pedirle que "diera sus órdenes en lo particular á los pueblos" para formar un batallón.[59]

La historia se repite en casos innumerables. Porque la política era ese trabajo de intermediación, esa diligente gestión de la desobediencia de unos y la tolerancia de otros, que le permitía al negociador disponer de fuerza e influencia. No fueron pocos los que llegaron a ser gobernadores por esos méritos; el primero Juan Álvarez, por supuesto, pero también Juan N. Méndez en Puebla, Gándara y Pesqueira en Sonora, Francisco Leyva y Manuel Alarcón en Morelos, Barbachano en Yucatán, y muchos más en el resto del país.[60]

Casi está de más decir que la política de estos gobernadores, jefes políticos y caciques falseaba, punto por punto, la organización republicana que suponían las constituciones. En su cargo queda la inoperancia del Estado como institución jurídica; en su descargo, la estabilidad política que, con muchos tropiezos, pudieron mantener en las zonas de su influencia.

El sistema no es de ninguna manera un caso único; al contrario, es bastante frecuente. Sería difícil dar con una fórmula

[58] Cajeme sirvió a Pesqueira en la rebelión de los yaquis de 1868, y lo ayudó contra el pronunciamiento de Conant en 1874; a cambio fue nombrado alcalde mayor y capitán general de los yaquis. "Cajeme aprovechó la oportunidad —dice Acuña— para consolidar las fuerzas yaquis y reorganizar tanto la administración civil como la militar", Rodolfo Acuña, *op. cit.*, p. 154.

[59] José María Vigil y Juan B. Híjar y Haro, *Ensayo histórico del Ejército de Occidente* [1874], México, INEHRM, 1987, p. 238.

[60] No es extraño que la crisis del porfiriato empiece también con el nombramiento de gobernadores incapaces de servir como intermediarios para los pueblos, por su directa representación de los intereses de los hacendados, como es el caso de Pablo Escandón en Morelos (1908). Véase Guillermo de la Peña, *Herederos de promesas*, *op. cit.*, p. 91.

general, pero no parece arriesgado presumir que sea una solución eficiente en sociedades rurales, con escaso arraigo de las instituciones del Estado moderno.

Durante la Restauración española (entre 1875 y 1920), una extensa red de "caciques" aseguraba el orden local —por el manejo clientelista de los recursos públicos— y al mismo tiempo permitía que funcionasen los partidos políticos nacionales —por el control local de los procesos electorales. Escribe José Varela Ortega:

> El cacique "sacrificaba a sus particulares conveniencias", ruralizaba una ley abstracta y, en general, pensada desde y para el mundo urbano. En este sentido, ya señaló Cajal que el cacique era "el único vínculo que ligaba al campo con la ciudad y al pueblo con el Estado". Así, puede afirmarse que el caciquismo era la traducción —y respuesta— rural de una administración y normativa ciudadanas.[61]

Algo de ese estilo ocurre también en Sicilia, donde además los intermediarios tienen una identidad mucho más definida. La mafia es un mecanismo de intermediación, favorecido durante todo el siglo XIX por los grandes propietarios y por los políticos también, para mantener su orden en el campo siciliano y garantizar elecciones "seguras".

> El Estado, escribe Rosario Minna, existe sólo para los impuestos, para el servicio militar, para los carabineros, en tanto que en los campos no ocurre nada sin que así lo quiera la Mafia. Y es la clase dirigente de ese Estado y la de Sicilia la que ha acordado con los mafiosos el poder, real pero también legal, de representar oficialmente a las poblaciones del campo siciliano.[62]

Leonardo Sciascia ha dado una definición muy útil de la mafia; es, en sus palabras, una asociación "que se erige por medio de la violencia en intermediario parasitario entre la propiedad y el trabajo, entre la producción y el consumo, entre el ciudadano y el Estado".[63] Sin duda son distintas la mafia caciquil

[61] José Varela Ortega, *Los amigos políticos. Partidos, elecciones y caciquismo en la Restauración (1875-1900)*, Madrid, Alianza, 1977, p. 356.

[62] Rosario Minna, *Historia de la mafia*, Madrid, Swan, 1986, p. 47.

[63] Leonardo Sciascia, prólogo a Fabrizio Calvi, *El misterio de la mafia*, Buenos Aires, Gedisa, 1987, p. 19.

española y la mafia política mexicana, pero el modelo parece ser el mismo.

Los intermediarios aseguran el orden político, y derivan su influencia de la precariedad del dominio estatal y de su manejo de las demandas locales. Por supuesto, en un sentido muy preciso, son "parásitos"; pero por largos periodos, necesarios.

Las virtudes del intermediario mexicano decimonónico no eran ni la lealtad ni el respeto de la ley, sino la prudencia y el sentido de la oportunidad. No habrían leído a Maquiavelo, pero hubieran estado de acuerdo con él en que "es venturoso aquel cuyo modo de proceder se ajusta a la calidad de los tiempos, y semejantemente desventurado aquel con cuyo proceder los tiempos no se ajustan".[64]

Incluso los tiempos de guerra eran buenos tiempos para los que aspiraban a una mayor autonomía. De Manuel Lozada dice Jean Meyer:

> Su estrategia se funda en las oposiciones entre Tepic y Guadalajara, Guadalajara y México, entre los liberales y los conservadores, entre Plácido Vega, caudillo del Noroeste, y Ramón Corona, caudillo del Occidente. Su fuerza es doble: la militar se debe a la movilización de los pueblos guerreros de la sierra que pone al servicio de los pueblos trabajadores abajeños; la fuerza política existe mientras el dominio de Lozada sirve a los intereses de las principales familias de Tepic.[65]

Hacían falta para estar en paz, y hacían falta para levantarse en armas. Ellos decidían el rumbo de la política nacional, de una manera que puede resultar extraña y aun casi mágica. Cuando Comonfort preparaba el golpe de 1857 decía a sus allegados: "Doblado tiene una importancia que ustedes no se pueden ni aun figurar [. . .], tiene la llave del interior, y por donde vaya Doblado, por ahí irán Zacatecas, Aguascalientes, y quizá Jalisco."[66] Otros tal vez no, pero el propio Doblado sí sabía bien de su importancia, y sabía también manejarla.

[64] Nicolás Maquiavelo, *El Príncipe*, Madrid, Aguilar, 1976, cap. XXV, p. 186.

[65] Jean Meyer, "El tigre de Alica", en *Esperando a Lozada*, México, El Colegio de Michoacán, 1984, p. 230.

[66] Manuel Payno, *Memorias sobre la revolución de diciembre de 1857 a enero de 1858* [1860], México, INEHRM, 1987, p. 44.

Cualquier pronunciamiento descansaba sobre un regateo insistente y minucioso con pequeños y grandes intermediarios. Guillermo Prieto lo cuenta muy bien:

> El de los barrios quería un almuerzo en Santa Anita con Pepa la Bruja que estaba en el secreto y allí arreglar los *picos* y los endemoniados, mole, pulque, algo para las niñas [. . .] El seductor de tropas tenía ya vistos todos los sargentos, a cinco pesos por cabeza, al mayor de otro cuerpo veinticinco y sacarle la espada de una casa de empeño; al capitán H pagar diez pesos que debe de casa y lo de los fusiles[. . .][67]

Pero también la rutina de la vida política necesitaba de ellos. Eran los intermediarios, y no los programas, ni las grandes figuras, quienes ganaban una elección. Los peones votaban de acuerdo con el administrador de la hacienda, los pueblos según la consigna del jefe político, y todos en defensa de quien mejor sabía gestionar sus intereses particulares.[68]

Los partidos políticos, como es apenas lógico, eran también redes de lealtades, capaces de coordinar a grupos más o menos grandes de intermediarios. Los "pensadores profundos y hombres eminentes" que iban al Congreso y escribían en los periódicos y ocupaban ministerios "se hacían representar por *matones*, por hombres sin educación ninguna, analfabéticos, turbulentos y dañinos; pero no era posible otra cosa".[69]

La política era un negocio complejo y arriesgado. Era el negocio de los intermediarios.

[67] Guillermo Prieto, *Viajes de orden suprema*, México, Gobierno del Estado de Querétaro, 1986, vol. II, pp. 25-26.

[68] El asunto electoral lo trataré con extensión en otra parte. En todo caso, hay ejemplos muy interesantes de la maquinaria política durante la República Restaurada en Laurens B. Perry, "El modelo liberal y la política práctica en la República Restaurada", *Historia Mexicana*, vol. XXIII, núm. 4, abril-julio de 1974.

[69] Guillermo Prieto, *Memorias de mis tiempos*, México, Porrúa, 1985, p. 190.

EL SISTEMA DE LA RECIPROCIDAD

RECIPROCIDAD Y ORDEN POLÍTICO

Juanito Quiñones, el héroe de las novelas de Rabasa, se había metido en la "bola" para acabar con la tiranía y salvar a la patria; y estaba dispuesto a luchar hasta vencer o morir. El resultado, sin embargo, no fue algo tan drástico, ni tan claro.

> ¿ Qué mayor sorpresa —decía— para mi buena fe de *bolista* subordinado, que el ver en letras de imprenta que el general don Anacleto Baraja, a la vez que se sometía, era nombrado jefe político del centro? ¿Qué mayor sonrojo que leer allí la noticia de haber sido agraciado el licenciado Gavilán con otro nombramiento en la capital de la República, que bastó para hacerle comprender que debía estarse quieto?[1]

Con un enorme desencanto, había tomado las primeras lecciones de "la gran ciencia". Pero le quedaba por aprender todavía mucho más.

Algo después llegó al despacho del gobernador del estado, don Sixto Liborio Vaqueril, y no era raro que escuchara conversaciones entre el gobernador y su secretario más o menos del tono de la siguiente:

> —Pues este Pasquín se quedó en aquel juzgado con tres depósitos, y ponía a los reos en libertad por tanto más cuanto. —[Decía el secretario]
> —Pero, hombre, usted siempre con su manía de buscar inmaculados. Convénzase de que eso no es posible; no, señor; ni siquiera conveniente.
> —¿Acaso no hay gente honrada en el Estado?
> —Pues no hay remedio —dijo Vaqueril en tono de punto final.
> —Si usted quisiera...
> —Vamos, hombre —añadió el gobernador bajando la voz—; Pas-

[1] Emilio Rabasa, *La Bola* [1887], México, Porrúa, 1985, p. 153.

> quín está casado con una sobrina de Pérez Gavilán, y yo no he podido negar a éste el servicio...[2]

Sobra decir que todo aquello resultaba ofensivo para la sensibilidad de Juanito Quiñones; casi tanto como para la de Rabasa. Para ambos, la política era una porquería; pero, y eso es lo importante, una porquería con su propia lógica, con su razón y su sentido.

En un caso como en el otro, como en los demás que van hilvanando las novelas, la estructura básica de la política es la reciprocidad. No hay firmes compromisos ideológicos, ni virtudes republicanas; hay transacciones, formas muy peculiares de intercambio, premios y sobornos y compromisos y componendas. Es una versión caricaturesca, cierto, y escrita desde la tranquilidad del porfiriato, pero que sirve bien para entender también el resto del siglo.

Habría también, a no dudarlo, doctrinarios y estadistas, pero la política cotidiana se hacía de ese otro modo. Y no hay que apresurarse a condenarla, ni tiene sentido fingir que no existía, o que no tenía importancia. La *reciprocidad* era el mecanismo básico para generar consensos capaces de suplir la obediencia al Estado, donde ésta era una pretensión quimérica.

Los políticos eran oportunistas, así los veían sus contemporáneos: transaban con sus lealtades y con sus opiniones. Pero, hay que tenerlo en cuenta, la intransigencia no era una virtud; porque la gestión eficaz de los intereses de cualquier red de lealtades dependía de la *prudencia*, mucho más que de la integridad. Por parte del gobierno, era menos costoso contentar a unos y otros con concesiones, que empeñarse en una guerra.

En esto no hay apenas variaciones en todo el siglo. Sólo acaso que durante el porfiriato la estabilidad mejora la posición del gobierno federal. Pero nunca deja de ser necesario negociar la obediencia; y el esquema básico es el mismo.

Habrá que hablar mucho más de ellos, pero no sobra una nota sobre los políticos decimonónicos mexicanos. Con mayores o menores recursos, quienes ejercían una autoridad efectiva eran todos intermediarios; sabían que, como dijo Weber, la política se hace con la cabeza, y no con ninguna otra parte del

[2] Emilio Rabasa, *La gran ciencia* [1887], México, Porrúa, 1985, p. 227.

cuerpo.[3] Eran mesurados y responsables, por regla general, a pesar de que también hubiera entre ellos algunos demagogos y fanáticos.

Como clase, cumplían con la función de mediar entre los poderes locales y el Estado, entre los propietarios y los pueblos, entre la legalidad y la necesidad. Pero tenían también sus propios intereses, que hacían de su intermediación una actividad *parasitaria*, mucho más clara y más onerosa conforme más se desarrollaban el Estado nacional y el mercado capitalista. Pero de todo eso me ocuparé más adelante.

Por ahora basta con apuntar que el sistema de intermediación descansaba sobre la reciprocidad como forma elemental de la acción política y del gobierno. A falta de un consenso básico sobre la organización de la autoridad, el orden se fundaba en vínculos personales y negociaciones particulares.[4] La sociedad producía sus formas de poder y orden no estatales, el Estado imponía su definición formal del orden político, y los intermediarios gestionaban la coherencia y la estabilidad.

Desde cierto punto de vista, ese orden era una forma peculiar de control del poder estatal, incluso una especie de cautiverio. De Juárez, el más duradero y el más poderoso de los presidentes antes de Díaz, decía Ignacio Ramírez:

> Helo condenado a dividir el poder con aquellos jefes que han cambiado una dudosa candidatura por las facultades extraordinarias, que absorberán las fuentes del erario y ultrajarán la soberanía de las localidades; [. . .] helo condenado a proteger a la desacreditada camarilla [. . .]; helo condenado a proclamar como su salvador a un hombre que detesta y a premiarle una fidelidad en que ninguno confía[. . .][5]

[3] Es interesante ver a los políticos mexicanos del XIX a partir de las reflexiones de Weber en "La política como vocación", Max Weber, *El político y el científico*, Madrid, Alianza, 1981, pp. 153ss.

[4] Sobre las primeras décadas dice Michael Costeloe: "el control político constituía, en el mejor de los casos, un poder frágil e inseguro porque se basaba, principalmente, en la alianza y en la lealtad personal prolongadas", *La primera república federal de México (1824-1835). Un estudio de los partidos políticos en el México independiente*, México, FCE, 1983, p. 285.

[5] Ignacio Ramírez en *El Correo de México*, 11 de octubre de 1867, en *Obras completas*, México, Instituto de Investigaciones Jorge L. Tamayo, 1984, vol. I, p. 56.

Pero también era una garantía de impunidad para grandes y pequeños aventureros, ya fuese que robaran fondos públicos o que se levantaran en armas. En 1846, por mencionar un caso, el general Paredes dio un golpe de Estado, apoyado por las intrigas monárquicas de Lucas Alamán y el embajador español Salvador Bermúdez de Castro; a los pocos meses fue derrocado, se acogió a una amnistía y terminó exiliado en París.[6] "Increíble —escribía don Carlos María de Bustamante— es que haya quedado impune el crimen de lesa nación que cometió, y que pudiera acogerse á una ley de amnistía que no era posible concederle";[7] increíble no era, aunque fuese lamentable. El propio Bustamante lo reconoce, a renglón seguido: "Es muy desconsolante esta debilidad de nuestro gobierno que autoriza á sus enemigos para burlarse de él".[8]

No era la debilidad de un gobierno u otro, sino la estructura misma del Estado. Es cierto que, con frecuencia, duraban tan poco los encargados del Poder Ejecutivo, que apenas tenían tiempo de ordenar o desordenar un poco el aparato estatal, y de pedir, según dice Mora, "como una especie de favor" que los administradores les enviaran parte de los recursos fiscales.[9] Pero esa fugacidad de los gobiernos era un síntoma tan sólo, y no la raíz del problema.

Cualquier acción de gobierno era, por fuerza, producto de una transacción. Sin ir más lejos, los fondos públicos eran manejados con un buen margen de independencia por las autoridades locales, por no hablar ya de los recursos extraordinarios que pudiera reclamar el gobierno central. No cabían exigencias ni órdenes, porque sólo la persuasión, la negociación y el regateo

[6] Véase Miguel Soto, *La conspiración monárquica en México, 1845-1846*, México, EOSA, 1988, *passim*.

[7] Carlos María de Bustamante, *El nuevo Bernal Díaz del Castillo, o sea historia de la invasión de los anglo-americanos en México*, México, INEHRM, 1987, vol. II, p. 82.

[8] *Ibidem*, p. 82.

[9] José María Luis Mora, *México y sus revoluciones* [1836], México, FCE, 1986, vol. I, p. 530.

[10] Una carta de Eulalio Degollado a Manuel Doblado, el 19 de diciembre de 1846, es elocuente: "Tú sabes que los zacatecanos están resentidos desde el año de 1835, y aun conservan su encono, porque al pedirles el Sr. Santa [Anna] algunos recursos, se le niegan, manifestando la necesidad en que ellos mismos están, recordándole la causa desde el dicho año", *La revolución de Ayutla según el archivo del general Doblado*, Genaro García, Documentos inéditos o

podían ofrecer resultados.[10] A lo largo de todo el siglo hubo intentos de recuperar el control central de las recaudaciones, sobre todo aduaneras, pero sin un éxito durable.

Para contar con los recursos de los intermediarios, recursos financieros y militares, de obediencia y de estabilidad, el gobierno tenía que respetar su posición. Porque no existía un vínculo directo entre la autoridad del Estado y sus súbditos, ni una subordinación automática de los poderes locales. La lógica corporativa y patrimonial arraigaba en la tradición española, y había adquirido nueva fuerza y distinto carácter después de la independencia; frente a ella, el nuevo Estado no podía hacer gran cosa.

El caso del ejército y las milicias es el más llamativo. Que los estados se negaran a colaborar en la defensa nacional durante la guerra del 47 es un extremo, pero un extremo que no es incomprensible.[11] Lo más importante, sin embargo, es que esa incapacidad para controlar al ejército, esa necesidad de negociar su obediencia fuese habitual.

> Luego que se tiene noticia de un movimiento revolucionario, el gobierno, no da *orden* sino que *suplica* a uno o mas generales o gefes que le inspiran menos desconfianza se pongan a la cabeza de las tropas y salgan a batir a los sublevados [. . .] Los generales del gobierno luego que bien o mal han acabado con las sumas que recibieron, piden otras, y si no se les remiten, el resultado es la desercion de la tropa, el pillaje de los pueblos o su pronunciamiento contra la autoridad que los ocupa, y a favor del enemigo[. . .][12]

Había que negociar con el ejército, pero también con los campesinos rebeldes y sus cabecillas. La obediencia se compraba, porque no podía imponerse, y los intermediarios negociaban las condiciones que fueran suficientes para su red, bien con gestiones amistosas o bien con amenazas, conspiraciones y pronunciamientos.

muy raros para la historia de México, México, Porrúa, 1974, p. 145. Véase, sobre los intentos de Juárez por atraerse los recursos de los estados, Walter V. Scholes, *Política mexicana durante el régimen de Juárez. 1855-1872*, México, FCE, 1972, p. 93.

[11] Véase Josefina Z. Vázquez, *Una tragedia que reafirmó la identidad. La guerra del 47*, México, Condumex, 1981.

[12] José María Luis Mora, *México y sus revoluciones*, *op. cit.*, vol. I, pp. 425, 427.

El resultado era una mecánica muy previsible, que hacía depender la estabilidad de cada gobierno de su capacidad para negociar el orden. Era un sistema que reproducía, bajo otras formas, la tolerancia y la complicada trama de privilegios del régimen colonial, con la salvedad de que eran los "hombres necesarios" los que decidían sobre ello.[13]

Al mismo tiempo, esa mecánica hacía del gobierno general un rehén de los poderes regionales y los comandantes militares, que podían exigir y exigían cualquier decisión política bajo la amenaza de su insurrección. El orden estatal era el resultado, precario, de un pacto anterior y mucho más sólido que su fórmula constitucional.[14] Podía pasarse por encima de la ley, con un riesgo aceptable, pero no podía pasarse por encima de los intermediarios.

Esa lógica está detrás de la gran mayoría de los pronunciamientos. En pocos, empero, será más explícito que en la rebelión de Montaño de 1827: el vicepresidente Nicolás Bravo se había unido a los insurrectos, pidiendo la supresión de las logias masónicas y el cambio del gabinete; cuando fue derrotado, tuvo que explicar, juzgado por la Cámara, su participación en la asonada, y lo hizo con una ingenuidad desarmante:

> [Dice] que el salió y estuvo lisonjeado hasta el último instante, de que el gobierno oiría sus proposiciones y todo terminaría por parlamentos. [. . .] Asegura el mismo, que todas esas intenciones, resoluciones y esperanzas se las sugirió el éxito feliz de las anteriores asonadas que pretendieron del mismo modo leyes.[15]

[13] En un ejemplo clásico, los indios de Chilapa se rebelaron, con el apoyo de Juan Álvarez, en 1845, y el ministro de Justicia Riva Palacio le escribe "que el gobierno daría gustoso de 15 000 a 20 000 pesos para resolver el problema de la tierra y liberaría a los indígenas que regresaran a Chilapa del pago de ciertos impuestos a las ventas. . ." Clyde Bushnell, *La carrera política y militar de Juan Álvarez*, México, M. A. Porrúa, 1988, p. 144.

[14] Es la tesis de Antonio Annino, "El pacto y la norma. Los orígenes de la legalidad oligárquica en México", *Historias*, núm. 5, enero-marzo de 1984.

[15] Citado en José María Bocanegra, *Memorias para la historia del México independiente. 1822-1846* [1892], México, FCE/Instituto Cultural Helénico/INERHM, 1986, vol. I, p. 453.

TRANSIGIR CON EL CRIMEN

En 1847, Benito Juárez llegó al gobierno de Oaxaca. Y seguramente sabía más de leyes y de teorías que de las turbias rutinas del gobierno. Como Juanito Quiñones, tuvo que aprender los secretos de la gran ciencia, y tampoco la encontró agradable.

> Ha sido siempre mi mas ardiente deseo restablecer el imperio de la ley y el prestigio de la autoridad; poniendo coto á *la costumbre de transigir con el crimen* y con el vicio: costumbre criminal y vergonzosa que envilece á los gobiernos y que alienta á los criminales *á imponerles condiciones* degradantes.[16]

Será cierto que transigir con el crimen es una costumbre criminal. Pero también una forma de gobernar.

Lo que preocupaba a Juárez cuando escribió aquello era la rebelión de Juchitán, por el asunto de las salinas de Tehuantepec. El año anterior había mandado las primeras tropas para "escarmentar" a Meléndez, y había recibido de éste un escrito "haciendo protestas de respeto y excusando su atentado con pretextos frívolos e inatendibles"; eso mientras su gente seguía "con las armas en la mano, y después de haber resistido á la autoridad".[17]

El caso no era nuevo, ni siquiera extraño. Así hacían muchos sus peticiones, confiando, como Bravo, en que "todo acabara por parlamentos". Pero a Juárez no dejaba de molestarle, porque esa forma de hacer las cosas ponía en entredicho la autoridad del Estado.

También es cierto que había intentado ya remediar el conflicto "acordando algunas concesiones y medidas de lenidad". Había pedido al gobierno central que intercediera ante el propietario, Javier Echeverría, para que cediese "un tanto del dere-

[16] Benito Juárez, exposición ante el Congreso de Oaxaca, 2 de julio de 1851, en Juárez, *Exposiciones (Cómo se gobierna)*, edición de Ángel Pola, México, INEHRM, 1987, p. 313. Las cursivas son mías.

[17] Juárez, exposición al Congreso de Oaxaca, 2 de julio de 1850, *ibidem*, pp. 290-291. Sobre la rebelión de José Gregorio Meléndez puede verse abundante documentación en Víctor de la Cruz, *La rebelión de Che Gorio Melendre*, México, Ayuntamiento de Juchitán, 1983.

cho que pueda tener a favor de ese pueblo".[18] Aceptaba bien que el Estado fuese un intermediario, incluso que se hiciera cargo de negociar con los derechos de unos y de otros. Pero parlamentar con un grupo armado era imposible para el "decoro de la autoridad".

Siempre había preocupado a Juárez el estrecho margen que dejaba al Estado la habitual política de transacciones:

> por una fatal debilidad, dimanada las más veces de la falta de títulos legales de los gobiernos, éstos se han visto *en el caso degradante de mendigar el apoyo* de las facciones para sostenerse ó de transigir con los revolucionarios, tolerando la escandalosa infracción de las leyes...[19]

La obsesión de Juárez con la legitimidad no parece del todo justificada; su ecuación que equipara legalidad y autoridad es, por lo menos, insuficiente. Sin embargo, en estos sus primeros discursos se trasunta ya una visión del Estado de enormes consecuencias. Es el Estado en su acepción más clásica, como autoridad *soberana*, pero un Estado que debe cargarse de razón jurídica para ser intransigente, y sobre todo un Estado que no condesciende con otros intereses.

En la versión juarista, la autoridad podrá acordar concesiones, siempre y cuando mantenga su "decoro".

De lo más revelador es su recelo ante la fuerza de los militares. Después de un año de gobierno informaba que la administración marchaba sin tropiezos porque el comandante militar "el Sr. Castellanos ha guardado la más perfecta armonía con las autoridades"; pero ésa, y Juárez lo sabía bien, era una "circunstancia accidental [...] un bien que sólo es debido al carácter personal del actual comandante general".[20] Otra vez, la política de transacciones, el orden de la reciprocidad que tanto lo incomodaba.

A pesar de sus mejores intenciones, la "fatal debilidad" persiguió siempre al gobierno de Juárez. Y tuvo que fundar su autoridad en esa costumbre criminal de transigir con el crimen:

[18] Cit. por Moisés González Navarro, "La venganza del sur", *Historia Mexicana*, vol. XXI, núm. 4, abril-junio de 1972, p. 684.

[19] Benito Juárez, exposición al Congreso de Oaxaca, 2 de julio de 1848, Juárez, *op. cit.*, p. 143. Las cursivas son mías.

[20] *Ibidem*, p. 148.

con Antonio Rojas, con Pueblita, con Vidaurri, con una variada colección de guerrilleros, bandidos y caciques, y con toda su red de control electoral.[21]

Su interminable enfrentamiento con Santiago Vidaurri es un ejemplo clásico. A fines de 1859, Juárez escribía: "Vidaurri que quería hacer su voluntad en Nuevo León y que porque se le quiso hacer entender que había un gobierno cuyas órdenes debía obedecer, se declaró neutral, ha caído ya para no levantarse jamás".[22] Sólo dos años después le escribía a Vidaurri tratándolo de "estimado amigo", y confiándole "la esperanza que tengo de que los pueblos y sus esforzados caudillos me seguirán prestando su eficaz cooperación" para gobernar; usted, le decía, "es el jefe de un Estado libre, y ha sido uno de esos caudillos en la revolución más gloriosa que México ha emprendido..."[23]

No renunció nunca Juárez a su idea de imponer en México una autoridad "decorosa": sólo cambió los medios, para ir sustituyendo, sin pausa pero sin prisa, a los viejos intermediarios por los leales de su propia red. Era, por ponerlo así, una solución de compromiso, que trataba de institucionalizar, bajo las formas legales, el orden real. Y la guerra contra el Imperio le ofreció una ocasión inmejorable. Con toda claridad se lo exponía, en 1866, al general Mariano Escobedo, que se ocupó de imponer el orden juarista en Tamaulipas y San Luis Potosí:

> Ahora es preciso aprovechar la oportunidad para curar radicalmente los males de aquel estado, castigando severamente y con toda energía a cualquiera que desobedezca la ley y a la autoridad. Nuestro cuerpo social está plagado de llagas añejas que nosotros, los reformadores, debemos curar con cauterio y amputaciones para detener la gangrena que lo conduce a la muerte. Nada de con-

[21] Sobre el funcionamiento de la maquinaria politica de Juárez, es apasionante el libro de Laurens B. Perry, *Juárez and Díaz. Machine politics in Mexico*, De Kalb, Northern Illinois University Press, 1978, *passim*.

[22] Carta de Juárez a D. Ángel Albino Corzo, gobernador de Chiapas, 13 de octubre de 1859, en Benito Juárez, *Miscelánea. Comunicados, respuestas, iniciativas, dictámenes, informes, brindis, etc.*, compilado por Ángel Pola, México, INEHRM, 1987, p. 329.

[23] Carta de Juárez a Santiago Vidaurri, 16 de octubre de 1861, *ibidem*, pp. 340-341.

temporizaciones con los hombres viciados y con los que se han acostumbrado a hacer su voluntad como moros sin señor.[24]

El sentido común le decía a Thomas Paine que, lo mismo que en los gobiernos absolutos el rey es la única ley, en los países libres la ley *debería ser* rey, y no podría haber ningún otro.[25] Pero también le decía, bien claro, que "un gobierno que no puede preservar la paz, no es en absoluto un gobierno".[26] En esa encrucijada estaba Juárez. Y no es que Paine diga nada muy nuevo, pero sí es probable que se planteara las cosas de modo similar al de los liberales mexicanos decimonónicos.

La raíz del problema está en el sentido de la ley. Dice Paine que las leyes son distintas de cualquier transacción y de cualquier negociación, porque tienen una vigencia universal, y se imponen con el mismo rigor a todos los miembros de la comunidad. Por eso deben ser las leyes obra del pueblo, porque en lo que a ellas toca, "no hay más partido que el público".[27]

El problema en México, simple y sin solución, es que no existe *el público*: no a la manera cívica que imaginaba Paine. La autoridad política no representa a un conjunto de ciudadanos, sino que sirve como mediadora de una trama conflictiva de cuerpos y comunidades, de señores y caciques.

Una idea de Norberto Bobbio ayuda a completar esta digresión. Según él, y contra las versiones tradicionales, la fuerza no es un medio para realizar el Derecho, sino el *contenido* específico de las normas jurídicas.[28] El Derecho, dice Bobbio, "no es un conjunto de normas garantizado por la fuerza, sino que es un conjunto de normas que regulan la fuerza".[29] Sólo puede hablarse, entonces, de un ordenamiento jurídico cuando existen normas secundarias, dirigidas a los jueces y a los órganos ejecutivos, que regulan las sanciones.

[24] Carta de Benito Juárez a Mariano Escobedo, 3 de noviembre de 1866, en Masae Sugawara (comp.), *Mariano Escobedo*, México, Senado de la República, 1987, pp. 204-205.

[25] Thomas Paine, "Common Sense", en *The Thomas Paine Reader*, Suffolk, Penguin Books, 1987, p. 92.

[26] *Ibidem*, p. 89.

[27] Thomas Paine, "Dissertations on Government, the affairs of the Bank and paper money", en Paine, *op. cit.*, p. 169.

[28] Norberto Bobbio, "Derecho y fuerza", en *Contribución a la teoría del Derecho*, Valencia, Fernando Torres Editor, 1980, pp. 335ss.

[29] *Ibidem*, p. 336.

Las transacciones con los intermediarios neutralizaban al Estado como aparato jurídico sobre todo porque hacían imposible la regulación de las sanciones. En esto, el programa de Juárez era inequívoco: "Nada de transacción con los enemigos, nada de impunidad para los culpables; la constitución y los decretos de reforma deben cumplirse al pie de la letra".[30] El problema es que no era practicable.

Y había, por cierto, normas que regulaban la fuerza. Sólo que eran normas informales, dictadas por la prudencia y el cálculo, por compromisos de reciprocidad. Aquello no era el caos; no es que no hubiera autoridad política, sino que sus instituciones no se conformaban con las hipótesis jurídicas de las constituciones.

RECIPROCIDAD Y EXTORSIÓN

La reciprocidad era la forma elemental de la acción política. Y eso supone que el Estado no tenía títulos suficientes para exigir obediencia sin condiciones. No quiere decir que el Estado no existiera, ni que fuesen sus disposiciones de uso meramente decorativo: el Estado servía como intermediario también, pero no imponía sus mandatos, los negociaba.

Los cuerpos, las comunidades, las regiones, exigían siempre una consideración particular de sus intereses. Y como una cantinela se repetía, a lo largo del siglo, el daño que resultaba de anteponer los intereses egoístas al bien de la patria.

Para *El Águila Mexicana* sólo era un buen ciudadano el que "cuando piensa en su patria se olvida de sí mismo y de sus intereses privados";[31] para el doctor Mora, "los hombres que todo lo posponen a su interés, no pueden ser jamás buenos ciudada-

[30] Carta de Benito Juárez a Ángel Albino Corzo, 13 de octubre de 1859, en Juárez, *Miscelánea*, *op. cit.*, p. 330.

[31] *El Águila Mexicana*, 15 de marzo de 1828. El artículo, junto con otros veinticinco forma una serie que fue publicada después como opúsculo, y ha sido atribuido, creo que de modo incorrecto, a Lorenzo de Zavala. Por el tono y los temas, parece más atinada la conjetura de Costeloe, que atribuye su autoría a Juan Bautista Morales y Miguel Ramos Arizpe. Lorenzo de Zavala, *Obras. El periodista y el traductor*, México, Porrúa, 1966, p. 131.

nos, y son peores que las fieras''.[32] Alamán, curiosamente, veía en ello la acción corruptora de la sociedad moderna, cuyo principio fundamental es el egoísmo, que "no puede ser base de ninguna institución política''.[33] Con menos pasión, Molina Enríquez pensaba que cuando hubiesen desaparecido "todas las diferencias de clase y condición", entonces podría haber "patria mexicana''.[34]

Su noción del bien común suponía el sacrificio de los intereses particulares, porque suponía también la condición ciudadana. Y no había ni lo uno ni lo otro. Lo que veían, sin embargo, no era un individualismo cínico, sino una forma peculiar de hacer política, con rasgos patrimoniales y corporativos lo bastante acusados para desmentir la hipótesis cívica de las leyes.

Sobre esto, Lucas Alamán refiere en su historia una anécdota muy curiosa. El primer congreso había invitado a Iturbide y sus generales para que asistieran a una de sus primeras sesiones; era un gesto de protocolo, sin mayor trascendencia, pero Alamán se demora, con malicia, en narrarlo:

> Iturbide, *sin ocupar el asiento* que se le había destinado, dijo, que no lo tomaba por venir en compañía de sus compañeros de armas, y manifestó alguna queja de que en el acuerdo del congreso solo se hubiese tratado de generales y no de jefes, con lo que estos habian tenido que quedarse á la puerta: satisfízolo el presidente diciendo, que se había hablado con generalidad y que en lo resuelto estaban comprendidos los jefes, *y entonces felicitó al congreso en nombre del ejército* que había hecho la independencia, ofreciendo sostener sus resoluciones[. . .][35]

No sé qué hubiera pasado si el congreso les hubiese negado la entrada a los jefes. Pero sí que en esa minucia se hacía público un equilibrio de fuerzas. Iturbide representaba, en ese momento, a sus "compañeros de armas" frente a la autoridad política, y exigía que se les diese un lugar. Es una transacción sólo simbóli-

[32] José María Luis Mora, *El Observador*, 28 de julio de 1830, en *Obra política*, México, Instituto Mora, 1986, p. 365.

[33] Lucas Alamán, *Historia de México desde los primeros movimientos que prepararon su independencia en el año de 1808 hasta la época presente* [1852], México, FCE, 1985, vol. V, p. 920.

[34] Andrés Molina Enríquez, *Los grandes problemas nacionales* [1909], México, Era, 1985, p. 426.

[35] Lucas Alamán, *op. cit.*, vol. V, p. 499. Las cursivas son mías.

ca: el derecho de entrada a cambio de la felicitación y del apoyo formal a sus resoluciones; pero también la forma de hacer pública la naturaleza de una relación que no tiene cabida en el orden institucional.

En pequeñas y grandes cosas, el ejército siguió exigiendo que se le diera su lugar. A veces era una guarnición que pedía, con muy malos modos, su paga atrasada;[36] a veces eran los oficiales y generales que habían apoyado una insurrección, o que habían traicionado al gobierno y que exigían su recompensa;[37] eran los comandantes regionales que pedían autonomía, los que cobraban su fidelidad, los que reclamaban que se mantuviese el fuero, etcétera.

Cada vez podía exigir más, porque su colaboración era siempre necesaria. Mariano Otero supo ver, en toda su simpleza, esa lógica: la autoridad civil, en tiempos de crisis, necesita pedir el apoyo de las fuerzas armadas,

> el poder que obedece conoce su fuerza, pone a discusión su cooperación, la presenta como un favor y reclama su premio: quiere luego dirigir y mandar y para ello destruye la autoridad civil y la usurpa después. . .[38]

El último extremo, sin embargo, fue más bien raro. Sólo en la década de los cuarenta alcanzó suficiente influencia el ejército para pretender imponer, por sí solo, el orden, con la dictadura de Tacubaya primero y la de Paredes después.[39] Por lo general, los militares se limitaron a negociar el respeto de su feudo: sueldos y pensiones, pertrechos, ascensos, autonomía, y un derecho informal de veto sobre ciertas decisiones.

También los pueblos podían exigir, aunque con otros métodos, una atención especial para sus intereses: en el sur, como en Oaxaca, en Puebla, en el Estado de México, en Sonora, era fre-

36 Junio de 1823, Puebla: "Los oficiales y tropa de la guarnición se apoderaron de la fortaleza de Loreto, y pertrechados con parque y armas pidieron á las autoridades civiles, con amenazas é insultos, dos pagas que se les debían". José María Bocanegra, *op. cit.*, vol. I, p. 222.

37 Por ejemplo, sobre la retribución a los oficiales que desertaron de la red de Bustamante en 1832, véase Costeloe, *op. cit.*, p. 353.

38 Mariano Otero, discurso en el Congreso Constituyente, 11 de octubre de 1842, *Obras*, México, Porrúa, 1967, vol. I, p. 275.

39 Véase Josefina Z. Vázquez, "El Ejército, un dilema del gobierno mexicano. 1841-1846", México, El Colegio de México, 1988, mimeo.

cuente que las insurrecciones terminaran "por parlamentos". El gobierno ofrecía casi siempre una amnistía a los rebeldes, conseguía que los hacendados devolviesen tierras usurpadas, compraba terrenos en disputa para repartirlos, e incluso autorizaba el "privilegio" de que ciertas comunidades mantuviesen su organización tradicional.[40]

El Estado no imponía su autoridad, sin distinciones, sobre un público de ciudadanos: a través de los intermediarios, negociaba la desobediencia de las comunidades, les otorgaba privilegios o les prometía una "atención especial". Sirve un ejemplo cualquiera: en 1866 se puso fin a una insurrección campesina en Sinaloa con un decreto de amnistía, "en atención a que la casta indígena ha sido miserablemente engañada"; el propio decreto ordenaba a los prefectos que solucionasen de inmediato los problemas de tierras, y establecía, a renglón seguido:

> Las referidas autoridades considerarán en lo sucesivo que uno de sus más sagrados deberes es vigilar sobre los intereses de los indios, teniendo el mayor cuidado de evitarles todo género de perjuicios...[41]

La frecuencia y amplitud de los decretos de amnistía que conseguían Juan Álvarez o Manuel Lozada, por ejemplo, son ya de por sí elocuentes.

Incluso la organización jurídica del Estado revela, en algunos puntos, el sistema de reciprocidad que normaba la acción política. La distribución de facultades en las constituciones federalistas es lo más notorio; y no ya por el reconocimiento de los poderes regionales, sino por la forma como se conseguía, por los regateos, las alianzas, los pleitos con que se dirimía la cuestión de las milicias cívicas, de la recaudación de impuestos, de los cupos para el ejército nacional, etcétera.

Desde el principio, y apenas derrocado Iturbide, las diputaciones provinciales supieron presionar lo bastante para que el congreso acordara una ampliación de sus facultades y les conce-

[40] Véase Moisés González Navarro, *Anatomía del poder en México. 1848-1852*, México, El Colegio de México, 1983; sobre el Estado de México (1849), p. 165; Puebla (1850) p. 167; Sonora (1831), p. 31.

[41] Citado en José María Vigil y Juan B. Híjar y Haro, *Ensayo histórico del Ejército de Occidente* [1874], México, INEHRM, 1987, p. 378.

diera proponer a los jefes políticos, nombrar a los empleados locales, inspeccionar las rentas, en una palabra, organizar con autonomía el orden regional.[42]

El federalismo fue, desde entonces, uno de los grandes temas de la política nacional. La solución formal que se le dio con la Constitución de 1857 fue una sanción del sistema de reciprocidad entre los poderes públicos. De hecho, la interpretación dominante, como ha mostrado Marcelo Carmagnani, fue "que los poderes estatales eran superiores al poder central, y que la contribución económica que debían a la federación era una concesión y no un deber".[43] Todo el aparato formal estaba diseñado para controlar al poder central, dando facultades a los estados.

Por vías de hecho o de derecho, los gobernadores controlaban las milicias, el reclutamiento para el ejército nacional, las legislaturas estatales y las elecciones.[44] Para gobernar, el gobierno federal no tenía más remedio que transar con los gobernadores, o hacerles la guerra para sustituirlos por alguno de sus incondicionales.

La mecánica de la reciprocidad podía resultar desagradable para una conciencia recta o para una concepción doctrinaria del Estado, pero era muy eficaz. El Estado, por otra parte, podía modificar las condiciones del intercambio de modo que le fuesen favorables, a través de la manipulación de las leyes.

Es cierto que el orden jurídico no era muy venerado por nadie, pero tampoco había un sustituto efectivo de la legitimación legal de la autoridad. La ley era el marco, el único posible, para ordenar las transacciones, de modo que era también el principal recurso del Estado. Pero sobre ello hablaré más adelante.

A cuento de esto, tiene sentido recordar que en abril de 1847, el Cabildo metropolitano de hecho compró la derogación de las leyes de expropiación de Gómez Farías. Según lo cuenta José Fernando Ramírez, el presidente Santa Anna llamó al Cabildo y "de luego se convino en la exhibición de dos millones de

[42] Véase Lucas Alamán, *op. cit.*, vol. V, p. 765.

[43] Marcello Carmagnani, "La libertad, el poder y el Estado en la segunda mitad del siglo XIX", *Historias*, núm. 15, octubre-diciembre de 1986, p. 61.

[44] Laurens B. Perry, "El modelo liberal y la política práctica en la República Restaurada. 1867-1876", *Historia Mexicana*, vol. XXIII, núm. 4, abril-julio de 1974, pp. 675ss.

pesos en dinero contante, ofreciéndose en cambio la derogación de las leyes, causa del escándalo''.[45]

El dinero hacía falta, lo mismo que la pacificación de la jerarquía eclesiástica, para seguir la guerra contra los Estados Unidos. El trato es irreprochable desde un punto de vista pragmático, y sin embargo, parece de lo más irregular. Lo sería, de hecho, si las leyes fuesen la expresión de la soberanía popular, de una ciudadanía representada en los poderes del Estado. No lo es tanto, en cambio, si se concibe al Estado como un aparato de intermediación, cuya responsabilidad es gestionar la coexistencia más o menos pacífica de cuerpos con derechos privativos. En ese caso, la transacción es simple rutina.

Una rutina, hay que decirlo, que abría un espacio muy amplio para figuras equívocas, para aventureros capaces de medrar en las negociaciones. Sigue José Fernando Ramírez:

> Loperena, el infame ladrón y falsario, recogió [una exposición de la mitra] p.a negociar con el gabinete la entrega del dinero que había de exhibir el Obp.o de Michoacán, que lo resistía mientras no se derogara la ley. S.A. consumó este útil tráfico con la derogación para ajustar una compra de fusiles que ha de entregar Loperena a *quince pesos*. . .[46]

No siempre tuvo la Iglesia el mismo poder de negociación. Pero eso les pasaba a todos. Después del triunfo avasallador de la Revolución de Ayutla, como ocurriría con la restauración de la República en el 67, el grupo gobernante podía imponer, con bastante holgura, sus condiciones. Comonfort pudo rechazar, así, en 1856, la transacción que le propuso el obispo de Puebla, para hacer pasar como crédito la indemnización que le exigía el gobierno, por su participación en la rebelión poblana, vinculándolo además con el respeto de los bienes eclesiásticos en el estado.[47]

[45] José Fernando Ramírez, *México durante su guerra con los Estados Unidos*, Genaro García, Documentos inéditos o muy raros para la historia de México, México, Porrúa, 1974, p. 505.

[46] *Ibidem*, p. 536.

[47] Exigida la indemnización, el obispo propuso al gobierno darle un crédito de 200 000 pesos, cuyos pagos exentarían a la diócesis de cualquier otra contribución y le servirían como garantía contra una posible intervención de los bienes eclesiásticos. El negocio no fue aceptado. Véase Walter V. Scholes, *op. cit.*, p. 27.

La Iglesia, como el ejército, como los pueblos, las autoridades locales y estatales, los comerciantes y los agiotistas, todos ingresaban a esa política de la reciprocidad, todos ellos buscaban asegurar su posición colectiva negociando con el Estado. No es extraño que los sindicatos, cuando se formaron, hicieran otro tanto.

Hay un ejemplo de esto que resulta muy aleccionador. El Gran Círculo de Obreros Mexicanos había establecido una "relación especial" con el presidente Lerdo: lo apoyaba en las elecciones y en actos públicos, y el presidente, a cambio, asistía a las ceremonias importantes del Círculo, para alentar a sus miembros. En 1867, a través del Congreso Nacional Obrero, el Círculo pidió a Lerdo que suprimiera el sistema de levas para nutrir al ejército; el presidente hizo mucho más: ordenó al gobernador del Distrito Federal que eximiera del servicio de las armas a todas las personas *que señalara el Congreso Obrero*.[48] No sólo negociaba con la corporación, sino que le otorgaba una función política nada despreciable.

La reciprocidad política, debe ser evidente, no es un mercado, aunque lo parezca. Como en las sociedades primitivas que estudia Lévi-Strauss, "en un intercambio hay algo más que las cosas cambiadas";[49] de hecho, hay mucho más. El sentido elemental del intercambio político es moral: su propósito es definir una relación.

La reciprocidad es un imperativo porque el orden político descansa sobre los vínculos de obligación recíproca entre desiguales. Hay que poner a un lado la idea de obediencia, sobre todo como compromiso formal con un orden jurídico; el intercambio depende de otra lógica. El contenido del intercambio sirve para conocer las posiciones que ambas partes guardan en un mismo sistema jerárquico: hay una enorme distancia entre pedir amparo contra una decisión judicial, y aceptar una condecoración.

Otra vez Claude Lévi-Strauss:

[48] Véase Luis González y González, Emma Cosío Villegas y Guadalupe Monroy, *La República Restaurada. La vida social*, en Daniel Cosío Villegas, *Historia Moderna de Mexico*, México, Hermes, 1985, pp. 442-443.

[49] Claude Lévi-Strauss, *Las estructuras elementales del parentesco*, México, Planeta, 1985, vol. I, p. 98.

> Las mercaderías no sólo son bienes económicos sino vehículos e instrumentos de realidades de otro orden: potencia, poder, simpatía, status, emoción; y el juego sabio de los intercambios (en los que, a menudo, no hay más transferencia real de la que se encuentra entre los jugadores de ajedrez, al avanzar las piezas alternativamente sobre el tablero, únicamente con la intención de provocar una respuesta) consiste en un conjunto de maniobras, conscientes o inconscientes, para ganar seguridades y precaverse contra riesgos, en el doble terreno de las alianzas y de las rivalidades.[50]

Así ocurre con las "mercaderías" políticas en el México decimonónico. No sólo se ganaba o se perdía, en el momento, un pleito judicial o el nombramiento de un jefe político o la promulgación de una ley. En cada caso, el intercambio confirmaba o negaba un vínculo, una posición en la jerarquía política.

LA VIRTUD DE PORFIRIO DÍAZ

Para la lógica de la reciprocidad, ningún grupo, o casi ninguno, es del todo prescindible. Es un mecanismo de agregación, forzosamente inclusivo, aunque no todos puedan negociar con la misma fuerza, ni todos puedan aspirar a las mismas concesiones. Lo más interesante, y también lo más difícil, es conocer los límites.

De una manera general, puede decirse que la reciprocidad deja de ser necesaria frente a un grupo cuando el dominio y la estabilidad se han conseguido, con un margen razonable de seguridad, por una alianza excluyente. Digamos, para ser más claros, que cuando hay suficiente solidez, por ejemplo, en los vínculos que unen a las autoridades locales, los terratenientes, las fuerzas armadas y el gobierno general, bien puede prescindirse de contentar a los pueblos o a los campesinos desarraigados. De otro modo, siempre será necesario amparar a unos y otros, para poder usar a unos o a otros.

Por las mismas razones, el mecanismo de la reciprocidad es mucho más importante en tiempos de crisis política, cuando es preciso sumar a todos los grupos posibles.

[50] *Ibidem*, vol. I, p. 92.

Por eso era tan frecuente que las rebeliones terminaran "por parlamentos". Los convenios de Zavaleta (1832) establecen un modelo clásico: perdón y olvido para todos, garantía de puestos y grados y, en lo fundamental, una solución de compromiso.[51] Pero hay más: en cuanto se prolongaba un conflicto, era preciso negociar con políticos inescrupulosos, con guerrillas más o menos independientes, e incluso con bandoleros.

> Las aldeas y las fincas del campo —según García Cubas— [eran] las más expuestas á las depredaciones de las guerrillas, formadas, en general, por individuos de la peor ralea, pues hay que tener en cuenta que los partidos beligerantes no los elegían, sino que contemporizaban con ellos por cuanto á que eran demasiado listos para distraer á las fuerzas enemigas y vivir sobre el país, siendo por otra parte inconcusa su utilidad en las guerras extranjeras.[52]

Así pudieron medrar, en la década de la Reforma, gentes como Antonio Rojas, siempre perdonado y vuelto a perdonar a pesar de sus insubordinaciones, gentes como Vidaurri, Cobos, Pueblita e incluso Manuel Lozada.

En cualquier situación, la lógica de la reciprocidad pone en evidencia que el conflicto político no cabe dentro de las formas institucionales. El Estado interviene, y la ley importa a todos, como amparo formal, pero el dominio y la unidad política se traman de otro modo.[53] Y es un modo que recuerda, ciertamente, la organización colonial, que se nutre de la tradición corporativa del pensamiento político español.

Sin embargo, bajo las formas republicanas adquiere otra fisonomía. De entrada, hace ostensible la debilidad del Estado en su versión constitucional. No pocas veces los nombramientos y las expresiones de gratitud o de confianza se hacían "a más no

[51] Sobre el significado de los convenios de Zavaleta, véase Josefina Z. Vázquez, "Dos décadas de desilusiones: en búsqueda de una fórmula adecuada de gobierno (1832-1851)", introducción a los vols. 2, 3 y 4 de *Planes en la Nación Mexicana*, México, Senado de la República, 1987, p. 17.

[52] Antonio García Cubas, *El libro de mis recuerdos*, México, Porrúa, 1986, p. 475.

[53] En palabras de Antonio Annino, "la norma escrita no institucionalizará en realidad la lógica del conflicto político [. . .] al Estado no se le reconocerá otra función que la de salvaguarda de los pactos", "El pacto y la norma: los orígenes de la legalidad oligárquica en México", *Historias*, núm. 5, enero-marzo de 1984, p. 13.

poder'', como escribía Anselmo de la Portilla de las relaciones entre Juan Álvarez y Santa Anna en la dictadura.[54] Y eso mismo obligaba a transigir con unos y otros, a aceptar corruptelas y arbitrariedades.

No es extraño que los redactores del dictamen acerca de la forma de gobierno de 1863, que llamaba a Maximiliano de Habsburgo para que fuese emperador del país, vieran en todo ello una muestra de la decadencia social y la inmoralidad de la clase política:

> Llegando a este punto las cosas, bien se sabe que los gobiernos no han menester de colaboradores, sino de cómplices, con quienes por el soborno, el aliciente de infames ganancias, y la impunidad de los mayores crímenes, cuentan, como con otros tantos sólidos apoyos, para sostenerse.[55]

Las tintas están un poco cargadas, y se hace caso omiso de las historias turbias que tenían detrás también algunos de los padrinos del imperio, como Almonte y Arrangoiz, para empezar. Pero, con todo, tienen su parte de razón.

Para un juicio legalista, para una moral cívica, la gran ciencia es sin duda poco edificante. Para una actitud realista, puede tener virtudes que sobrepasen, con mucho, sus costos y sus vicios.

Los apologistas de don Porfirio, a principios de siglo —y entre ellos Rabasa, que conste— vieron lo mismo que Juanito Quiñones, lo mismo que Juárez en el 49, lo mismo que la Comisión que redactó el dictamen; pero vieron en ello el genio y las virtudes políticas del general Díaz.

Francisco Bulnes sentenciaba que la forma de gobierno en América Latina, ''sea dictatorial, faccional u oligárquica, es *de los amigos para los amigos*''; la única seña particular de Díaz

[54] ''Nadie ignoraba tampoco que aquellos nombramientos se habían hecho á mas no poder, y que no eran sinceras aquellas recíprocas manifestaciones, puesto que Santa Anna y sus ministros aborrecían de muerte á las autoridades del Sur, u que éstas no estaban contentas con la política dictatorial'', Anselmo de la Portilla, *Historia de la Revolución de México contra la dictadura del general Santa Anna. 1853-1855* [1858], México, INEHRM, 1987, p. 36.

[55] ''Dictamen acerca de la forma de gobierno que, para constituirse definitivamente, conviene adoptar en México'', en Ignacio Aguilar y Marocho, *La familia enferma*, México, Jus, 1969, p. 175.

fue que supo hacer bien las cosas.[56] "Todo el mundo aprobaba los ruidos de su vientre, que decían: 'muera la constitución de 57, viva la reelección'."[57] Salado Álvarez ha dicho que, en la clase política, "todos se inclinaron a su voluntad, que él sabía imponer sin estridencias ni malos modos".[58] En su obra clásica, Rabasa escribe: "Por encima de la Constitución que debía unirlos, el Gobierno, desconcertado con ella, y el pueblo, que no lograba coordinar, tenían el concierto real..."[59]

Un gobierno, todos coinciden, que si respetaba las formas legales hasta el escrúpulo, hacía mangas y capirotes del espíritu de la ley. Pero un gobierno que consiguió un "concierto real", que se imponía "sin estridencias", que supo poner de acuerdo a todos los estómagos, gobernando con "los amigos". Molina Enríquez, otro apologista en nombre del sentido práctico, ha aventurado una explicación bastante convincente.

El equilibrio de tantos intereses dispares, la reunión de tantos grupos económicos, raciales y culturales, dice Molina, fue posible por un procedimiento simplísimo: "satisfacer todas las aspiraciones cuando, en cambio, se ha obtenido la seguridad de que no se perturbaría la paz".[60] Una mecánica, pues, de reciprocidad. El vínculo básico de ese orden, sigue diciendo, es *la amistad*, que "da derecho a exigir todo lo que el amigo puede conceder", pero que en cambio "impone obligaciones correlativas"; por ese sistema,

> todas las unidades sociales han podido pedir al señor general Díaz, según sus necesidades y tendencias propias, y el señor Díaz les ha podido ir concediendo lo que han pedido; pero, en cambio, les ha podido pedir a su vez, sacrificios proporcionales.[61]

Si ésa era la virtud de Don Porfirio, no hizo nada muy distinto de lo que hicieron las decenas de gobiernos anteriores.

[56] Francisco Bulnes, *El verdadero Díaz y la Revolución*, México, Eusebio Gómez de la Puente, 1920, pp. 187ss.

[57] *Ibidem*, p. 43

[58] Victoriano Salado Álvarez, *Memorias. Tiempo viejo. Tiempo nuevo*, México, Porrúa, 1985, p. 196.

[59] Emilio Rabasa, *La constitución y la dictadura*, México, Porrúa, 1982, p. 242.

[60] Andrés Molina Enríquez, *Los grandes problemas nacionales* [1909], México, Era, 1985, p. 136.

[61] *Ibidem*, p. 136.

Sólo que tuvo mejor éxito. El Estado siguió apareciendo, en su práctica, como intermediario para las pretensiones de cuerpos y comunidades, de los notables y los insumisos; siguió tolerando y negociando. En las palabras de Martín Luis Guzmán, pudo obtener "la paz a costa de la corrupción y el crimen sistemáticos".[62]

Empezar a desentrañar, aunque sea de prisa, la lógica de la reciprocidad, nos pone de golpe frente a uno de los temas más complicados, y más apasionantes, de la moralidad pública en México. El doctor Mora lo propuso, hace ciento sesenta años:

> ¿A qué viene alegar leyes que no se cumplen y que positivamente se infringen? Si no hay principios para mandar, tampoco los hay para obedecer.[63]

Hay un salto en el razonamiento, producto de las convicciones ilustradas de Mora; hoy es evidente que la ley y la obediencia no tienen mucho que ver, en principio. Sin embargo, la pregunta sigue ahí: ¿a qué viene alegar leyes?

Pero de eso trataré en otra parte.

[62] Martín Luis Guzmán, "La querella de México", en *Obras completas*, México, FCE, 1984, vol. I, p. 25.

[63] José María Luis Mora, en *El Observador*, 13 de junio de 1827, *Obra política*, México, Instituto Mora, 1986, p. 127.

IGLESIA, RELIGIOSIDAD Y VIDA PÚBLICA

La Iglesia independiente

Casi es un lugar común que la Iglesia y el ejército fueron los mayores estorbos para la creación del Estado mexicano. Y un lugar común también que eran residuos, restos del orden colonial, por su naturaleza conservadores, autoritarios e hispanistas. En expresión de Justo Sierra, "formaban islas de fierro en medio de la embrionaria unidad nacional, cuyo desenvolvimiento estorbaban e impedían".[1]

La versión tiene, desde luego, su adarme de verdad, pero hay mucho más que decir sobre ello. Lo más importante, que no eran en realidad instituciones supervivientes de la vieja sociedad, porque habían sido alteradas en muchos sentidos por la independencia. Y no pretendían restaurar el orden virreinal, sino arreglar la República a su modo.

Por otra parte, si estorbaban, era tanto a los liberales como a los conservadores porque, a sus fines, ninguno de los Estados que se ensayaron era del todo satisfactorio.

La Iglesia, para empezar por ahí, había ganado, con la independencia, su propia independencia, y nunca aceptó que el patronato fuese transferido al nuevo Estado. No era, entonces, la Iglesia colonial defendiendo los antiguos usos: era otra Iglesia, más débil en muchas cosas, y sin embargo mucho más fuerte en otras.

Hay aquí una paradoja muy notable, que puede servir para encontrar la punta del ovillo. La Iglesia tenía, y era evidente, una enorme influencia social, pero a la vez, una muy escasa eficacia política. Para decirlo de algún modo, podía crear problemas, pero rara vez tuvo soluciones.

El catolicismo tenía un dominio sólido en el país, y ni siquiera entre los más anticlericales del grupo liberal hubo una

[1] Justo Sierra, *Juárez, su obra y su tiempo*, México, Porrúa, 1980, p. 8.
[2] Sobre la naturaleza e importancia de la unidad religiosa, Claudio Véliz,

genuina disidencia *religiosa*.[2] Eso daba, de hecho, un bonito argumento a los defensores de los privilegios eclesiásticos:

> [Queremos] conservar la religión católica —escribe Alamán—, porque creemos en ella, y porque aun cuando no la tuviésemos por divina, la consideramos como el único lazo común que liga á todos los mejicanos, cuando todos los demás han sido rotos, y como el único capaz de sostener á la raza hispano-americana, y que puede librarla de los grandes peligros á que está expuesta.[3]

Pero la unidad religiosa se mezclaba, en la conciencia de los letrados, y de los liberales en particular, con muchas otras cosas. Sobre todo con una profunda incomprensión de la religiosidad popular, y un temor parejo hacia sus posibles reacciones; de modo que no era difícil convencerlos de que la Iglesia era la clave de la tranquilidad pública.

Lizardi, por ejemplo, escribía con toda convicción: "Nuestro populacho [. . .] cree más a un fraile en el púlpito, aunque diga herejías, que al patriota más elocuente".[4] Pero el caso es que tenían sus razones para creer en uno y no en el otro, porque la religión estaba imbricada con su modo de vida, en una forma que nunca consiguió el credo republicano.

Ilustrar al pueblo no era el camino para transformar sus actitudes religiosas; pues lo suyo no era fanatismo ni irracionalidad.

Con un desprecio parecido al de Lizardi, Mora opinaba que las masas "no son capaces de distinguir las opiniones del clero, de los deberes religiosos, confunden los unos con las otras, *se creen obligados a hacer ciegamente* cuanto los curas o confesores les prescriben";[5] y de ahí sacaba la conclusión, dramática, de que "la fuerza de las leyes depende de la opinion que de ellas

---

La tradición centralista de América Latina, Barcelona, Ariel, 1984, pp. 186-212.

[3] El texto es parte de la carta que escribió Lucas Alamán a Santa Anna, como programa del Partido Conservador, en marzo de 1852. Gastón García Cantú (ed.), *El pensamiento de la reacción mexicana. Historia documental*, México, UNAM, 1986, vol. I, p. 314.

[4] José Joaquín Fernández de Lizardi, *El Correo Semanario de México*, 31 de enero de 1827, en *Obras*, México, UNAM, 1975, vol. VI, p. 183.

[5] José María Luis Mora, *México y sus revoluciones* [1836], México, FCE, 1986, vol. I, p. 518.

se forme el clero''.[6] El supuesto es injusto, y la conclusión muy exagerada. No había ceguera en la religiosidad popular, ni tenía esa magnitud la acción política del clero.

Veces hubo en que la superstición pudo manejarse con descaro: en la ciudad de México, en 1833, los sacerdotes pregonaron que la epidemia de cólera era una muestra de la ira divina por las leyes liberales de Gómez Farías.[7] Pero hubo también religiosos apedreados por su feligresía, hubo protestas violentas contra el pago de obvenciones parroquiales, y hubo movimientos mesiánicos —Chan Santa Cruz, Tomóchic—, arraigados en las formas más tradicionales de la religiosidad popular, que no favorecieron en nada a la Iglesia.

Liberales y conservadores exageraron, por su cuenta y su razón, el poder de la Iglesia. En 1842, Mariano Otero escribía:

> con una reunión tal de riquezas, con tal número de subordinados, con una clientela tan extendida, con el dominio de la inteligencia y con el poder de la beneficencia en esta sociedad pobre, desorganizada, débil y congojosa, el clero debía ser un grande poder social...[8]

Pero en la práctica ese gran poder no podía grandes cosas. Desde el siglo XVI la Iglesia se había caracterizado por tener una presencia ubicua en la vida local: en los negocios, en la política, en la educación, en la beneficiencia; y la siguió teniendo a pesar de las reformas borbónicas y liberales. Sin embargo, no por eso ostentaba una representación política efectiva de sus fieles.[9] Como institución, alimentaba una inercia tradicionalista, pero no podía competir ni con el Estado ni tampoco con las facciones personales o ideológicas.

En las décadas posteriores a la independencia, la presencia

[6] *Ibidem*, p. 519.

[7] Michael Costeloe, *La primera república federal de México (1824-1835). Un estudio de los partidos políticos en el México independiente*, México, FCE, 1983, p. 384. En descargo de algunos curas hay que decir que probablemente ellos mismos pudieron llegar a creérselo.

[8] Mariano Otero, ''Ensayo sobre el verdadero estado de la cuestión social y política que se agita en la República Mexicana'', en *Obras*, México, Porrúa, 1967, vol. I, p. 31.

[9] Véase Jesús Tapia Santamaría, *Campo religioso y evolución política en el Bajío zamorano*, México, El Colegio de Michoacán, 1986, pp. 131ss.

política del clero fue mínima y, si se exceptúa el tema del Patronato, tampoco tuvo una posición política muy definida.[10] Por lo general, intentó gestionar sus asuntos de acuerdo con las formas legales, y no se comprometió, como institución, en las intrigas conservadoras, a pesar de los esfuerzos de Alamán.[11]

No era una casualidad. Nunca tuvo la Iglesia la iniciativa real en ningún movimiento político. Cuando intervino, lo hizo aliada con otros grupos —el ejército, sobre todo, pero también el partido conservador o grupos de propietarios— que proyectaban y decidían por su cuenta.

En 1833, las leyes reformistas de Gómez Farías fueron el primer gran ataque contra la institución eclesiástica, y el clero no puso en armas al "populacho fanático" que temía Lizardi, ni usó de la "obediencia ciega" que suponía Mora. Se dio pábulo a la creencia de que la epidemia de cólera era un castigo divino, pero a la vez se pidió permiso al gobierno para discutir las leyes, y no se dejó de recordar a los fieles "la sumisión que debían a los jefes de Estado".[12]

Los curas participaron, junto con los demás vecinos notables y autoridades locales, en la firma de representaciones contra las leyes. Pero no fueron ellos quienes organizaron el movimiento que terminó con la expulsión de Gómez Farías.[13] De hecho, el resultado no fue un éxito rotundo para la Iglesia: se suspendieron casi todas las leyes reformistas, pero no las que suprimían la coacción civil para el pago del diezmo y para el cumplimiento de los votos religiosos.[14]

Incluso, en un gesto más aparatoso que otra cosa, Santa Anna nombró ministro de Justicia y Negocios Eclesiásticos al obispo de Michoacán, Juan Cayetano Portugal quien, al poco tiempo, en vista de que no se derogaban las leyes, renunció. Si

[10] Sobre la escasa participación del clero, véase Costeloe, *op. cit.*, pp. 286-287.

[11] Josefina Z. Vázquez, "Iglesia, ejército y centralismo", *Historia Mexicana*, vol. XXXIX, núm. 1, julio-septiembre de 1989, p. 206.

[12] Josefina Z. Vázquez, *ibidem*, p. 227.

[13] Josefina Z. Vázquez, "Dos décadas de desilusiones: en búsqueda de una fórmula adecuada de gobierno (1832-1851)", introducción a los vols. 2, 3 y 4, *Planes en la Nación Mexicana*, México, Senado de la República, 1987, p. 22.

[14] Robert J. Knowlton, *Los bienes del clero y la Reforma mexicana, 1856-1910*, México, FCE, 1985, p. 27.

no lo perdió todo la Iglesia, tampoco organizó las cosas como hubiese querido.

También intervino en la asonada de los "polkos" en 1847, otra vez contra Gómez Farías. Según Guillermo Prieto, los rebeldes, "transformados en soldados de la fe, se presentaban llenos de amuletos y medallas, con escapularios y reliquias".[15] Pero ni ese aparato místico, si fue cierto, ni la activa propaganda de los curas despertaron ningún entusiasmo:

> Los revolucionarios vieron con asombro que el pueblo no tomaba la parte que pensaron, manifestándose indiferente al grito de religión, y que no obstante las predicaciones que algunos eclesiásticos hicieron en los barrios durante los primeros días, o no tomaba parte, o se juntaba con el gobierno. Agregaban a esto que los pronunciados no estaban enteramente de acuerdo con el plan proclamado, pues solamente unos pocos lo conocían y los demás lo rompieron cuando estaba impreso.[16]

Otra vez el movimiento tuvo buen éxito, a pesar de todo, y volvió Santa Anna para destituir a Gómez Farías. Pero el Cabildo, ya se sabe, tuvo que comprar la derogación de las leyes; y le costó dos millones de pesos.

En la frustrada rebelión de Puebla contra Juan Álvarez, en 1856, "había sacerdotes que recorrían las líneas animando á los soldados á la pelea" y se circularon entre los insurrectos "oraciones en que se invocaba contra el enemigo al Dios de los ejércitos y de las venganzas".[17] Pero el movimiento no tuvo eco y la derrota le costó muy cara al clero poblano.

Ni siquiera durante la Guerra de Tres Años se movilizó la oscura fuerza del fanatismo. La Iglesia sostuvo al gobierno conservador, incluso con la venta de sus bienes, pero los grandes propietarios no fueron igualmente generosos, ni fue más fácil para el clero cobrar el diezmo.[18]

El movimiento, como los otros, fue hechura de militares, y

[15] Guillermo Prieto, *Memorias de mis tiempos*, México, Porrúa, 1985, p. 253.

[16] José Fernando Ramírez, *México durante su guerra con los Estados Unidos*, en Genaro García, Documentos inéditos o muy raros para la historia de México, México, Porrúa, 1974, p. 499.

[17] Anselmo de la Portilla, *México en 1856 y 1857. Gobierno del general Comonfort* [1858], México, INEHRM, 1987, p. 128.

[18] Robert J. Knowlton, *op. cit.*, pp. 85ss.

el gobierno conservador, por muy católico que fuese, en ningún sentido obedecía a la Iglesia. Antes al contrario. "El conflicto más visible —escribe Jean Meyer— era el que oponía la reforma liberal al clero; pero el que oponía a la Iglesia a los conservadores no era menos real."[19]

En ninguna parte hubo un entusiasmo masivo y duradero por la causa de la Iglesia. Su influencia social no se podía traducir en fuerza política.[20] Nunca dejó de haber fricciones, a veces motines y pedreas, por las leyes de Reforma; pero el Estado liberal se impuso y consiguió un dominio estable, con la tolerancia y las irregularidades que eran habituales.

Con facilidad y con cierta frecuencia, el clero promovía tumultos o se aprovechaba de ellos, pero éstos rara vez pasaban de ser problemas de policía. Es cierto que ponían en evidencia la fragilidad de la autoridad política, la "ruptura entre gobernantes y gobernados" como dice Jean Meyer,[21] pero también la incapacidad de la Iglesia para ponerse a la cabeza de una rebelión.

La expulsión de los jesuitas había provocado disturbios en 1767, lo mismo que las otras medidas reformistas de los Borbones en 1799. Casos similares hubo a lo largo del XIX, sobre todo con motivo de la política anticlerical del grupo juarista; el más conocido fue, acaso, el motín del Jueves Santo de 1857 provocado, a partes iguales, por la terquedad del gobernador del Distrito Federal, Juan José Baz, y la de los canónigos de la Catedral. La reconstrucción que imaginó Victoriano Salado Álvarez parece verosímil: Baz había puesto un cerco militar a la Catedral por el desacato de los canónigos, y en la aglomeración empezó a haber pánico.

> Muchos eran los que se echaban al suelo y se mesaban los cabellos, figurándose que no tardarían en caer rayos sobre los que violaban

[19] Jean Meyer, *La Cristiada*, México, Siglo XXI, 1985, vol. II, p. 27.

[20] Sobre el Bajío zamorano escribe Jesús Tapia Santamaría: "La Iglesia descubrió que la mayoría de la población, iletrada, rural y nominalmente católica, apenas consideró como de su interés el conflicto que le enfrentó al estado liberal"; y unas páginas más adelante argumenta que la Iglesia, tras la Reforma, tomó conciencia "de la vacuidad social de la representación popular que ella había asumido, [y] de la vulnerabilidad de su propia posición política para negociar con el estado..." *op. cit.*, pp. 126 y 135.

[21] Meyer, *La Cristiada*, vol. II, p. 12

> el asilo sagrado; muchos permanecían callados, aunque con densa palidez en el rostro; pero más eran los que vociferaban palabras de muerte y de venganza.
>
> [. . .] Una vieja alta, gruesa, con las canas sobre la cara, la camisa desgarrada y mostrando dos tetas que parecían vejigas a medio llenar, movía una pistola gritando con voz que taladraba los oídos:
>
> —¡Viva la religión! ¡Viva Dios![22]

El caso fue usado por los conservadores, sobre todo con la difusión de la letrilla satírica de Ignacio Aguilar y Marocho, "La batalla del Jueves Santo".[23] Pero no pasaron las cosas a mayores.

De otra naturaleza fueron las rebeliones mesiánicas, como la de los tzotziles en 1868 o la de Tomóchic en 1893. Ahí es evidente la fuerza de la trama que reúne la religiosidad y la política, pero eso tiene poco que ver con la influencia del clero. De hecho son síntomas de la debilidad e ineficacia del control institucional de la Iglesia.[24] Y algo parecido podría decirse de la rebelión de los religioneros en Michoacán, Jalisco y Guanajuato, entre 1873 y 1876: era un movimiento campesino sin líderes notorios y sin rumbo fijo, en abierto desacato de las pastorales de los obispos pidiendo la obediencia al gobierno de Lerdo.[25]

La religiosidad es crucial para la organización de la vida pública en el México decimonónico; la acción política de la Iglesia es algo muy distinto, y mucho más estrechos sus límites.

La debilidad de la Iglesia

La paradoja de la que vengo hablando puede explicarse por muchas cosas: por las reticencias del alto clero ante la violencia po-

[22] Victoriano Salado Álvarez, "Memorias de un veterano", *Episodios nacionales mexicanos. Primera serie. De Santa Anna a la Reforma* [1903], México, FCE, 1984, vol. II, pp. 194 y 195.

[23] Aparece como apéndice en Ignacio Aguilar y Marocho, *La familia enferma*, México, Jus, 1969, pp. 151-162.

[24] Véase, sobre este tipo de insurrecciones, Alicia M. Barabas, *Utopías indias. Movimientos sociorreligiosos en México*, México, Grijalbo, 1987, *passim*.

[25] Jean Meyer, *La Cristiada*, vol. II, pp. 31-43.

pular, por la naturaleza estrictamente corporativa de sus intereses políticos, y también porque su relación con los fieles no era esa comunión fanática que asustaba tanto a los liberales.

Para entender la debilidad de la Iglesia, lo primero que hay que tomar en cuenta es que había pocos religiosos en el país. En 1810 había 4 229 miembros del clero secular, y 5 210 del regular, para más de seis millones de habitantes; pero entre guerras y expulsiones, su número se redujo más todavía, de modo que en 1850 había sólo 3 223 sacerdotes, y 1 127 religiosos regulares. Según las estimaciones, a cada religioso correspondería una feligresía de más de dos mil personas, eso sin contar con que la mayoría vivía en las ciudades.[26]

La red institucional de la Iglesia podía apretar poco, en esas condiciones.

Sin embargo, donde los había, los curas tenían un lugar importante en la política local: eran una autoridad tradicional, y no pocas veces un apoyo, o un parapeto que usar en las querellas con la autoridad política.

Lizardi cuenta el caso del municipio de Sola, en Oaxaca, donde el vicario disolvió la Junta de Clasificación reunida para dar efecto a la ley de contribuciones, en 1827:

> Habiendo llegado [el vicario] preguntó el objeto, y habiéndosele manifestado, prorrumpió en improperios y execraciones contra el Congreso, diciendo que éstos eran unos pícaros ladrones, que allí nadie mandaba sino sólo él, y concluyó rompiendo el cuadernito que se mandó por el gobierno de norma, y la Junta quedó disuelta.[27]

De muy otro tono eran los problemas de Ramón Corona en 1858, cuando ordenó la prisión del cura de Acaponeta por negarse a contribuir con un préstamo forzoso:

> Tan severa medida provocó una grande alarma en el bello sexo de Acaponeta, yendo las jóvenes en masa á hablar con el gefe, á

[26] Las cifras aparecen en Josefina Z. Vázquez, "Iglesia, ejército y centralismo", *op. cit.*, pp. 208-210, y en Moisés González Navarro, *Anatomía del poder en México*, Mexico, El Colegio de México, 1983, p. 89.

[27] José Joaquín Fernández de Lizardi, *El Correo Semanario de México*, 25 de febrero de 1827, en *op. cit.*, p. 245.

> quien manifestaron que preferirian que se les despojase de todas sus alhajas, antes que verse privadas de su respetable pastor.[28]

Al parecer, el respetable pastor se salvó de la cárcel y del desembolso, porque sus feligresas pudieron pagar lo que hacía falta.

En el resto del siglo menudean los casos similares. Los pueblos se amotinan y pelean contra las autoridades locales para defender a sus curas, sobre todo contra la aplicación de las leyes de Reforma. El pueblo del Salado, que se inventa Rabasa, defendiendo su procesión de Jueves Santo contra un jefe político atrabiliario y poco popular, bien puede ser un modelo típico.[29]

A pesar de todo, nunca dejó de haber problemas. Las quejas contra el cobro de las obvenciones parroquiales eran permanentes, y no era raro verlas en las proclamas de los levantamientos campesinos.

En muchas ocasiones, era un callejón sin salida; el doctor Mora, que sabía de lo que hablaba, lo explicaba así:

> Si no exige [el párroco] sus derechos, queda indotado e incapaz de subsistir: si los reclama, pasa por un hombre bárbaro e insensible a las miserias de la humanidad. Como estos lances se repiten con frecuencia, el ministro pierde su prestijio, y el pueblo se acostumbra a no ver en el otra cosa que un hombre que especula sobre sus desgracias.[30]

La brecha existía, y era una fuente considerable de intranquilidad y, tiene razón Mora, una merma constante del prestigio del clero.[31] Y los liberales supieron aprovecharla. Melchor

[28] José María Vigil y Juan B. Híjar y Haro, *Ensayo histórico del Ejército de Occidente* [1874], Mexico, INEHRM, 1987, p. 18.

[29] Emilio Rabasa, *La Guerra de Tres Años*, México, EOSA, 1985. Sobre esto escribe Luis González y González: "Los roces entre los curas enemigos de la Reforma y las bajas autoridades civiles se repiten con bastante frecuencia; los jefes políticos, empeñados en hacer cumplir las leyes reformistas, se topan continuamente con la oposición de los párrocos pueblerinos y la mayoría del pueblo", Luis González y González, Emma Cosío Villegas y Guadalupe Monroy, *La República Restaurada. La vida social*, en Daniel Cosío Villegas, *Historia Moderna de México*, México, Hermes, 1985, p. 366.

[30] José María Luis Mora, *México y sus revoluciones*, *op. cit.*, vol. I, p. 119.

[31] En 1852, como gobernador de Oaxaca, Juárez informaba que el gobierno recibía "quejas repetidas de los señores curas acerca de la resistencia de

Ocampo, el ejemplo más notable, justificaba en una circular el establecimiento del Registro Civil y los cementerios públicos por "la sórdida e insensible avaricia del clero", y por su "repugnante y bárbara frialdad" con quienes no pueden cubrir los gastos de un entierro.[32]

No es difícil dar con testimonios de abusos, sobre todo por parte de los párrocos rurales. El pueblo de Tescaltitlán, por dar un ejemplo, se quejaba en 1848 de que su párroco, José Pioquinto Serrano, tenía abandonada a la comunidad porque se le debían, según sus cuentas, seiscientos pesos; tenía además la costumbre, al parecer, de azuzar a sus perros bravos contra los feligreses para forzarlos a pagar.[33]

No estaban mucho más contentos, veinte años antes, los vecinos de Santa María del Río, cuyo párroco tenía organizados un billar y una casa de juego, y cobraba dos reales por cada Cristo que se sacara en procesión el Jueves Santo.[34] Entre los mayas, en Yucatán, hubo curas que se apropiaron de tierras ejidales, y alguno también que disfrutaba de un harén de indias.[35]

Entre unas cosas y otras, el prestigio de los religiosos padecía bastante. Porque sobre él no sólo pesaba esa picaresca del clero menudo, sino los tráficos irregulares de personajes como el vicario capitular de la ciudad de México, Juan Manuel Irisarri.[36] Todo eso es cosa normal, y no sería el clero de México más corrupto que otro cualquiera, pero interesa anotarlo porque eso afectaba a las posibilidades de acción política de la Iglesia: no serían gentes como Irisarri, como Pioquinto Serrano

---

los pueblos á satisfacer los derechos y obvenciones parroquiales", Juárez, *Exposiciones (cómo se gobierna)*, edición de Ángel Pola, México, INEHRM, 1987, p. 416.

32 Melchor Ocampo, "Circular sobre el Registro Civil y la Ley de Cementerios", agosto de 1859, en *Obras completas*, México, El Caballito, 1978, vol. II, pp. 228-229.

33 T.G. Powell, *El liberalismo y el campesinado en el centro de México (1850-1876)*, México, SEP, 1974, p. 64.

34 José Joaquín Fernández de Lizardi, *El Correo Semanario de México*, 11 de abril de 1827, *op. cit.*, p. 332.

35 Este último es el caso del cura de Tizimín que, según refiere Reed, fue al cabo expulsado de su curato por negarse a despedir a las indias. Nelson Reed, *La guerra de castas de Yucatán*, México, Era, 1985, p. 34.

36 Sobre las relaciones de Irisarri con los agiotistas, véase Barbara Tenembaum, *México en la época de los agiotistas 1821-1857*, México, FCE, 1985, p. 98.

o el lujurioso cura de Tizimín quienes pudieran orquestar movimientos políticos de importancia.

A todo eso hay que añadir que la politización de los símbolos religiosos no ayudaba mucho a la Iglesia institucional, porque metía a Dios en asuntos demasiado turbios e inciertos. Ya había ocurrido en las guerras de independencia, y al parecer se repitió en la Guerra de Tres Años donde, cuenta Vigil, "los reaccionarios victoreaban á la Religión y á la Purísima [y] los constitucionalistas respondían con vivas á la libertad y á la virgen de Guadalupe".[37]

La Iglesia además, y no sobra recordarlo, no tenía capital líquido, no tenía dinero; poseía tierras y tenía crédito, y eso fue lo que intentaron usar los políticos —liberales y conservadores, con distintos modales pero con las mismas intenciones. La fuerza de la Iglesia venía de que estaba metida en todas partes; de ahí también su debilidad.

Espíritu de cuerpo

La Iglesia mexicana no se señaló nunca por su patriotismo. Y no es extraño, porque en el resto de la sociedad pasaba otro tanto. Pero contra la Iglesia pesaba el prejuicio que la hacía enemiga de la independencia.

Un moderado como José Fernando Ramírez, por ejemplo, se indignaba por su tibieza ante la invasión norteamericana:

> El clero, que quiso reservarse p.a la última hora, ha manifestado su munificencia en el ramo de procesiones; no tanto en el de funciones de iglesia, menos en la predicación, y su parquedad ha sido suma en punto a dinero, determinándose por fin a convertir sus auxilios en un ramo de especulación. [. . .] Algunos grandes dignatarios de la iglesia han dicho, que si los yankees respetan su culto y sus bienes, nada se pierde con la invasión. . .[38]

Al mismo tiempo, sin embargo, el Ayuntamiento liberal de la ciudad de México colaboraba con los invasores, y apenas disi-

[37] José María Vigil, *op. cit.*, p. 14.
[38] José Fernando Ramírez, *op. cit.*, p. 514.

mulaba su interés en que México se anexara a los Estados Unidos.[39] Y recordar eso no disculpa ni acusa a nadie, que conste, pero ayuda a poner las cosas en su sitio.

Otra vez durante el Imperio, la postura de la Iglesia fue por lo menos ambigua. Entre los conspiradores monárquicos más entusiastas estuvieron Pelagio Antonio de Labastida y Dávalos, obispo de Puebla, Pedro Barajas, obispo de San Luis Potosí, José María Covarrubias, obispo de Oaxaca, fray Francisco Ramírez, obispo de Caradro, y el padre Francisco Javier Miranda;[40] sin embargo, en cuanto se pusieron en claro las intenciones liberales de Fernando Maximiliano, la oposición del clero al Imperio fue de lo más intransigente.

Ignacio Manuel Altamirano lo señalaba con desprecio:

> Tocaron al dinero de la Iglesia, se atrevieron a pensar que las leyes dadas por la República sobre nacionalización de bienes eclesiásticos debían respetarse, *et inde irae!* Entonces sí, el prelado regente [Labastida] sintió hervir en sus venas la sangre "mexicana", entonces se acordó de que era "patriota"...[41]

Y es cierto eso, pero también es injusto. No era sólo un problema de dinero para la Iglesia, aunque fuese también de dinero.

Decía Ortega que "todo oficio u ocupación continuada arrastra consigo un principio de inercia que induce al profesional a irse encerrando cada vez más en el reducido horizonte de sus preocupaciones y hábitos gremiales".[42] Esa inercia, según su argumento, concluye en el particularismo, donde cada grupo "deja de sentirse a sí mismo como parte, y en consecuencia deja de compartir los sentimientos de los demás".[43] Sin hacer, por

[39] Carmen Blázquez, *Miguel Lerdo de Tejada: un liberal veracruzano en la política nacional*, México, El Colegio de México, 1978, pp. 19-32.

[40] Véase, sobre la conspiración monárquica, *Correspondencia secreta de los principales intervencionistas mexicanos*, Genaro García, Documentos inéditos o muy raros para la historia de México, México, Porrúa, 1972, *passim*.

[41] Ignacio Manuel Altamirano, *La República*, 13 de julio de 1880, en Altamirano, *Periodismo político*, México, CNCA, 1989, *Obras completas*, vol. XIX, p. 115.

[42] José Ortega y Gasset, *España invertebrada. Bosquejos de algunos pensamientos históricos*, Madrid, Espasa-Calpe, 1972, p. 67

[43] *Ibidem*, p. 59.

ahora, muchas precisiones, podemos encontrar ahí la raíz de la peculiar actitud política de la Iglesia mexicana, en esa inercia gremial por la que desarrolla una "vida moral" propia, para usar la expresión de Durkheim.[44] Es lo que los escritores del siglo pasado llamaban el "espíritu de cuerpo" y que, mientras no se hagan más calificaciones, no es en sí mismo mejor o peor que otras orientaciones morales.

Es cierto que la conducta del clero durante el XIX fue muy poco lúcida, pero no era por eso menos razonable. En la defensa de los bienes eclesiásticos, como en la condena de la tolerancia, no se trasluce tanto la intransigencia o la ambición de los prelados, como la lógica de una moral corporativa.

El imperativo de la conducta política de la Iglesia, como institución, era mantener su autonomía y su influencia social. El problema mayor estaba en que ambas intenciones no eran siempre compatibles, ni podían conciliarse con la racionalidad del Estado. La Iglesia quería autonomía económica y jurídica, esto es, mantener sus propiedades y sus fueros; pero quería también asegurar su influencia a través de la intolerancia oficial y de la educación: por lo uno aspiraba a mantenerse separada del Estado, por lo otro necesitaba de su cooperación.

Puede parecer esto oportunismo o perfidia, y de todo habría, pero conviene empezar por ver en ello la acción del espíritu de cuerpo. Si eso sólo era problemático, era por la posición de la Iglesia en la estructura de la vida pública mexicana. Y eso es algo sobre lo que falta hablar más. En todo caso, es evidente que las pretensiones de autonomía de la Iglesia hacían inevitable su conflicto con el Estado:

> Los eclesiásticos —escribía Mier y Terán en 1831— son los menos tratables y se advierte en ellos, de poco tiempo a esta parte, suma resistencia a cuanto dimana de las autoridades que no son de su fuero y aun cierto género de menosprecio por todas las demás.[45]

[44] Dice Durkheim: "una vez que el grupo se forma, despréndese de él una vida moral que lleva, como es natural, el sello de las condiciones particulares en que se ha elaborado, pues es imposible que los hombres vivan reunidos, sostengan un comercio regular, sin que adquieran el sentimiento del todo que forman con su unión, sin que se liguen a ese todo, se preocupen de sus intereses y los tengan en cuenta en su conducta", Émile Durkheim, *La división del trabajo social*, Madrid, Akal, 1982, p. 17.

[45] Carta del general Manuel Mier y Terán al doctor Mora, 9 de julio de

Ésa es la lógica de la moral corporativa; con la circunstancia agravante, en el caso de la Iglesia, de que nunca sería del todo claro hasta dónde podía intervenir el poder público, hasta dónde la religión podía ser asunto de Estado. Todavía en el Constituyente de 1857 se quejaba Ponciano Arriaga de lo mismo: "el clero, decía, sostiene y defiende su *soberanía* y su *independencia*, y quiere todos los días ponerse fuera de la sumisión del poder constituido..."[46]

Aunque no era, ni con mucho, el más importante, el tema del dinero era siempre complicado: si el Estado se metía a regular las obvenciones parroquiales, afectaba a la autonomía de la Iglesia, se atraía la enemistad del clero, y apenas ganaba nada en la definición de sus respectivas esferas;[47] si se trataba de cobrar impuestos de algún tipo, no faltaba quien declamase contra la indignidad de rebajar a Dios "a la clase de los contribuyentes";[48] finalmente, cuantas veces se trató de restringir los derechos de propiedad de la Iglesia, hubo motines, conspiraciones y pronunciamientos.

Aparte de sus dineros, la Iglesia defendía, por interés de cuerpo, algo menos tangible y mucho más importante: su predominio espiritual en la sociedad mexicana. Así se entiende, por ejemplo, no sólo que quisiera mantener su fuero, sino que fuesen tan aficionados los religiosos a los arreglos secretos, a los pactos y transacciones de antecámara: porque eso podía "conciliar el remedio del mal, sin disminuir el justo respeto que se debe al clero, aun cuando sea delincuente".[49]

1831, citada por Michael Costeloe, *op. cit.*, p. 319.

[46] Ponciano Arriaga, en la sesión del 26 de enero de 1857, en Francisco Zarco, *Historia del Congreso Constituyente de 1857*, México, INEHRM, 1987, p. 873.

[47] Sobre esto puede verse el proyecto de reforma de las obvenciones parroquiales que defendió Melchor Ocampo en marzo de 1851, en Michoacán, y las violentas impugnaciones que recibió del cura de Maravatío, Agustín Dueñas, en Melchor Ocampo, *Obras completas*, México, El Caballito, 1978, vol. I, pp. 15-205.

[48] La frase es del obispo de Michoacán, Juan Cayetano Portugal, en su exposición contra la ley del 11 de enero de 1847, citada en Jesús Reyes Heroles, *El liberalismo mexicano*, México, FCE, 1982, vol. III, p. 164. Otra protesta similar fue la del obispo Aranda, de Guadalajara, en 1852, véase Moisés González Navarro, *op. cit.*, p. 108.

[49] La frase está en la primera impugnación del cura de Michoacán al proyecto de reforma de obvenciones de Melchor Ocampo, en Ocampo, *op. cit.*,

Acaso lo que más se acerca a un programa político de la Iglesia sea su respuesta a la Constitución de 1857. Con todo y que era un documento moderado, y con huecos notables a juicio de los liberales, incluía buena parte de los temas en conflicto, de modo que puede verse en el rechazo del clero su actitud política general.[50]

La Iglesia quería que la educación fuese forzosamente católica (contra el art. 3), que se reconociesen legalmente los votos religiosos (contra el art. 5), que hubiese censura para la manifestación y publicación de ideas (contra los artículos 6 y 7), que se mantuviese el fuero eclesiástico (contra el art. 13), que la Iglesia como corporación pudiese adquirir y administrar bienes raíces (contra el art. 27), y que el Estado no tuviese la facultad de legislar sobre materias de culto (contra el art. 123).

A todas luces, es un programa limitado, de interés estrictamente corporativo, pero también muy comprensible. Bajo esa luz todas las actitudes de la Iglesia tienen sentido, y forman parte de una misma pauta.

No sobra aquí una acotación: esa complicada política de la Iglesia no puede, de ningún modo, resumirse con el tópico de los dos poderes o las dos espadas. La Iglesia mexicana no pretendía competir con el Estado por el dominio político, ni discutía la autoridad de los congresos para dictar leyes, ni exigía la sumisión de los poderes civiles. Tampoco quería el retorno a los tiempos coloniales, porque no quería ceder su independencia jurídica.

En un "curioso combate, de frentes trastocados", la Iglesia defendía su separación del Estado, y rehusaba gestionar un concordato, mientras el Estado —fiel a la tradición colonial— pretendía regular en materia de culto e intervenir en la vida de la Iglesia.[51]El ambicioso proyecto de secularización de los gobiernos liberales de la segunda mitad del siglo tuvo siempre esa ambigüedad, ese atisbo de inconsecuencia.

En la práctica, si el Estado y la Iglesia peleaban entre sí, no era sólo por problemas de jurisdicción: el suyo era un conflicto por el dominio espiritual, que el Estado daba por perdido de an-

vol. I, p. 42.

[50] La Constitución de 1857 aparece en Felipe Tena Ramírez, *Leyes fundamentales de México. 1808-1987*, México, Porrúa, 1987, pp. 606-629. Para un comentario general sobre la respuesta del clero, véase Anselmo de la Portilla, *México en 1856 y 1857*, *op. cit.*, pp. 231ss.

[51] Jean Meyer, *La Cristiada*, *op. cit,*, vol. II, pp. 21ss.

temano en muchas cosas, y que la Iglesia se arrogaba sin fundamento en muchas otras.

Las vacilaciones del liberalismo

La actitud de la clase política hacia la Iglesia fue más bien errática, incluso entre los liberales. Primero, por temor hacia las reacciones populares, y por su propia falta de apoyo; segundo, porque la sociedad seguía siendo católica en una inmensa mayoría; y tercero, porque no era practicable una política consecuente ni de separación absoluta, ni de subordinación del clero.

Las vacilaciones y traspiés son evidentes en los debates del Constituyente del 57, y en la propia Constitución, donde un programa de secularización de la sociedad —en lo que toca a educación, propiedad, fueros— se decreta "en el nombre de Dios", a la vez que se encarga al Estado de legislar sobre los asuntos del culto.[52]

Incluso los liberales de la generación juarista estaban enredados entre las necesidades prácticas y las necesidades doctrinarias. Y aun si hubieran conseguido establecer la tolerancia, les hubiera sido difícil definir una política consecuente hacia la Iglesia. Como ejemplo sirve la exposición de Ponciano Arriaga para defender el artículo 123 (por el cual se establecía que los poderes federales intervendrían en materias de culto religioso y disciplina externa).

El argumento de Arriaga se apoyaba en la idea de que omitir "el punto religioso" en la Constitución era dejar "un vacío" de graves consecuencias en el orden jurídico.[53] Leyendo rectamente, esto quiere decir que la religión era asunto de interés público, y no tan sólo en temas jurisdiccionales o políticos, sino "en las materias de culto, de disciplina, de diezmos, de obvenciones y otras innumerables..."[54] No había religión oficial, pero era preciso legislar como si la hubiera.

[52] Una reseña comentada de los debates del Constituyente sobre la cuestión religiosa, aparece en Jesús Reyes Heroles, *op. cit.*, vol. III, pp. 184-211.

[53] La exposición de Arriaga aparece en Francisco Zarco, *op. cit.*, pp. 866ss.

[54] *Ibidem*, p. 868.

Lo más interesante, para mi propósito, son las razones de Arriaga. Es necesario legislar, decía, para prevenir la "habilidad y astucia en la conquista del poder temporal" que tiene la Iglesia, para no dejar "desmantelados, indefensos y sin recurso legal a los poderes de la Nación, para proveer a su seguridad y sostener los derechos de su soberanía".[55] Una concesión notable a la religiosidad popular, porque la amenaza que vislumbraba Arriaga era la de las "armas espirituales" del clero: excomuniones, entredichos, sermones...

> ¡Temores ridículos, imaginaciones de vieja! me decía un señor diputado hace pocos momentos... Señores, en nuestro país, aunque con distintos nombres, hay muchas viejas![56]

Pero además, seguía, es necesario legislar para "corregir los abusos de nuestro clero" con la mano de la autoridad, ya que no pudo conseguirse por la "competencia" que hubiera traído consigo la tolerancia. Otra vez, no se quiere la separación de la Iglesia, no se quiere que el Estado se desentienda de ella; al contrario, se pretende reformarla y controlarla por un vínculo jurídico con los poderes públicos.

Mucho más asible, en términos políticos, es su último argumento:

> Su silencio en este punto resucita, autoriza y justifica la reacción, de un modo tácito, la levanta de la nulidad en que se encuentra, porque de ese silencio se deduce que, por lo menos el soberano Congreso duda, que no se atreve a resolver, que no acierta cuál es la genuina y verdadera opinión del país; y entonces los reaccionarios quedan colocados en buen terreno, en el de la opinión, mientras tan sólo ahora lo estaban en el de la ilegalidad y la sedición...[57]

Otra vez aquí aparece la noción juarista del Estado. La ley tiene un uso político concreto: sirve para "cambiar los terrenos" del conflicto político. Y eso gracias a la curiosa idea de que la ley decide cuál es la "genuina y verdadera opinión del país", incluso en un tema como ése, en un país donde hay tantas "viejas".

55 *Ibidem*, p. 866.
56 *Ibidem*, p. 872.
57 *Ibidem*, p. 873.

Todo el texto propone un compromiso entre los principios doctrinarios y las necesidades políticas, porque el asunto era demasiado escurridizo para que un legislador sensato fuese del todo consecuente. Eso por la influencia de la Iglesia, por las maquinaciones conservadoras, por el escaso arraigo del liberalismo en muchas regiones, pero también porque todos, pueblo y políticos, liberales y conservadores, eran católicos.

El tumulto que provocó Ignacio Ramírez con su discurso de ingreso a la Academia de Letrán es muy revelador. Según lo cuenta Guillermo Prieto, al comenzar su exposición,

> leyó con voz segura e insolente el título, que decía: *No hay Dios*. El estallido inesperado de una bomba, la aparición de un monstruo, el derrumbe estrepitoso del techo, no hubieran producido mayor conmoción. Se levantó un clamor rabioso que se disolvió en altercados y disputas.[58]

Esto en una reunión de letrados, donde estaban, aparte de Prieto, José María Tornel, Andrés Quintana Roo, Ignacio Rodríguez Galván, José María Lacunza, Francisco Modesto Olaguíbel, Eulalio Ortega, lo más escogido de los hombres de letras del país. En honor a su tolerancia y a su ánimo liberal hay que decir que, al fin y al cabo, Ramírez pudo completar la lectura de su texto.

Lo más curioso del caso es que, pocos años después, los redactores de *Don Simplicio* —Guillermo Prieto, Manuel Payno e Ignacio Ramírez— daban su apoyo a la rebelión de los "polkos" y pedían la derogación de la ley del 11 de enero de 1847 sobre desamortización de propiedades del clero.[59]

También, hace falta decirlo, hay un poso católico más o menos evidente en muchas de las actitudes políticas. Para empezar, en la conciencia de que el poder civil es un aparato humano, y que hay una moral particular de lo público;[60] los brotes teocrá-

[58] Guillermo Prieto, *Memorias de mis tiempos*, México, Porrúa, 1985, pp. 85.

[59] Jesús Reyes Heroles trata, por eso, a Prieto y a Ramírez de inconsecuentes, desorientados, vanidosos, torpes y casi traidores, *op. cit.*, vol. III, pp. 170-172. No sobra decir que me parece exagerado.

[60] Glenn C. Dealy hace derivar esta idea de la concepción agustiniana de las dos ciudades, y encuentra en la separación de lo público y lo privado una singularidad del pensamiento católico, como opuesto al protestante, en *The public man. An interpretation of Latin American and other catholic countries*,

ticos y los irredentismos son marginales, y por lo general se acepta bien dar al César lo que es del César.[61]

Lo anterior no obsta para que se acuse una tendencia providencialista que no es nada desdeñable, y que va de Iturbide a Porfirio Díaz, pasando por Santa Anna y Juárez. Asume, es cierto, formas cada vez más laicas, pero el fondo parece muy similar:

> La tesis teológica de la redención del mundo por un Hombre-Dios providencialmente previsto y enviado, encuentra su traducción en la tesis política de la redención de la patria por un hombre-héroe, también ordenado por la providencia.[62]

Junto con las dos tendencias anteriores hay, a lo largo del XIX, una persistente desconfianza hacia los políticos y, en general, hacia los poderosos. Y es curioso, porque en principio parece esto oponerse a la tradición católica de santificación de la autoridad, y parece también ir a contrapelo del providencialismo. Sin embargo, no es sino síntoma de la complejidad de la herencia católica. Un ejemplo de notable claridad aparece en la Apología de fray Servando Teresa de Mier:

> Poderosos y pecadores son sinónimos en el lenguaje de las escrituras, porque el poder los llena de orgullo y envidia, les facilita los medios de oprimir, y les asegura la impunidad.[63]

En otros varios temas sería posible reconocer rastros de una tradición católica,[64] pero lo dicho basta para afirmar que si la

---

Amherst, University of Massachusetts Press, 1977, pp. 72ss.

[61] Para los letrados, la separación de lo público y lo privado estaba seguramente mediada por la asimilación del maquiavelismo y por la tradición tacitista del pensamiento español de los siglos anteriores. Véase, sobre esto, José Antonio Maravall, "Maquiavelo y maquiavelismo en España" y "La corriente doctrinal del tacitismo político en España", en *Estudios de historia del pensamiento español*, Serie Tercera, Madrid, ICI, 1984.

[62] Edmundo O'Gorman, "Precedentes y sentido de la revolución de Ayutla", *Secuencia*, núm. 16, enero-abril de 1990, p. 82. Es una reimpresión; la edición original es de 1954.

[63] Fray Servando Teresa de Mier, "Apología del Doctor Mier", *Memorias*, edición de Antonio Castro Leal, Mexico, Porrúa, 1982, vol. I, p. 3.

[64] Sobre esto pueden verse los ensayos de Richard M. Morse y Glenn C. Dealy en Howard J. Wiarda (ed.), *Politics and social change in Latin America.*

religiosidad pudo vertebrar la vida pública mexicana, esto tiene poco que ver con la actividad política del clero. El catolicismo era una forma de vida, en la cual arraigaban las conductas políticas, pero no tenía un solo sentido, y se prestaba lo mismo para la obediencia que para la insurrección.

160 CIUDADANOS IMAGINARIOS

The distinct tradition, Amherst, The University of Massachusetts Press, 1982.

EJÉRCITO Y ESTADO

EL EJÉRCITO TRIUNFANTE

El ejército mexicano de la primera mitad del XIX no fue una fuerza conservadora, sino revolucionaria. O mejor, pará evitar equívocos, revoltosa. Y eso no porque fuera una institución del Antiguo Régimen, descontenta con la independencia: todo lo contrario. En el Plan de Iguala el ejército había quedado como "protector" de las Tres Garantías,[1] y en los innumerables pronunciamientos que siguieron tuvo siempre segura su posición. Pero eso no bastaba.

El ejército del XIX no era una institución colonial nostálgica: algunos de sus hábitos y sus problemas tenían, sin duda, raíces en la Nueva España, pero en sustancia, era algo nuevo, producto de la independencia. En particular la "tradición pretoriana", la propensión a intervenir en los negocios políticos no tenía precedentes.[2] Sobre todo porque el ejército novohispano fue una creación del último cuarto del siglo XVIII.

Su momento de mayor predominio fue la década de los cuarenta, y su peor crisis vino con la Revolución de Ayutla, pero lo más interesante es que muchos de sus rasgos característicos persistieron a pesar de todos los cambios.[3] Es cierto que con el Plan de Ayutla, como dice Altamirano, "el elemento civil se hizo soldado",[4] y los nuevos caudillos fueron Epitacio Huerta, Santos Degollado, Ignacio de la Llave, Santiago Vidaurri, Juan José de la Garza, Ignacio Pesqueira, todos ellos sin formación

[1] No hay, en el Plan de Iguala, muchas concesiones a la Soberanía Popular; en el preámbulo dice Iturbide: "Al frente de un ejército valiente y resuelto, he proclamado la Independencia de la América Septentrional", *Planes en la Nación Mexicana*, México, Senado de la República, 1987, vol. I, pp. 123-124.

[2] Christon I. Archer, *El ejército en el México borbónico. 1760-1810*, México, FCE, 1983, pp. 376-377.

[3] Un análisis general del ejército aparece en Josefina Z. Vázquez, "El Ejército, un dilema del gobierno mexicano", El Colegio de México, mimeo.

[4] Ignacio Manuel Altamirano, "Revista histórica y política (1821-1882)", en *Obras históricas*, México, SEP, 1986, *Obras completas*, vol. II, p. 54.

militar profesional; pero el ejército tardó todavía muchos años en reformarse.

No podía, además, prescindirse de él. Primero, por supuesto, porque se temía, y con razón, de las otras potencias; pero también porque era muy arriesgado dejar repentinamente sin sueldo ni ocupación a la enorme cantidad de oficiales ambiciosos que había en él. Finalmente, el ejército servía como intermediario en el mantenimiento del orden regional: arbitraba conflictos, protegía o acosaba a gobernadores y jefes políticos, y pacificaba a los hacendados y las comunidades en sus pleitos. Todos los gobiernos, todos los partidos, tenían razones para temerle; pero todos también podían necesitarlo.

El ejército era en 1821 una fuerza gigantesca: sumando a los expedicionarios, los veteranos y las guerrillas y milicias, habría en total cerca de 85 000 hombres en armas, de los cuales apenas entre 15 y 20 000 eran tropas regulares, de línea, formados como militares profesionales.[5] Eso sólo ya era causa de algún desorden, pero además, concluida la independencia se repartieron grados y premios a los militares de tal modo que, según los cálculos de Alamán, entre oficiales, sargentos y cabos cubrían hasta una tercera parte de su número.[6]

Acaso Alamán exagere, en beneficio de su interpretación, pero no parece haber duda de que la sobreabundancia de oficiales fue uno de los lastres más persistentes del nuevo ejército.

Entre una cosa y otra, y después de las primeras dos o tres asonadas, no podía esperarse mucho orden ni disciplina. Con su tanto de malicia, Henry George Ward lo señalaba así:

> Nada podría haber más deplorable que el estado del ejército en el otoño de 1824. La revolución [contra Iturbide] había destruido toda la disciplina y el respeto hacia las autoridades civiles; y el soldado, acostumbrado a la licencia del campamento, estaba listo para

[5] Josefina Z. Vázquez, "Iglesia, ejército y centralismo", *Historia Mexicana*, vol. XXXIX, núm. 1, julio-septiembre de 1989, p. 211.

[6] Alamán estima que habría poco más de 8 000 soldados regulares, con 1 802 oficiales y 3 161 sargentos, cabos y músicos; Lucas Alamán, *Historia de México desde los primeros movimientos que prepararon su independencia en el año de 1808 hasta la época presente* [1852], México, FCE, 1985, vol. V, p. 449

seguir a cualquier jefe que le prometiera botín en lugar de sus pagos vencidos.[7]

Pero los problemas apenas comenzaban entonces. Y todo iría a peor con el tiempo.

El ejército consumía buena parte del presupuesto del Estado desde los primeros años: una cuarta parte en el mejor de los casos, y hasta dos tercios en tiempos de crisis política.[8] Esa situación estaba en la raíz de un círculo vicioso de graves consecuencias: sin recursos para sortear la depresión económica —que se prolongó por medio siglo— los gobiernos padecían insistentes revueltas y motines que obligaban a aumentar los gastos militares, bien para controlar los alzamientos o bien para comprar la lealtad de los generales, y eso reducía, como es obvio, sus recursos financieros, con lo que se repetían las protestas que... etcétera, etcétera.

A pesar de eso, a duras penas podía el ejército cumplir con sus fines: siempre estuvo mal armado y falto de fondos, y ni siquiera tenía un servicio médico regular;[9] las cifras públicas sobre su número eran exageraciones groseras que servían para justificar gastos y ocultar desfalcos.[10] No había recursos bastantes, y los que había se distribuían según los compromisos políticos del gobierno.

En vísperas de la guerra contra los Estados Unidos, el general Mariano Arista se quejaba: "está desnuda mi tropa, sin capotes ni mantas y verdaderamente miserable [...] He clamado sobre el particular al gobierno; me desvivo; pero no he conseguido vestuarios, ni que se me atienda[...]"[11] El problema era que los fondos se necesitaban para mantener contento al general Paredes en San Luis Potosí.

[7] Henry George Ward, *México en 1827*, México, FCE, 1981, p. 207.

[8] Barbara Tenembaum, *México en la época de los agiotistas, 1821-1857*, México, FCE, 1985, p. 74.

[9] Josefina Z. Vázquez, "El ejército, un dilema...", *op. cit.*, *passim*, y J. Z. Vázquez, *Una tragedia que reafirmó la identidad. La guerra del 47*, México, Condumex, 1983, *passim*.

[10] Michael P. Costeloe, *La primera república federal de México (1824-1835)*, México, FCE, 1983, p. 444.

[11] Carta de Arista a Paredes, 26 de julio de 1845, en *La situación política, militar y económica en la República Mexicana al iniciarse su guerra con los Estados Unidos*, archivo del general Paredes, Genaro García, Documentos inéditos o muy raros para la historia de México, México, Porrúa, 1974, p. 557.

Documentos hay numerosos sobre la miseria del ejército: de soldados que asaltan tiendas y ranchos para comer, o que terminan por vender o empeñar armas y equipo.[12] Pero lo más grave era que la penuria alentaba las revueltas y la indisciplina. Como le informaba un confidente a Paredes, las guarniciones sin recursos estaban siempre prontas "a decidirse por cualquier cosa, a consecuencia de la escasez".[13]

Siendo secretario de Relaciones, en 1830, Lucas Alamán imaginó una solución curiosa: invitó "a todos los propietarios y demás vecinos de posibles para la manutención y vestuario de uno o más soldados durante la campaña".[14] Pero fueron muy pocos los que se sintieron aludidos: los propietarios no sentían que el ejército fuese de su responsabilidad. Un rasgo muy característico de su moralidad pública, pero que habrá que tratar en otra parte.

El grueso de los soldados eran reclutas de leva, sin instrucción y sin atisbo de ánimo marcial, infelices forzados a servir a jefes ineptos o ambiciosos o ambas cosas, era un ejército mal armado y sin recursos bastantes. La deserción, como es lógico, era cosa de todos los días.

En 1834 Juan Álvarez escribía a Gómez Farías:

> Usted, mi amado Vice, no está como nosotros a la vista del enemigo y es necesario manifestarle francamente que éste está progresando entre nuestras tropas; pues hemos visto con dolor que varios se han largado y acaso o sin acaso por la falta de socorros.[15]

[12] Ni siquiera la reorganización del ejército que emprendió el general Arista pudo remediar las escaseces crónicas. Véase, sobre esto, Tenembaum, *op. cit.*, p. 138.

[13] Carta sin firma al general Paredes y Arrillaga, del 23 de octubre de 1844: "La guarnición [de México] exasperada, está pronta a decidirse por cualquier cosa, a consecuencia de la escasez, pues hay semanas que no recibe sobras y se desertan a bandadas; hay dias en que de cada regimiento desertan hasta 30 hombres a la vez: a tal grado de miseria hemos llegado", *El general Paredes y Arrillaga según su propio archivo*, Genaro García, Documentos inéditos o muy raros para la historia de México, México, Porrúa, 1974, p. 87.

[14] José C. Valadés, *Alamán, estadista e historiador*, México, UNAM, 1987, pp. 256-257.

[15] De Juan Álvarez a Gómez Farías, 9 de febrero de 1834, en Clyde G. Bushnell, *La carrera política y militar de Juan Álvarez*, México, M. A. Porrúa, 1988, p. 101.

Once años después Teófilo Romero se quejaba al general Paredes:

> La deserción en nuestros soldados no se puede contener: los más días abandonan las guardias [. . .] Ayer salieron a lavarse los reclutas del 2' de Celaya, por supuesto custodiados; pero esto no bastó para que se fueran como parvada de grullas, pues corrieron todos a la vez, y no se pudo aprehender más que a uno[. . .][16]

Las deserciones dicen mucho de la organización de aquel ejército, pero hablan sobre todo de sus guerras.

Entre Cetina y Barbachano, en el 47, los soldados yucatecos escogían la deserción,[17] lo mismo que los soldados de Comonfort enviados a combatir la rebelión poblana.[18] La guerra no iba con ellos. Incluso durante la invasión francesa, en 1862, los dos batallones que enviaba Pesqueira desde Sonora para apoyar al gobierno de Juárez desertaron apenas llegados a Mazatlán.[19]

No son coincidencias, ni síntomas de cobardía o cosa del estilo. Sólo que era muy vieja la costumbre de que la guerra la hacían los políticos para ganar con ello: en la mayoría de los casos los soldados no sentían, no lo parece, ningún compromiso con la causa por la que se les enviaba a pelear.[20]

Puede que fuese lamentable, pero era el ejército que habían hecho, y el que les era útil a los generales y los políticos. Durante la rebelión de Ayutla, por ejemplo, Comonfort procuraba la deserción en el ejército santanista:

> Le acompaño —escribía al general Díaz Salgado— un paquetito de impresos, que le recomiendo mucho procure, por todos los medios posibles, se derramen en Zamora, pues, como verá, tienen por objeto proteger la deserción, y, en caso de que, por consecuencia de ellos, se le presenten algunos desertores, *procure pagarles en*

[16] De Teófilo Paredes a Mariano Paredes y Arrillaga, 25 de julio de 1845, en *La situación política, militar y económica. . .*, *op. cit.*, p. 556.

[17] Nelson Reed, *La guerra de castas de Yucatán*, México, Era, 1985, p. 74.

[18] Barbara Tenembaum, *op. cit.*, pp. 179-180.

[19] Rodolfo Acuña, *Caudillo sonorense: Ignacio Pesqueira y su tiempo*, México, Era, 1981, p. 101.

[20] Hay que hacer excepciones notables, desde luego, sobre todo en las dos grandes guerras internacionales, tanto entre la tropa como entre los oficiales y generales. Pero la regla no era la lealtad, ni la convicción.

los términos que ofrezco, y me los vaya reuniendo, para que se me incorporen cuando yo le avise.[21]

No debió extrañarle entonces que, al año siguiente, los conservadores consiguieran comprar a toda la guarnición de San Luis Potosí "con el aliciente de mejores pagas y de más seguras recompensas", y que una madrugada amaneciesen pronunciados los cuarteles y presos los jefes.[22]

Todo aquello era habitual porque el ejército, antes que otra cosa, era un recurso político; eso aparte de que la escasez de fondos facilitara las cosas. Los jefes manejaban sus tropas como ejércitos patrimoniales, de los cuales solían disponer al margen de las instituciones jurídicas y de las autoridades civiles. Y es algo que no hay que perder de vista.

Aunque haya que tratarlo como una sola cosa, el ejército era, hasta el porfiriato, una reunión de clientelas, guerrillas y partidas más o menos sujetas a la ordenanza, y obedientes a caudillos regionales o a facciones políticas con recursos bastantes. Como unidad sólo aparecía en los presupuestos; en la práctica, había que negociar la obediencia de cada cuerpo y considerar los intereses de cada comandante. Pero ni aun así podía darse como segura la lealtad.

Para entender bien su posición no está de más decir que los jefes militares no eran condotieros. Por mucha que fuese su autonomía, nunca formaron "compañías libres", porque renunciar a su vínculo con el Estado era convertirse en bandidos. Algunos lo prefirieron así, y otros se movían en un territorio intermedio, a veces demasiado amplio, pero la mayor parte negociaban su posición dentro del Estado mexicano.

Oportunistas eran muchos, ambiciosos y aventureros, pero el espacio político, jurídicamente bien definido, les ofrecía mejores y más seguras ventajas.[23]

[21] Carta de Ignacio Comonfort al general Antonio Díaz Salgado, 1 de julio de 1855, en *La Revolución de Ayutla según el archivo del general Doblado*, Genaro García, Documentos inéditos o muy raros para la historia de México, México, Porrúa, 1974, p. 170.

[22] La guarnición de San Luis, pagada por el coronel Manuel María Calvo, con fondos del Directorio Conservador, se pronunció el 10 de diciembre de 1856. Anselmo de la Portilla, *México en 1856 y 1857. Gobierno del general Comonfort* [1858], México, INEHRM, 1987, pp. 148-149.

[23] Un panorama de la situación política que permitió la operación de los

Alamán encuentra un precedente funesto en los ascensos que distribuyó Iturbide entre los oficiales que habían desertado del campo realista con sus tropas:

> [...] declarando acción heróica y merecedora de premio uno de los crímenes que mas severamente deben ser castigados para que la fuerza armada se pueda conservar bajo una buena disciplina, destruia esta en su raiz y era un estímulo para que los militares aspirasen en adelante á iguales premios por semejantes méritos.[24]

Así ocurrió, en efecto, y no más tarde que al año siguiente, cuando en apoyo del Plan de Casa Mata —contra Iturbide— desertaban "cuerpos enteros con música y banderas".[25] Y así seguiría ocurriendo.

Ni los oficiales ni los soldados obedecían a lealtades institucionales, ni a compromisos ideológicos firmes. Un cuerpo de tropa era siempre un recurso para negociar con el Estado: un recurso del que dependía la autoridad y la posición estratégica de los intermediarios.

Los comandantes militares controlaban bien a sus subalternos mientras pudiesen contar con recursos y mientras mantuvieran el suficiente prestigio como intermediarios. Eso porque existía siempre la competencia de otros jefes, muy capaces de "seducir" a su tropa.

La tranquilidad del ejército se encontraba sólo consiguiendo un improbable punto de equilibrio, donde ningún comandante sintiera que podía mejorar su posición promoviendo una revuelta. Eso buscaron todos los gobiernos, habitualmente por el recurso de conceder ascensos y entregar fondos sin demasiadas preguntas; pero el efecto solía ser contraproducente.

Otra cosa hay que tomar en cuenta, y es que ningún cuerpo, por sí solo, podía imponer un gobierno ni mantenerlo. De tal modo, una buena colección de generales, ambiciosos e intrigantes todos ellos, cada uno con su fuerza y sus alianzas, debía pactar la estabilidad: Anastasio Bustamante, Antonio López de Santa Anna, Gabriel Valencia, Mariano Paredes y Arrillaga,

---

condotieros aparece en Geoffrey Trease, *Los condotieros, soldados de fortuna*, Barcelona, Orbis, 1985.

[24] Lucas Alamán, *op. cit.*, vol. V, p. 456.

[25] *Ibidem*, vol. V, p. 723.

Nicolás Bravo, Juan N. Almonte, eran rivales y aliados según soplaran los vientos.

Es probable, por ejemplo, que varios jefes abandonaran en el último momento a Bravo cuando se pronunció en 1828 para apoyar el Plan de Montaño;[26] es seguro, en cambio, que Santa Anna comenzó a quebrar la red militar de Bustamante en 1832, ya se sabe, cuando consiguió que el general Esteban Moctezuma se cambiase de bando.[27] Ese tipo de movimientos tenía en mente el anónimo corresponsal de la red de Paredes que escribía: "El Ejército está dividido entre Almonte y Paredes; pero sería fácil inclinar la balanza al último si hubiera algo de dinero de por medio, si bien no deja de jugar algo Santa Anna..."[28]

La historia de todos los pronunciamientos está plagada de esas pequeñas y grandes traiciones: tropas compradas con dinero y promesas, tropas que desconfían de sus jefes y escogen seguir a otro general con mayor prestigio... Y nadie las tenía todas consigo.

José María Lafragua se indignaba porque el general Castillo, antiguo santanista amnistiado y confirmado en su empleo y su cuerpo por Comonfort, en 1855 "se pasó con Haro [y Tamariz] y atacó a Puebla y vivió en ella desde el 21 de enero hasta el 31 con el dinero que había recibido del gobierno..."; esto, sigue Lafragua, "no tiene más que un nombre... infamia".[29] Aunque no sea un consuelo, eso también se llama política.

Los cuerpos de tropa actuaban como clientelas, eran una especie de fuerza patrimonial por la que se medía la influencia de los intermediarios militares. Sin embargo, su lealtad no era una adscripción definitiva: siempre podían negociar su deserción para acogerse al amparo de un jefe que ofreciera mayores ventajas

26 "Era evidente —dice Costeloe— que Bravo simplemente estaba aguardando la esperada ayuda de otras partes del país.[...] Sólo puede concluirse que debió haber recibido garantías previas de apoyo, que llegado el momento no se materializaron. El porqué se ignora", Michael P. Costeloe, *La primera república*, *op. cit.*, p. 144.

27 Josefina Z. Vázquez, "Dos décadas de desilusiones: en búsqueda de una fórmula adecuada de gobierno (1832-1853)", introducción a los vols. 2, 3 y 4 de *Planes en la Nación Mexicana*, México, Senado de la República, 1987, vol. II, p. 14.

28 Una carta sin firma, de 1838, en el archivo del general Paredes, en *El general Paredes y Arrillaga...*, *op. cit.*, p. 10.

29 José María Lafragua, *Miscelánea de política*, México, INEHRM, 1987, p. 91.

o que tuviera una posición más sólida. Ni el propio Comonfort debió extrañarse cuando al retirar su apoyo a los rebeldes de Tacubaya, en enero de 1857, se quedó en pocas horas sin ejército:

> Por la mañana tenía á mis órdenes mas de 5 000 hombres; por la noche no eran ya ni 500; los demás habian desaparecido, yéndose unos á engrosar las filas de los pronunciados, y dispersándose los otros por las calles.[30]

Era una lógica que no podía modificarse mientras se necesitase el apoyo de los intermediarios militares; y los intermediarios hacían falta mientras el gobierno central no tuviese los recursos —económicos, políticos, logísticos— para controlar por sí mismo las fuerzas armadas.

La escuela de las revoluciones

> ¿Por qué hemos sido vencidos? Porque nuestros ejércitos han estado mal organizados y mal armados; porque acostumbrados a nuestras luchas intestinas, en que poco importan los materiales de guerra, hemos descuidado el arreglo de mil pormenores que son indispensables para la perfecta organización de un ejército; porque si nuestros soldados son valientes y sufridos, nuestros oficiales son ignorantes y nuestros generales ineptos unos e insubordinados otros, con algunas dignas excepciones; porque en la asquerosa escuela de las revoluciones han aprendido jefes y subalternos a ganar empleos sin combatir: porque las diferencias de opiniones políticas, los encontrados intereses, los resentimientos pasados, los celos de hoy y las ambiciones del futuro han sembrado en el ejército la desconfianza y la inmoralidad.[31]

La derrota del 47 provocó desconcierto, temor y un hondo pesimismo que se tradujo en angustiados exámenes de conciencia y denuncias muy duras del orden político imperante hasta entonces. Una de las primeras víctimas de la nueva actitud fue

[30] Manifiesto de Ignacio Comonfort desde Nueva York, julio de 1858, apéndice de Anselmo de la Portilla, *México en 1856 y 1857*, *op. cit.*, p. 393.

[31] Carta de José María Lafragua al presidente Manuel de la Peña y Peña, 25 de noviembre de 1847, en *Miscelánea*, *op. cit.*, pp. 52-53.

el ejército; no sólo porque hubiese sido vencido, sino porque sus vicios eran demasiado evidentes.

Como Lafragua y muchos otros, Otero veía la raíz del mal en la turbia relación de los militares con la política: "aquí se ha premiado con un empleo militar al bajo adulador, al vil denunciante, y aun a otros muchos hombres por servicios todavía más repugnantes y despreciables".[32] No es dudoso que tuvieran razón en eso, el problema está en dilucidar qué hacían como políticos los militares, y cómo y por qué pudieron hacerlo.

En esto, es de bastante ayuda recordar que no era un caso raro en el siglo XIX. En España, por citar sólo un caso, los militares decidieron buena parte de la vida política del siglo. Por varias razones: porque la oficialidad formaba parte de la élite política, y con frecuencia estaba vinculada con la masonería y el carbonarismo; porque la debilidad de los partidos los hacía buscar el apoyo del ejército; y porque eran el mejor recurso para garantizar el orden, con lo que su intermediación se volvía imprescindible.

Los militares españoles, según Christiansen,

> no eran ni "junkers" ni "jenízaros", ni participantes indignos en la vida política. El elemento civil que deseaba excluirlos, que consideraba, como Martínez de la Rosa, que bajo un sistema representativo el Ejército jamás debería actuar contra el gobierno, ya que al gobierno está incorporada la nación, cometieron el error de suponer que España poseía un gobierno liberal, más que un gobierno regido por políticos liberales.[33]

En el caso mexicano, lo primero que salta a la vista es que los militares no tenían una filiación ideológica clara. Entre los antiguos insurgentes, en los primeros tiempos, Bravo era escocés y Guerrero era yorkino; entre los antiguos realistas, Santa Anna era liberal o conservador según hiciera falta, Arista era conservador frente a Gómez Farías y liberal frente a Almonte, y todos ellos eran entre sí rivales por puntos de principios en

[32] Mariano Otero *et al.*, "Consideraciones sobre la situación política y social de la República Mexicana en el año de 1847", en *Obras*, edición de Jesús Reyes Heroles, México, Porrúa, 1967, vol. I, p. 118. Véase *supra*, nota 2, p. 55.

[33] C. Christiansen, *Los orígenes del poder militar en España. 1800-1854*, Madrid, Aguilar, 1974, p. 170.

ocasiones, y por ambiciones personales las más de las veces.

A pesar de eso, hay una constante en la actitud de los oficiales sobre todo, y es un cierto espíritu de cuerpo que hace falta explorar un poco. Entre sí los jefes eran enemigos con frecuencia, y la lealtad de su tropa era más una adhesión personal que el producto de la disciplina militar: su influencia y sus ambiciones eran por lo menos ajenas al orden constitucional. Sin embargo, todos ellos buscaban una confirmación jurídica de su preeminencia a través de una legislación favorable al ejército como cuerpo.

Cuando tuvieron una posición dominante en el gobierno, los militares caminaron en ese sentido. Anastasio Bustamante, en 1830, ordenó que se diese preferencia a los pagos militares sobre otros cualesquiera, dispuso la creación de un cuerpo médico, dobló la paga de quienes habían luchado contra los españoles y firmó, sólo en febrero de ese año, setenta ascensos;[34] Santa Anna, en 1841, decretó el aumento y reorganización del ejército, autorizó a los comandantes regionales para que interviniesen en la distribución de los fondos públicos, y autorizó el ascenso de más de cuarenta generales de división.[35]

Por esa lógica, eran enemigos naturales de las tendencias radicales y populistas de cierto liberalismo —el de Zavala y Gómez Farías, por citar nombres— que pretendía apoyarse en las milicias cívicas y subordinar rigurosamente al ejército. Era ese partido el que agitaba en México cuando el general Arista escribía a Paredes que los militares estaban resueltos "a sofocar cualquiera intentona de *sansculottismo*";[36] pocos meses después su resolución tenía consecuencias palpables:

> Hoy [23 de diciembre de 1845] ha venido a manifestarse la explosión causada p.r la imprudencia del Diputado Navarro, q.e en la sesión del 20 entre sus invectivas comprendió al ejército tratándolo de corrompido & añadiendo que era necesario destruirlo. La especie ha cundido hasta los soldados que hablan de pronunciarse p.r Paredes, *que viene a defenderlos.*[37]

[34] Michael P. Costeloe, *La primera república federal*, *op. cit.*, p. 295.

[35] Cecilia Noriega Elío, *El Constituyente de 1842*, México, UNAM, 1986, p. 50.

[36] Carta de Arista a Paredes, 24 de agosto de 1845, en *La situación política, militar y económica*, *op. cit.*, p. 586.

[37] José Fernando Ramírez, *México durante su guerra con los Estados*

Pero esa misma necesidad de garantías, ese espíritu de cuerpo, los distanciaba de la solución monárquica que, contra lo que se pensaba, no tenía la simpatía unánime de los militares. De hecho, cuando se hizo notoria la complicidad de Paredes con los conspiradores monarquistas, en 1846, la guarnición de Jalisco se pronunció contra su gobierno alegando, entre otras cosas,

> Que la ereccion de una monarquía en nuestro país, no solo trae consigo la disolucion de nuestro ejército, que no dejaria subsistir el nuevo monarca, porque solo cifraria su confianza en las tropas que trajese, sino también la absoluta sumision de todos los mexicanos[. . .][38]

Ahora bien, si no eran monárquicos ni demócratas, sí obraban en complicidad con unos y otros, tomaban su parte en intrigas y maniobras políticas de todo tipo, y nunca faltaban en un golpe de Estado o en un pronunciamiento de importancia. De ahí sacaban su fuerza, de ahí su capacidad para exigir —y disfrutar— prebendas, fueros, y una tolerancia rayana en la complicidad.

La explicación no parece muy difícil: sin el ejército no se podía gobernar, pero para contar con él había que negociar su obediencia. La extensión del territorio explica en parte la autonomía de los comandantes regionales, la debilidad del gobierno central explica la prepotencia de los caudillos, la penuria fiscal explica el descontento de la tropa, el escaso arraigo de los partidos explica que recurriesen a la fuerza armada, la ambición de los oficiales explica mucho de su indisciplina. Pero hay algo más.

Ese algo más es menos asible, pero definitivo. Lorenzo de Zavala lo explicaba, a su manera:

> Esas masas organizadas que obran bajo cierta disciplina y con órden; armadas, vestidas y como separadas de los demas ciudadanos,

---

Unidos, Genaro García, Documentos inéditos o muy raros para la historia de México, México, Porrúa, 1974, pp. 427-428.

[38] Acta de la guarnición de Jalisco, 20 de mayo de 1846. No es extraño que el Plan del levantamiento dispusiera: "Se garantiza la existencia del ejército, atendiendo como corresponde á la benemérita clase militar de un pueblo libre". Aparece en Carlos María de Bustamante, *El nuevo Bernal Díaz del Castillo o sea, historia de la invasión de los anglo-americanos en México* [1847], México, INEHRM, 1987, t. 2, pp. 40-41.

> es necesario que sean por mucho tiempo los árbitros de la suerte de un pais pobre, poco civilizado, y en donde las resistencias á la fuerza y á la opresión no han llegado á ser el resultado de una *educacion civil*, fruto de muchos años de la libertad.[39]

Varios años después, Suárez y Navarro coincidía en lo fundamental:

> Es un hecho inconcuso é incuestionable, que en un país como la república mexicana, no ecsisten ningunos elementos, para que por solo los esfuerzos de la opinion pública triunfe una causa cualquiera, por mas santa, por justa y liberal que sea. La mayoría de los mexicanos ignoraba al hacerse la independencia, y aun muchos ignoran todavía que tienen deberes políticos y civiles; [. . .] Si, pues, nuestra nacionalidad nació con un motín, preciso es que las sublevaciones de la fuerza armada, hayan sido en lo futuro los árbitros y los reguladores de los destinos de un pueblo sin *educacion civil* de ninguna especie.[40]

Las citas son largas, pero creo que merecen la extensión, porque ponen en su sitio, o casi, el problema moral que está en el fondo de la peculiar "tradición pretoriana" del ejército decimonónico. En su mayoría, los mexicanos no se comportaban como ciudadanos, y los políticos no se conformaban con el orden constitucional, ni en el gobierno ni en la oposición: hubiera sido mucho pedir que hubiese militares profesionales.

Los mexicanos no habían tenido una "educación civil". Lo cual no quiere decir que fuesen apáticos o indiferentes; sólo que hacían política de otro modo muy distinto. El orden jurídico era importante para todos, pero la obediencia estaba siempre sujeta a una multitud de matices y de pareceres, y la fuerza era una razón necesaria cuando el Estado no era capaz de mediar, ni de ofrecer protección alguna.

La ausencia de una moral cívica —entre el pueblo como en-

[39] Lorenzo de Zavala, *Ensayo histórico de las revoluciones de México desde 1808 hasta 1830* [1845], México, FCE, 1985, t. 1, p. 162. Las cursivas son mías.

[40] Juan Suárez y Navarro, *Historia de México y del general Antonio López de Santa Anna* [1850], México, INEHRM, 1987, pp. 43-45. Las cursivas son mías.

tre los políticos— era determinante para que la violencia no estuviese excluida del conflicto político.

Por lo demás, el ejército no reunía muchas simpatías tampoco. Guillermo Prieto decía que eran "genízaros venales que nada tienen en común con la nación en cuanto a sus verdaderos intereses".[41] El problema es que nadie más podía tampoco, en justicia, representar los "verdaderos intereses de la nación", en caso de que existieran.

Nunca hubo un consenso que favoreciera el gobierno directo de los militares. En el momento de predominio más indiscutible del ejército, con el gobierno de las Bases de Tacubaya (1841-1843), también aparecen las denuncias más violentas.[42] Es muy digno de notarse el manifiesto que el Congreso Constituyente dictó como respuesta al decreto de disolución de Nicolás Bravo, en 1842:

> Ya es tiempo de hacer ver a los execrables Santa Anna, Valencia, Bravo, Tornel y demás farsa militar, que los mexicanos no nacimos para patrimonio de pillos [...] que vos Santa Anna y demás horda de pícaros notables que os rodean dejéis de existir[...][43]

A la distancia, el alegato pierde un poco de su fuerza porque muchos de los diputados de entonces —Aguilar y Marocho, Diego Álvarez, Otero, Riva Palacio, Lafragua, casi todos— volverían a buscar el apoyo de los militares para derrocar a Santa Anna, y luego a Paredes, a Gómez Farías, a Arista, y más tarde otra vez a Santa Anna, a Comonfort, a Juárez...Si el país no era patrimonio de pícaros, no eran ellos quienes pudieran evitarlo.

La crueldad de la última resistencia de Santa Anna en la dictadura aumentó el odio hacia los militares, y hubo "grandes amagos" de disolver las fuerzas armadas;[44] no se hizo, sin em-

[41] Guillermo Prieto, *Viajes de orden suprema*, México, Gobierno del Estado de Querétaro, 1986, vol. I, p. 172.

[42] Véase, por ejemplo, el furioso antimilitarismo de Juan Bautista Morales, *El gallo pitagórico*, México, Gobierno del Estado de Guanajuato, 1987, *passim*.

[43] El manifiesto aparece en Cecilia Noriega, *op. cit.*, p. 110.

[44] Anselmo de la Portilla, *Historia de la revolución de México contra la dictadura del general Santa Anna. 1853-1855* [1856], México, INEHRM, 1987, p. 251.

bargo, y la renovación de la oficialidad sólo se produciría durante la Guerra de Tres Años y, más tarde, en la lucha contra el Imperio.

Entre los nuevos jefes militares hubo alguno, como Vidaurri, que tratara en efecto de suprimir al ejército, compuesto según decía por inmorales, cobardes, jenízaros y verdugos.[45] Lo más curioso es que, una vez que tuvo en sus manos el control de su estado, se comportó casi del mismo modo que los viejos militares, amenazando al gobierno central, condicionando su apoyo en la guerra y todo lo demás. El ejército de Degollado, Escobedo, Vidaurri, Huerta, Corona, era sin duda distinto, pero reproducía no pocos de los vicios antiguos.

Hay un caso, entre muchos otros, que invita a pensar. José López Uraga, general del ejército liberal, abandonó sus filas a mediados de 1864, cuando parecía que los franceses habían ya vencido en todo el país. Sorprende un poco, en un principio, que los pueblos tratasen con tanto aprecio al traidor:

> Da pena, amigo mío —escribe López Uraga—, y abre bien los ojos, el ver á los pueblos que nos huian, en donde solo por el miedo encontrábamos alojamiento, verlos hoy agrupados al que pasa, ponerme músicas y ofrecerme todo: hoy yo sin armas, y solo por el principio de haberles dado paz. Seguí así mi camino, afianzando mas la idea de que hice bien en venirme á vivir en paz, cuando la guerra ni es popular, y es bandálica.[46]

Es posible que Uraga exagerase un poco las atenciones que se le daban, porque escribía para convencer a su amigo el general Echeagaray de que siguiera su ejemplo. Debe ser cierto, sin embargo, y no es difícil de entender, que la gente común lo apreciaba más como civil que como militar. Raras veces la guerra era popular: el ejército nunca.

Salvo que haya un Estado lo bastante fuerte, o alguna forma eficiente de control, un ejército de forzados y mercenarios es, en todo lugar, una amenaza para la población. En el siglo XVI, en su *Tratado de re militari*, Diego de Salazar hace decir al Gran Capitán que "los que voluntariamente militan" son de los peo-

[45] *Ibidem*, p. 261.

[46] Carta de José López Uraga al general Miguel María Echeagaray, 26 de julio de 1864, en José María Vigil y Juan B. Híjar y Haro, *Ensayo histórico del ejército de Occidente* [1874], México, INEHRM, 1987, p. 185.

res de una provincia, y viven "ociosos, y sin freno, y sin religión, fugitivos del dominio del padre, blasfemadores, jugadores, escandalosos y mal criados, *porque no son de otra manera los que quieren tener la guerra por oficio*[...]"[47] La reflexión merece notarse; acaso sea una constante del comportamiento "humano", o un producto inevitable de la creación de ejércitos en sociedades desarmadas. No lo sé, aunque importa apuntar por lo menos la hipótesis.[48]

En el México decimonónico los militares eran una amenaza para la población, sobre todo rural, por muchas razones, pero acaso la más notoria fuese la *leva.*

Sobre esto, Carl Christian Sartorius pone en boca de un militar una anécdota curiosa. Al parecer, el oficial se tropezó en una ocasión con una vieja que huía despavorida por el campo; le preguntó por qué corría y ella le dijo que estaban "echando leva". Extrañado y divertido, el oficial le dijo que, por supuesto, a ella no la tocarían: "Ella contestó que de esto no había seguridad ninguna, y que lo mejor era esconderse".[49]

La historia será falsa, pero lo interesante es la actitud, la mentalidad que pudo hacerla verosímil.

Otro viajero, Georges F. Lyon había visto, en 1826, a un grupo de reclutas de leva cerca de Tampico; recogidos "en un fandango", estaban encerrados en la cárcel municipal, e iban "amarrados con cuerdas, como caballos amaestrados llevados a una feria".[50] La escena no se salía de lo habitual: a falta de voluntarios, los cupos del ejército se cubrían con redadas en los pueblos; por supuesto, los reclutas así reunidos eran cautivos, y la mejor forma de prevenir su fuga era mantenerlos encarcelados hasta su incorporación.[51]

[47] Citado por Rafael Sánchez Ferlosio, *Campo de Marte. El ejército nacional*, Madrid, Alianza, 1986, p. 61.

[48] Julio Caro Baroja encuentra difícil determinar, en la Grecia clásica, por ejemplo, dónde empieza la moral del guerrero y dónde termina la del bandolero. De hecho, según su averiguación, *latrocinium* podría aludir, en su origen, tan sólo al servicio de las armas: de militares o bandidos, según quien lo mirase. Véase Julio Caro Baroja, *Realidad y fantasía en el mundo criminal*, Madrid, CSIC, 1986, pp. 94 y 117.

[49] Carl Christian Sartorius, *México hacia 1850*, México, CNCA, 1990, p. 239.

[50] Georges F. Lyon, *Residencia en México, 1826. Diario de una gira con estancia en la República de México*, México, FCE, 1984, p. 37.

[51] Michael P. Costeloe, *op. cit.*, p. 230.

Todo lo cual habla, sí, de la arbitrariedad del ejército, y justifica sobradamente el recelo y hasta el odio con que era visto por la mayoría de la población. Pero también pone en claro la resistencia general al servicio de las armas: pocos eran los que sentían que el ejército fuese suyo, o los que pudieran imaginar un nexo entre los derechos de ciudadanía y la participación en la fuerza armada. Con las milicias era algo distinto, péro ya habrá tiempo de verlo.

Visto el método, no es extraño que los reclutas fuesen, por lo general, vagos, mendigos y criminales. Y esto no como una consecuencia imprevista, sino de manera deliberada. El gobernador Juárez, preocupado por los intereses de los oaxaqueños, pedía en 1849 al Congreso

> organizar un buen tribunal que breve y sumariamente califique á los vagos y los destine á cubrir el cupo del Estado, habremos adelantado mucho, porque estos ciudadanos inutiles y nocivos á la sociedad *librarán del servicio de las armas* á los que son laboriosos y benéficos, y las poblaciones es seguro que se veran libres de aquella plaga asoladora que corrompe las costumbres y buena moral.[52]

El servicio militar era algo deshonroso; más aún, un castigo que convenía imponer a los vagos y malvivientes. El problema era que no había suficientes, y los pueblos pagaban por el resto.

A todo esto, es muy sorprendente que ninguna de las constituciones del siglo se ocupara siquiera de reglamentar ese "saqueo de gente", como lo llama Prieto.[53] Sólo aparece de manera explícita en el proyecto que discutió el Constituyente de 1842: corresponde a los departamentos, decía, "arreglar el sistema de reemplazos, observando como reglas invariables, *que jamás se recluten por medio de levas*, y que se otorguen las justas excepciones".[54] No es dudoso, por cierto, que el arreglo del ejército previsto por el proyecto fuese una de las razones más fuertes para que los militares disolvieran el Congreso.

Las demás cartas constitutivas omiten el tema. Sólo en cier-

[52] Benito Juárez, exposición al Congreso de Oaxaca, 2 de julio de 1849, en Juárez, *Exposiciones (cómo se gobierna)*, edición de Ángel Pola, México, INEHRM, 1987, p. 269. Las cursivas son mías.

[53] Guillermo Prieto, *Viajes*, *op. cit.*, vol. I, p. 115.

[54] Véase Cecilia Noriega, *op. cit.*, p. 137.

ta interpretación del artículo quinto de la Constitución de 1857 podría suponerse una prohibición: "Nadie puede ser obligado a prestar trabajos personales, sin la justa retribución y sin su pleno consentimiento..."[55] Pero el caso es que la leva no desapareció. Durante la Guerra de Tres Años, después en la guerra contra el Imperio y a lo largo del porfiriato las quejas siguieron en el mismo tenor de siempre.

Pero había otras varias razones para que no fuera muy apreciado el ejército.

> La noche del 2 de junio [1822],tuvo noticia el emperador de que uno de los regimientos de la guarnición, combinado con otros, intentaba asaltar las casas de comercio, en especial las que estaban reunidas en la plaza mayor en el edificio llamado "el Parián": hízosele creíble el intento, porque en el mes anterior se habia dejado de satisfacer á los cuerpos una çuarta parte de sus haberes...[56]

Lo más notable no es que los soldados tramaran el asalto, sino que a Iturbide se le hiciera "creíble el intento". Pero, al parecer, podía resultarle tan verosímil a él como a cualquiera otro.

Cuenta Poinsett que la Junta Provisional solía discutir con frecuencia sobre los numerosos robos y asesinatos ocurridos en la capital y que, por lo general, "se atribuían a la soldadesca";[57] Alamán también anota, sobre los mismos meses, que "los jueces de letras manifestaban que los más de los perpetradores de estos [crímenes] eran soldados, que salían de los cuarteles con armas y á horas irregulares" y que no se podía actuar contra ellos "por el fuero de guerra".[58]

El asunto no era una novedad. Durante las guerras de independencia el bandolerismo había sido habitual, entre unos y otros: jefes insurgentes y realistas habían sabido aprovechar la inestabilidad para medrar.[59] El propio Iturbide se había visto

[55] Una exposición sumaria del tema aparece en Francisco Arturo Schroeder Cordero, "leva", en Instituto de Investigaciones Jurídicas, *Diccionario jurídico de México*, México, UNAM/Porrúa, 1989, pp. 1958-1960.

[56] Lucas Alamán, *Historia de México*, *op. cit*, vol. V, p. 617.

[57] Joel R. Poinsett, *Notas sobre México (1822)*, México, Jus, 1973, p. 131.

[58] Lucas Alamán, *Historia de México*, *op. cit.*, vol. V, p. 457.

[59] "Ambos bandos [realistas e insurgentes] produjeron un tipo de bandido que prosperó con la permanente inestabilidad y la consecuente quiebra del poder central", Christon I. Archer, "Banditry and Revolution in New Spain,

en problemas cuando la condesa de Casa Rul y la viuda de Alamán lo acusaron ante el virrey, refiriendo sus desmanes en el Bajío durante la guerra.[60]

En adelante, todo eso vendría a ser casi rutina. Soldados borrachos que arremetían contra cualquiera, oficiales que apaleaban a sus enemigos personales, cuerpos de tropa que saqueaban haciendas o que se hacían cómplices de bandoleros. Los documentos sobran, a la vez que falta en todas partes una explicación, o siquiera un gesto de extrañeza. Pero debía ser eso, rutina. Una carta de José María Jarero a Paredes lo pone bastante claro:

> Faltándome, como me faltaron, los dos mil pesos de San Blas, ¿dejaba a la guarnición sin su socorro ordinario? ¿autorizaría a una patrulla, *como otra vez se ha hecho*, para que a mano armada arrebatase de las tiendas y mercado los artículos necesarios para comer?[61]

Al parecer en esa ocasión no autorizó el saqueo libre, sino que se limitó a apropiarse de los recursos del gobierno central. Ya es de agradecerse.

Desde luego, las crisis políticas favorecían el bandidaje de los militares. Y no es lo menos notable que el "ejército de civiles" de la Revolución de Ayutla repitiera los mismos desmanes, por más que Comonfort tratara de impedirlo:

> Castigará severamente —dice en sus instrucciones a los comandantes— todo exceso que se cometa y hará que se guarden a los pueblos y particulares pacíficos el respeto y consideración que merecen, como buenos mexicanos; castigará muy severamente el rapto y violación de mujeres, el robo y toda clase de crimen.[62]

1790-1821", en *Bibliotheca Americana*, núm. 1, 1982, p. 86.

[60] La acusación fue presentada en 1813 y, como resultado, Iturbide fue relevado del mando en Guanajuato. Véase José C. Valadés, *Alamán*, *op. cit.*, p. 70.

[61] Carta de José María Jarero, comandante general de Jalisco, al general Mariano Paredes y Arrillaga, 10 de marzo de 1843, en *El general Paredes y Arrillaga*, *op. cit.*, p. 49. Las cursivas son mías.

[62] Instrucciones de Comonfort al general Díaz Salgado, 21 de junio de 1855, en *La Revolución de Ayutla*, *op. cit.*, p. 173. La misma demanda se repite, una y otra vez, en la correspondencia de Comonfort durante la guerra; parece que sin muchos resultados.

Pero no había manera de castigar a nadie, porque hacía falta contar con todos.

En los diez años de guerra que siguieron, todos los ejércitos pusieron su parte para asolar al país: si el subprefecto de Ixtlahuaca se quejaba de los saqueos de las tropas de Santos Degollado en 1859, el gobierno conservador tenía que reconocer que no podía controlar las arbitrariedades de sus jefes militares; si la contraguerrilla del coronel Dupin incendiaba pueblos y haciendas, las fuerzas republicanas de Rojas, Romero y Aedo hacían por su parte casi lo mismo.[63]

La guerra había hecho de la impunidad una costumbre. Vieja ya y lo bastante arraigada para permanecer en tiempos de paz. En 1876, para terminar con otro ejemplo, el general Prisciliano Flores secuestró a los administradores y a una docena de peones de las haciendas Ojo de Agua y San Vicencio, de Tepeaca, exigiendo a los hacendados dos mil pesos como rescate.[64] No es probable que el relato le resultara a nadie inverosímil.

La corrupción del ejército

Durante todo el siglo los militares tuvieron el raro privilegio de intervenir, de manera directa y decisiva, en todos los procesos sociales. Porque vigilaban puertos y caminos, patrullaban las ciudades, manejaban las elecciones, eran diputados, ministros y presidentes; los políticos contaban con el ejército para una mul-

[63] El manifiesto de Miramón, del 12 de julio de 1859, donde insiste sobre la "dificultad de exigir responsabilidad" a nadie, aparece en G. García Cantú (comp.), *El pensamiento de la reacción mexicana. Historia documental*, México, UNAM, 1986, vol. I, p. 447. Sobre la violencia de las tropas liberales, Ignacio Aguilar y Marocho, *La familia enferma*, México, Jus, 1969, que es útil aun contando con su sesgo ideológico; también *Don Santos Degollado. Sus manifiestos, campañas, etc.*, Genaro García, Documentos inéditos o muy raros para la historia de México, México, Porrúa, 1974, *passim*. Sobre la guerra con Francia, José María Vigil y Juan B. Híjar y Haro, *Ensayo histórico del Ejército de Occidente*, México, INEHRM, 1987, pp. 130ss, Antonio Albarrán, *Nicolás Romero, guerrillero de la Reforma*, México, Gobierno del Estado de México, 1985, y Émile de Keratry, *La contraguerrilla francesa en México. 1864*, México, SEP, 1981. Es sólo una muestra.

[64] Herbert J. Nickel, *Morfología social de la hacienda mexicana*, México, FCE, 1988, p. 230.

titud y variedad de funciones, cosa que beneficiaba sin duda a muchos oficiales, pero que perjudicó sin remedio al buen orden de la institución.

Decía Mariano Otero que si al soldado se le encarga vigilar prisiones y perseguir delincuentes, si se le ocupa en el control de las reuniones públicas, para "herir en ellas como enemigos a sus conciudadanos", al cabo de un tiempo "cambiará la gloria por la crueldad, confundirá al enemigo extranjero con su compatriota inerme, y recibirá odio en vez de amor".[65] Y a eso hay que sumar lo que señalaba el doctor Mora, pocos años antes:

> Los que componen una clase acostumbrada a sacudir el yugo de la autoridad suprema, tampoco pulsan la menor dificultad en dispensarse de la sumisión debida a sus jefes inmediatos, especialmente cuando de ellos mismos han recibido el ejemplo de la indisciplina...[66]

Eran vicios que tenían mal arreglo; sobre todo porque no se puede culpar de ellos sólo a los militares.

El general Tornel opinaba, y él lo sabría bien, que situar las guarniciones en las ciudades había perjudicado a la disciplina, y había hecho más fácil la "seducción" de los militares por los partidos.[67] Pero no era sólo eso: no hubiera hecho falta corregir en el ejército los abusos, sino los usos.

El ejército era un mecanismo de intermediación parasitario, que negociaba los complicados equilibrios regionales, que decidía los conflictos de facciones, y mantenía la estabilidad y la cohesión políticas. Todo ello a costa, por supuesto, de la idea estatal que proponían las constituciones, y a costa sobre todo de la disciplina y el orden que se suponen en un ejército profesional.

Por eso mismo, el ejército mexicano del XIX era, por sus usos, por su constitución, corrupto. Y eso en el sentido técnico del término: los militares usaban sus atribuciones públicas para obtener beneficios particulares, en contra de mandatos legales

[65] Mariano Otero, discurso en el Congreso Constituyente, 11 de octubre de 1842, en *Obras*, *op. cit.*, vol. I, p. 274.

[66] José María Luis Mora, *México y sus revoluciones* [1836], México, FCE, 1986, vol. I, p. 421.

[67] José María Tornel, *Breve reseña histórica de los acontecimientos más notables de la nación mexicana* [1852], México, INEHRM, 1985, p. 21.

explícitos.[68] Cuando se rebelaban contra la autoridad para favorecer a un grupo político, cuando usaban su fuerza para extorsionar a los civiles, cuando vendían su lealtad, cuando protegían el contrabando, cuando intervenían con amenazas y violencias en las elecciones.

Pero además había, y al parecer no era extraño, formas de corrupción ajenas a todo propósito político.

Es sabido que con frecuencia los pronunciamientos y las deserciones se conseguían con dinero, lo mismo que cualquier otra infracción que fuese útil a quien pudiera comprarla. Alamán cuenta una historia que suena conocida. Iturbide había ordenado detener a Guerrero y Bravo, que iban prófugos, y en algún punto los detuvo un teniente coronel de Dragones:

> notando Bravo que estaba pensativo, apoyado sobre el arzon de la silla, se acercó a él y decidió su incertidumbre poniéndole en la mano diez onzas [. . .] No contento con esto aquel codicioso oficial, dijo a los dos generales que para caminar con seguridad, debian cambiar de traje y con este ardid los despojó de sus buenos arneses de montar, dándoles en cambio otros de poco valor[. . .][69]

Bravo y Guerrero pudieron escapar. Pero eso no tiene nada de particular: acaso la historia sea mentira. Ese teniente coronel, haya existido o no, sirve bien como modelo de un tipo humano que sería muy frecuente encontrar después.

Supongamos que existió, y supongamos también que el relato es cierto. Es un militar, y no se siente comprometido por las órdenes superiores; es un súbdito del Imperio, pero no se siente comprometido con la causa del emperador, no se identifica con ella.[70] Pero como militar puede ofrecer a Guerrero y a Bravo su

[68] Con mayor extensión he discutido el tema en mis artículos, "La corrupción política: apuntes para un modelo teórico", *Foro Internacional*, vol. XXX, núm. 2, octubre-diciembre de 1989, y "El orden negado. Notas sobre la corrupción de las fuerzas represivas en Iberoamérica", *Secuencia. Revista Americana de Ciencias Sociales*, núm. 12, septiembre-diciembre de 1988.

[69] Lucas Alamán, *Historia de México*, *op. cit.*, vol. V, p. 697.

[70] Sobre las nociones de "lealtad" e "identificación" como impulsos en una decisión, es muy interesante el artículo de Alessandro Pizzorno, "Algunas otras clases de otredad: una crítica de las teorías de la 'elección racional'", en A. Foxley, M. S. McPherson y G. O 'Donnell (comps.), *Democracia, desarrollo y el arte de traspasar fronteras. Ensayos en homenaje a Albert O. Hirschman*, México, FCE, 1989.

libertad, porque puede amenazarlos con la detención: es un intermediario entre la orden imperial y el arresto efectivo de los fugitivos. Y elige utilizar para su beneficio esa posición: es un aventurero.

Casos hay muchos, y todos parecidos. En 1826, un corresponsal informaba a Lizardi de la conspiración contra el gobernador de Durango: el contador de la comisaría, Joaquín Basave, y el diputado y presbítero Gandarilla habían comprado al capitán Salas con doscientos pesos, y éste se había hecho con la guarnición repartiendo otros quinientos.[71] Veinte años después, Carlos María de Bustamante decía que para preparar el golpe del general Rangel se había distribuido a la tropa "algún dinero para que entrase en la asonada, en cantidad de 400 pesos".[72] En diciembre de 1855 un conspirador escribía a Manuel Doblado para decirle que la guarnición de Guadalajara podría pronunciarse

> venciendo la vacilación del teniente Coronel y de algunos oficiales, a quienes será preciso dar algo para decidirlos. Para este objeto se me ha dicho por las personas de aquí que será necesario que U. mande algún dinero (dos mil pesos bastarán).[73]

Puede ser incluso que ninguno de esos documentos diga nada cierto. Lo que llama la atención es la insistencia con que se repiten los testimonios de ese estilo. Lo menos que puede decirse es que a todos se les hacía muy verosímil, como a aquel corresponsal de Doblado que le explicaba el buen éxito del Plan del Hospicio, contra Arista, en 1852 diciendo: "¿Cómo podía uno de nuestros generales haber resistido ofrecimientos de ochenta y de cien mil pesos? Pues tanto así llegó a ofrecerle el clero de Guadalajara".[74]

[71] Una carta en *El Correo Semanario de México*, el 25 de noviembre de 1826, en José Joaquín Fernández de Lizardi, *Obras*, México, UNAM, 1975, vol. VI, p. 81.

[72] Carlos María de Bustamante, *El nuevo Bernal*, *op. cit.*, p. 27.

[73] Carta de J. M. Lozano a Manuel Doblado, 9 de diciembre de 1855, en *Los gobiernos de Álvarez y Comonfort según el archivo del general Doblado*, Genaro García, Documentos inéditos o muy raros para la historia de México, México, Porrúa, 1974, p. 451.

[74] Carta sin firma dirigida a Manuel Doblado, fechada en noviembre de 1852, en *La Revolución de Ayutla*, *op. cit.*, p. 156.

Es fama que muchos otros políticos supieron, entonces y en adelante, de la escasa capacidad de resistencia de los generales.

Pero todo eso ocurría en los momentos de crisis: en los pronunciamientos, en las guerras, donde pesaban también muchas otras cosas. El descontento de los oficiales y de la tropa, los planes de los partidos y las promesas de los agitadores, la incertidumbre o la certeza sobre la suerte del gobierno.

Lo más interesante pasaba en tiempos de paz.

"El soldado, escribía Guillermo Prieto, es un objeto constante de explotación: el vestido, el calzado, la luz, el blanco del correaje; crían pequeñas industrias en donde todo se corrompe, se prostituye y desmoraliza."[75] Y así parece que ocurría. Un puesto de mando ofrecía la ocasión de traficar con armas, bagajes y uniformes, e incluso con la paga de los soldados, sin que fuera fácil que nadie exigiera cuentas.

Según el doctor Mora, ningún cuerpo militar había liquidado cuentas con la Tesorería entre 1821 y 1836: "a lo más se han logrado en *algunos* cuentas parciales de cortas e insignificantes cantidades".[76] Además de eso, una forma habitual de hacer dinero era ocultar las deserciones, para cobrar la soldada; los sobrantes, decía Mora, "quedan por lo común a beneficio del que los tiene en su poder cuando él [el desertor] desaparece", de modo que del coronel al sargento varios eran los que hacían de las deserciones un negocio.[77]

Las cosas funcionaban de tal modo que cuando un cuerpo era llamado para reprimir un pronunciamiento,

> a esa hora se sabe a punto fijo que los cuerpos no están completos y casi se hallan en cuadro, que carecen de vestuario, que estan alcanzados en sus haberes, que el armamento está descompuesto, en una palabra, que no hay nada de cuanto sobre estos articulos se ha figurado en las revistas y que todo ha sido un conjunto de engaños y falsedades para sacar de la tesorería las cantidades correspondientes a cubrir los gastos de un ejército completamente equipado.[78]

[75] Guillermo Prieto, *Viajes de orden suprema*, *op. cit.*, vol. II, p. 57.

[76] José María Luis Mora, *México y sus revoluciones*, *op. cit.*, vol. I, p. 434.

[77] *Ibidem*, vol. I, p. 436.

[78] *Ibidem*, vol. I, p. 425.

Otra vez, acaso Mora esté exagerando un poco. Pero parece cierto que pocas veces los cuerpos estaban completos, y que la nómina del Ministerio de Guerra registraba hasta varios miles de soldados inexistentes.[79]

En 1846, José Fernando Ramírez escribía, como de cosa conocida, sobre los "escandalosos peculados que cometieron algunos jefes durante la última guerra de Texas" y del descontento de los soldados que habían servido "de medios [de] especulación a los mismos que debieron socorrerlos".[80] Pero era tanto más difícil seguir la pista de los dineros extraviados, cuanto que entre las necesidades políticas y el espíritu de cuerpo se tramaba una red de complicidades que no cabía desentrañar. El propio Ramírez explicaba un caso muy revelador, y que tal vez fuera común:

> El gobierno del Sr. Herrera envió gruesas sumas al héroe de Puebla; al célebre Gral. Inclán, p.a que defendiera la ciudad. Parece que de esos recursos no se le ha dado a la tropa ni un octavo y que se fueron por otro camino. [Cuando Paredes pidió cuentas a Herrera] No informó con exactitud quizá por atemperar la culpa de Inclán y por gratitud a los servicios que le prestó.[81]

Don Carlos María de Bustamante que, aparte de no apreciar nada a los generales, tenía bastante imaginación, acusaba a los militares de vender despachos y nombramientos; señalaba que el general Joaquín Rangel no había dado cuentas de los recursos que había recibido para erigir un monumento y construir un hospital de inválidos durante el gobierno de las Bases Orgánicas; denunciaba al general Arista por haberse enriquecido "a espensas de sus soldados", a quienes usaba "como peones para que le edifiquen sus casas"; y acusaba a varios de estar en tratos con el ejército norteamericano.[82]

[79] José C. Valadés, defensor por otra parte del ejército mexicano decimonónico, anota que, al comenzar la guerra del 47, "no hay un solo cuerpo de milicia, ya activo, ya permanente, que esté completo", y que si los cálculos del gobierno de Herrera hablaban de 22 000 soldados, no hay más de 19 000, y muchos de ellos sin fusiles. *Breve historia de la guerra con los Estados Unidos*, México, Diana, 1981, p. 92.

[80] José Fernando Ramírez, *México durante su guerra*, *op. cit.*, p. 419.

[81] *Ibidem*, p. 464.

[82] Carlos María de Bustamante, *op. cit.*, vol. I, pp. 23 y 49, y vol. II, pp. 4, 24 y 29.

No hay duda de que exageraba, pero es cierto que los negocios de muchos militares eran lo bastante turbios para justificar suspicacias, como las numerosas deudas del general Rangel, o los permisos especiales que tenía Arista para importar hilaza sin pagar derechos.[83] Por otra parte, también transcribe Bustamante testimonios de soldados sobre otros tráficos menores muy en consonancia con lo que afirmaban Prieto, Mora y Ramírez. Anoto sólo uno, de 1846:

> llegamos hasta el paraje llamado Calabozo, donde encontramos unas carretas cargadas de maiz y piloncillo; sus dueños vendian á nuestras tropas desfallecidas de hambre y de sed, á dos y medio reales el almud de grano y á medio el piloncillo mas en momentos lo monopolizó todo el Sr. [General Antonio María] Jáuregui, y el mayordomo de un atajo de mulas lo revendió á cinco reales el maiz, y á tres cuartillas y hasta á un real el piloncillo...[84]

Es posible que durante la crisis del medio siglo, y hasta el triunfo del Plan de Ayutla, la corrupción de los militares alcanzara sus límites máximos, pero no puede decirse que desapareciera después. Durante las guerras de Reforma y con el Imperio, los negocios rutinarios dejaron su lugar al bandolerismo, porque los recursos había que encontrarlos en el campo y ganarlos muchas veces por las malas, pero de eso ya he hablado.

Durante el porfiriato, según Bulnes, Díaz prefirió a los jefes de armas "inclinados al juego de naipes, de gallos, de *carcamán*, y a los negocitos de inmoderado lucro"; a los coroneles "les era permitido robar a sus soldados y a los caballos de sus soldados" porque era la mejor manera de asegurar su lealtad.[85] Y no parece que, en este caso, se aleje mucho de la realidad.

> Los hampones y asesinos indultados —dice Jorge A. Lozoya— siguieron engrosando las filas [del ejército], mientras las clases y oficiales subalternos, cercanos a los soldados, continuaron explotándolos.[86]

[83] José C. Valadés, *Alamán*, *op. cit.*, p. 388.

[84] Carlos María de Bustamante, *op. cit.*, vol. II, p. 31.

[85] Francisco Bulnes, *El verdadero Díaz y la Revolución*, México, Eusebio Gómez de la Puente, 1920, pp. 298-299.

[86] Jorge Alberto Lozoya, *El ejército mexicano*, México, El Colegio de México, 1984, p. 36.

Julio Guerrero comentaba también, a principios de siglo, que se había convertido en sistema la política de "convertir al bandido en gendarme", de modo que, decía, "el ejército actualmente está formado en parte con el contingente de criminales que periódicamente entregan los estados. . ."[87]

El problema era muy viejo. Desde 1823 el ministro de Guerra, José Manuel Herrera, pensaba que había que "reemplazar al ejército casi por entero" para corregir sus vicios.[88] Pero aun cuando eso se hizo, y en más de una ocasión, a lo largo del siglo, la situación no cambió mucho. Otra vez, porque no se trataba de abusos, sino de usos. Lo que resulta imperioso saber es por qué no pudo organizarse la fuerza militar de otro modo, por qué no hubo otro ejército.

[87] Julio Guerrero, *La génesis del crimen en México. Estudio de psiquiatría social*, México, Porrúa, 1977, p. 121.

[88] Michael P.Costeloe, *La primera república*, *op. cit.*, p. 227.

CIUDADANÍA Y ESTADO

Autoridad, obediencia y Estado

La deslealtad de los militares era posible siempre por las ventajas de su posición; en ese sentido, era un privilegio. Pero en otro sentido también cabe ver en ella una conducta mucho más general, más común: la desobediencia.

Conviene, a estas alturas, aproximarse de nuevo al tema del Estado, pensando ahora en la singularidad del vínculo que lo unía con su población. Y esto por una razón muy simple: la estructura de la moral cívica supone al Estado. De hecho, supone una relación específica entre los súbditos y el Estado.[1] Vale decir, una forma concreta de autoridad.

El doctor Mora decía que "de nada sirven las mejores [leyes] si no hay costumbres y si hay flojedad o desidia en los funcionarios públicos encargados de su cumplimiento".[2] Y de eso se trata, precisamente.

Es muy digno de notarse que, por lo común, cuando se habla acerca de las virtudes cívicas apenas se alude al Estado. Más aún, si se le menciona es como adversario.

Vale la pena recordar el texto de Agnes Heller que cité antes. Heller argumenta que "la 'cosa común', la *re publica*, ha de estar constituida por instituciones, leyes y acuerdos sociales, que están formados por los valores universales de libertad y vida, por el valor condicional de la igualdad y por el valor procesal de la racionalidad comunicativa..."[3] Y a partir de ahí define como virtudes cívicas la tolerancia, la valentía cívica, la solidaridad, la justicia, la *fronesis* y la racionalidad discursiva.

Bien, pero se olvida de la más vieja de las virtudes cívicas,

[1] Sobre esto, recuerdo sólo las notas teóricas del primer apartado, en lo que se refiere al modelo cívico y a la noción de ciudadanía.

[2] José María Luis Mora, *El Observador*, 30 de junio de 1830, en *Obra política*, Briseño, Solares y Suárez (comps.), México, Instituto Mora, 1986; *Obras completas*, vol. I, p. 185.

[3] Agnes Heller, "Ética ciudadana y virtudes cívicas", en A. Heller y F. Fehér, *Políticas de la posmodernidad. Ensayos de crítica cultural*, Barcelona, Península, 1989, p. 231.

que es la obediencia, junto con su pareja, el respeto de la legalidad. Ambas son condiciones necesarias para la existencia misma de esa *re publica*; sobre ellas puede construirse lo demás, pero sin ellas todo carece de sentido.

Es comprensible que se olviden, pero también es necesario recordarlas.

No hace falta mucho para ver en la idea de ciudadanía a la *civitas*, y no sólo como raíz etimológica. También en su sentido jurídico, la ciudadanía define en particular la naturaleza del vínculo entre el Estado y sus súbditos.[4] Pero en lo que más me interesa, la ciudadanía es el eje de un modelo moral que exige que el Estado responda a la Voluntad General —o a un consenso formado por el público—, y que impone la obediencia como contribución al Bien Común.

Son nexos hipotéticos, ya lo sé, pero no por eso menos reales. Son construcciones conceptuales urdidas para justificar la obediencia, porque explican —en los términos de una particular moral pública— la autoridad. Insisto sobre ello: la hipótesis de la Voluntad General, la del consenso y las demás fórmulas de legitimación *explican* la autoridad, no la crean.

Creo que la excursión teórica hace falta, sobre todo porque el vocabulario político habitual es, en esto, muy confuso. Me demoro por eso un poco más.

Con mucha razón decía Mora que hacían falta "costumbres", y en eso estaba de acuerdo con Alamán, que veía el único remedio de la inestabilidad en "acomodar las instituciones políticas al estado de cosas, y no pretender que las cosas se amolden a las instituciones".[5] Hay que entenderlo bien, porque es uno de los nudos del orden político mexicano.

Uno estaba pidiendo reformar las costumbres para hacer practicable una legislación liberal; el otro recomendaba respetar las costumbres y organizar una monarquía. Pero estaban de acuerdo en lo fundamental, en la necesidad de una correspondencia entre las formas de la moral pública y las instituciones

[4] Francisco Venegas Trejo define la voz "ciudadanía" como sigue: "Utilizando las palabras de un clásico, Niboyet, se puede sostener que ciudadanía es el vínculo jurídico y predominantemente político que relaciona a un individuo con un Estado." *Diccionario jurídico mexicano*, México, UNAM/Porrúa, 1989, pp. 468-471.

[5] De un editorial de *El Tiempo*, a principios de 1846, citado por José C. Valadés, *Alamán, estadista e historiador*, México, UNAM, 1987, p. 417.

jurídicas; muy en breve, estaban ambos de acuerdo con Montesquieu.

El desfase, por decirlo así, entre la forma estatal y las costumbres políticas puede explicar al menos en parte la corrupción, la violencia política, la inestabilidad constitucional, todo lo que ha justificado la idea de que aquello era el caos, o la anarquía. Sin embargo, lo que más interesa a estas alturas es entender el orden. Porque lo había.

Una idea de Peter Winch puede servir bien a este fin: según ésta, la conexión básica de la autoridad no es con el poder, sino con el orden.[6] Lo cual quiere decir que la fórmula tradicional que asocia la autoridad con una "clase particular de influencia de una voluntad sobre otra", pierde de vista lo esencial.

De acuerdo con Wittgenstein, Winch entiende que toda actividad humana es ordenada por reglas, y a renglón seguido afirma:

> la participación en actividades gobernadas por una regla *es*, en cierta manera, aceptar la autoridad, ya que participar en tal actividad es aceptar que hay *una forma correcta y otras incorrectas de hacer las cosas*, y la decisión en cuanto a lo que sea correcto o incorrecto en un caso dado no puede depender nunca *completamente* de vuestro capricho.[7]

De tal modo, la moral y la autoridad tienen un mismo origen práctico: ambas están ya incorporadas en el *saber hacer* las cosas de todos los días. El carácter de autoridad de un individuo "se deriva de su conexión con la idea de una forma correcta de hacer las cosas", y no de ningún atributo personal.[8] Esto ocurre de manera evidente en asuntos triviales, como jugar ajedrez o aprender a cocinar, pero del mismo modo ocurre con la autoridad política:

> Aunque el Estado se enfrenta a otras instituciones sociales como algo parecido a una fuerza externa, con sus propias fuentes de autoridad, en cierta forma independientes, esta fuerza y su autoridad siguen siendo lo que son por virtud del hecho de que existe un *con-*

[6] Es un ensayo breve, pero muy incisivo: Peter Winch, "La autoridad", en Anthony Quinton (comp.), *Filosofía política*, México, FCE, 1974.

[7] *Ibidem*, p. 155.

[8] *Ibidem*, pp. 156ss.

> *cepto* del Estado en la sociedad dentro de la que se ejercen, un concepto en el que entra lo que los súbditos entregarán y no entregarán al Estado, y las actividades de los funcionarios del Estado. Este concepto no es en sí mismo *impuesto* por el Estado, sino que se manifiesta en la vida espontánea de la sociedad, aunque su existencia permita la imposición de ciertas cosas que no serían posibles de otro modo.[9]

De aquí que las fórmulas de justificación del Estado expliquen su autoridad, pero siempre sobre la trama de ese "concepto de Estado", como dice Winch, de ese conjunto de reglas sobre *cómo hacer* política que forman la moral pública.

Y estamos de regreso con Mora y Alamán, y con su problema de establecer una correspondencia efectiva entre las "costumbres" y las instituciones políticas. Dicho muy brevemente, se trata de fundar la autoridad del Estado. Ése era el problema político de México en el XIX: existía un orden y, por tanto, formas de autoridad reconocidas y eficientes; pero ese orden, esa estructura moral no servía para arraigar un Estado republicano e individualista como el que suponían las constituciones. Tampoco un Estado monárquico, dicho sea de paso, pero ése es otro problema.

Esta pequeña excursión permite volver a plantear el tema inicial, pero sobre una base más sólida. La deslealtad de los militares, aunque tuviese notas propias, puede asimilarse a la actitud mucho más extendida de la desobediencia. Porque ésta, a su vez, está asociada a la falta de correspondencia entre la moral pública y el aparato estatal.

Obedecer a un cacique, que gestiona recursos y sirve como intermediario, es hacer las cosas de manera correcta; no lo es obedecer a un presidente municipal sólo por serlo. Obedecer a un jefe militar que defiende los intereses del cuerpo en conjunto, es hacer las cosas correctamente; no lo es obedecerlo sólo porque tiene el mando formal. Y estoy exagerando un poco, pero la lógica es ésa.

Lo mismo que no hay distancia entre hechos y valores, no hay distancia entre la conducta interesada y la conducta orientada por valores. Son una misma cosa. Todo cálculo entraña un sistema de valores, y toda convicción exige un cálculo. De modo

[9] *Ibidem*, p. 171.

que cuando un oficial deserta o traiciona, cuando un funcionario roba fondos públicos, cuando un elector vende su voto, cuando un juez falsea un proceso, se separan de la lógica estatal, de las exigencias morales del aparato jurídico *porque no está comprometida su identidad* con el proyecto del Estado.

Alessandro Pizzorno ha discutido con amplitud ese tipo de situaciones, en polémica con la tradición de la "elección racional", y su conclusión, a estas alturas, no parece sorprendente:

> [En esos casos hay siempre] personas que parecen tener la opción de escoger ya sea una utilidad privada para ellas mismas, o bien su compromiso con alguna identidad colectiva (el sacrificio por la propia nación o el partido, fidelidad a un ideal propio, solidaridad con los camaradas). Ésta no es, sin embargo, una alternativa real porque si las personas actúan siempre lo hacen con referencia a alguna identidad.[10]

Esa "identidad" a la que se responde y que orienta las elecciones está formada por las reglas que un grupo humano sanciona como la forma correcta de hacer las cosas. Estamos de vuelta en el argumento de Mora y Alamán pero, otra vez, creo que con un poco más de claridad.

Lo que interesa es saber por qué no se consiguió en México otra cosa, por qué no pudo crearse la ciudadanía —el vínculo moral con el Estado bajo su forma ciudadana—, a pesar de ser ése el proyecto explícito de buena parte de la clase política.

LAS AMBIGÜEDADES DE LA CIUDADANÍA

Tenía razón Rabasa cuando distinguía la Constitución "literaria" de la Constitución "real" del país: el contraste es evidente. Y sin duda la Constitución literaria es, hasta cierto punto, "lo que los legisladores quisieron que fuesen las instituciones".[11]

[10] Alessandro Pizzorno, "Algunas otras clases de otredad: una crítica de las teorías de la 'elección racional'", en A. Foxley, M. S. McPherson y G. O'Donnell, *Democracia, desarrollo y el arte de traspasar fronteras. Ensayos en homenaje a Albert O. Hirschman*, México, FCE, 1989, p. 377.

[11] Emilio Rabasa, *La Constitución y la dictadura*, México, Porrúa, 1981, p. 179.

Pero sólo hasta cierto punto. Porque los legisladores no eran ingenuos, ni eran sólo filósofos. Las instituciones que inventaron siempre fueron una transacción entre lo que hubieran querido y lo que creían posible.

El propósito de la clase política nunca fue del todo claro; al menos nunca del todo unívoco, y nunca simple. En lo más evidente, los liberales de la Reforma, por ejemplo, querían un Estado limitado, pero necesitaban un Estado fuerte.[12] Más cerca del fondo, querían modificar las "costumbres" políticas, pero necesitaban usarlas para mantener su dominio.

Eso último, por cierto, les indignaba a todos, pero no tenía buen remedio. Lorenzo de Zavala es un buen ejemplo:

> Hay pues un choque continuo entre las doctrinas que se profesan, las instituciones que se adoptan, los principios que se establecen; y entre los abusos que se santifican, las costumbres que dominan, derechos semifeudales que se respetan...[13]

Y él mismo, como los demás, promovió asonadas y revueltas, usó a los militares y manejó elecciones. Sería con buenos fines, pero los hechos, incómodos, no cambian por eso.

El tema de la ciudadanía es de especial interés en esto. No puede dudarse de que querían formar ciudadanos, pero sabían que no contaban con ellos. El proyecto conservador, muy consecuente, era una república aristocrática —oligárquica, si se prefiere—, que restringiera la ciudadanía a los propietarios; otra cosa, como decía el general Paredes, sería semejante a "una junta de guerra en que discutieran y votaran la tropa, los oficiales y los Generales y se decidiera por mayoría de votos".[14]

Varios de los primeros liberales, por cierto, estaban de acuerdo en ello; el doctor Mora, por ejemplo, quería restringir los derechos de ciudadanía a los propietarios porque, "por el

[12] Véase, sobre esto, David Brading, "El patriotismo liberal y la Reforma mexicana", en Brading, *Mito y profecía en la historia de México*, México, Vuelta, 1988.

[13] Lorenzo de Zavala, *Ensayo histórico de las revoluciones de México desde 1808 hasta 1830* [1845], México, FCE, 1985, p. 21

[14] Carta del general Paredes y Arrillaga al general Santa Anna, 29 de abril de 1842, en *El general Paredes y Arrillaga, según su propio archivo*, Genaro García, Documentos inéditos o muy raros para la historia de México, México, Porrúa, 1974, p. 21.

orden común sólo éstos tienen verdaderas virtudes cívicas".[15] Sin embargo, había con eso varios problemas, que hacían irrealizable el modelo: lo primero, que no era fácil marginar a los pueblos campesinos ni a los líderes e intermediarios que arraigaban en ellos su influencia; lo segundo, que la renta no era un criterio practicable, porque excluía a buena parte de la clase política, y solía resultar, como decía Otero, "que se encuentre un individuo que en virtud de ser propietario pueda pagar una mayor cuota de contribución que otro que no lo es, y sin embargo tener ilustración el segundo y no el primero".[16] Por último, la idea de que los propietarios fuesen, por fuerza, buenos ciudadanos y amigos del orden era una pura fantasía.

A los liberales, en cambio, el principio dogmático de la soberanía popular los llevaba a situaciones bastante comprometidas. Porque debían conceder el voto, por ejemplo, a masas de campesinos en cuyo discernimiento político no tenían mucha confianza.

La solución que encontraron, y que ha estudiado bien Marcello Carmagnani, fue el sistema de elección indirecta, que combinaba el sufragio universal con una elección hecha por los notables, en los colegios electorales.

> [El mecanismo es una] simultánea extensión y restricción de los derechos políticos: por una parte los amplía, haciendo coincidir la nacionalidad con la ciudadanía, y por otra parte los restringe, estableciendo una distinción entre ciudadanos —todos— y electores —pocos— gracias al mecanismo de la elección indirecta.[17]

El problema central es que entendían la ciudadanía como un *derecho*, cuyo carácter universal estaba implícito en la noción de república y en la de soberanía popular. Y eso en tal medida que ni siquiera parecía defendible exigir la alfabetización como requisito; la discusión, si es que lo fue, en el Constituyente de 1857 habla por sí sola:

[15] José María Luis Mora, *El Observador de la República Mexicana*, 14 de abril de 1830, en *Obra política*, *op. cit.*, p. 374.

[16] Mariano Otero, "Aristocracia de la riqueza", en *El Republicano*, 6 de marzo de 1846, en *Obras*, edición de Jesús Reyes Heroles, México, Porrúa, 1967 v.p. 85, vol. I, p. 146.

[17] Marcello Carmagnani, "La libertad, el poder y el Estado en la segunda mitad del siglo XIX", en *Historias*, núm. 15, octubre-diciembre de 1986, p. 56.

El Sr. Peña y Ramírez se declara en contra del requisito de saber leer y escribir, porque no le parece muy conforme con los principios democráticos, y porque las clases indigentes y menesterosas no tienen ninguna culpa, sino los gobiernos que con tanto descuido han visto la instrucción pública.

El Sr. Arriaga [de la Comisión] confiesa *que no encuentra qué contestar* a las objeciones del sr. preopinante[. . .][18]

Retirado el requisito, el artículo fue aprobado por unanimidad de los 82 diputados presentes.

Hubo, en cambio, una larga y áspera discusión sobre la elección indirecta. Los radicales, Zarco y Ramírez, alegaban que eso era crear "ciudadanos a medias", y que del sistema indirecto resultaban elecciones que eran "una burla para el pueblo".[19] Con muy buen sentido, el diputado Olvera les recordaba que no había ciudadanos; la elección directa, decía, "tampoco expresará la voluntad pública [. . .], pues los sirvientes de hacienda votarán como quiera el propietario, y los que viven como esclavos en las panaderías no tendrán voluntad propia".[20]

El argumento se apoyaba en la vieja reflexión de Mora y Alamán, pero dejaba sin tocar el asunto. "Menester es esperar, decía Olvera, la emancipación de estas clases desgraciadas, debe atenderse a nuestra *falta de costumbres políticas*, y entretanto[. . .]"[21] Entre tanto había que hacer funcionar un Estado sin el apoyo de la moral cívica.

La discusión era importante, pero no se decidía ahí la vinculación ciudadana con el Estado. Unos y otros, liberales y conservadores, daban por hecho que no existía, aunque teóricamente hiciese falta. La solución aristocrática, el sistema de elección indirecta resolvían un problema técnico, pero no se acercaban al tema básico: a la trama del orden social y sus formas de autoridad, donde se decidía justo la relación entre el Estado y sus súbditos.

18 Discusión del 1 de septiembre de 1856, sobre el artículo 34, en Francisco Zarco, *Historia del Congreso Constituyente de 1857*, México, INEHRM, 1987, p. 304.

19 Discusión del 18 de septiembre de 1856, sobre el artículo 55, *ibidem*, p. 517.

20 *Ibidem*, p. 505.

21 *Ibidem*, p. 505. Las cursivas son mías.

El asunto, sin embargo, sí se discutía en otro terreno, el de las milicias cívicas.

LA CIUDADANÍA ARMADA

El problema del ejército y el de la ciudadanía son una misma cosa. Por un vicio de lenguaje, muy revelador por otra parte, suele hablarse sin mucho pensar de la "sociedad civil", y suele entenderse también sin demasiado discernimiento que la ciudadanía, sus derechos y su política, son opuestos a la lógica militar. En esa inercia ideológica se deja ver, con mucha facilidad, una noción del Estado y de la vida cívica de enormes consecuencias.

Para empezar a poner algunas cosas en su sitio, en el que ahora me interesa, recurro a la autoridad de Maquiavelo:

> En todas las cosas humanas sucede, si bien se mira, que no se puede quitar un inconveniente sin que inmediatamente surja otro. Por tanto, si quieres un pueblo numeroso y armado para poder construir un gran imperio, será de tal calidad que luego no lo podrás manejar a tu antojo, y si lo mantienes pequeño y desarmado para poder manejarlo, si conquistas algún territorio no lo podrás mantener, o se volverá de ánimo tan vil que serás presa de cualquiera que te asalte.[22]

No cuesta trabajo entenderlo ni, creo, darle la razón. Pero de ahí pueden derivarse muchas otras cosas; entre ellas, que hay un nexo entre el tipo de vinculación del Estado con sus súbditos, y la naturaleza de sus fuerzas armadas.

El ejército mexicano del XIX era un ejército de mercenarios y conscriptos cogidos de leva, de organización caudillista, patrimonial antes que profesional. Y era un ejército corrupto, habituado a la arbitrariedad. Si no pudo ser de otro modo, fue acaso porque lo que hubiera hecho falta modificar era la relación política fundamental con el Estado.

Maquiavelo vuelve a ser de alguna ayuda:

> Se puede ver además [. . .] cuánta diferencia hay entre un ejército

[22] Nicolás Maquiavelo, *Discursos sobre la primera década de Tito Livio*, Madrid, Alianza, 1987, p. 46.

contento y que combate por su propia gloria, y otro mal dispuesto y que combate por la ambición ajena. [...] se puede deducir, en parte, la causa de la inutilidad de los mercenarios, que no tienen otro motivo que los mantenga leales sino el escaso estipendio que les das. Esto no puede bastar para hacerlos fieles, ni tan amigos tuyos que quieran morir por ti.[23]

Desde luego, desde la colonia se había intentado organizar las fuerzas armadas de otra manera, pero sin buen éxito.

En 1767 se dispuso la creación de las Milicias Provinciales que eran, de hecho, una especie de ejército de reserva; la aversión al alistamiento fue general. Los hombres huían en cuanto se anunciaba un sorteo, y los delegados procuraban retrasar la publicación de las órdenes de reclutamiento para evitar disturbios.[24] Algunos, los que podían, compraban su exención del servicio, y los demás buscaban la protección de las autoridades locales o, de plano, se fugaban.[25]

Por razones evidentes, también los dueños de minas procuraban la exención de sus trabajadores, lo mismo que los hacendados.[26] Sólo con el tiempo, los notables criollos vieron en las milicias una buena oportunidad de ganar prestigio, de alcanzar puestos de importancia, e incluso de hacer buenos negocios.[27] Pero en ningún caso puede verse en la historia de las milicias novohispanas una convicción patriótica.

La Milicia Provincial novohispana fue, con la independencia, la base del nuevo ejército, mientras se creó, con sus mismas funciones, la Milicia Activa. Pero junto a ella prosperó otra idea muy diferente: la organización de una milicia puramente civil, bajo la responsabilidad de las autoridades locales. Ésta sería a lo largo del siglo, el modelo del otro ejército posible, el de la ciudadanía armada.

Es un tema que hoy parece incluso anacrónico, pero que tiene la virtud de llevarnos a la raíz misma del poder del Estado, a la definición más rigurosa de la soberanía. En expresión de

[23] *Ibidem*, p. 136.

[24] Christon I. Archer, *El ejército en el México borbónico. 1760-1810*, México, FCE, 1983, pp. 209-211, 297-299, 304ss.

[25] Josefa Vega Juanino, *La institución militar en Michoacán en el último cuarto del siglo XVIII*, México, El Colegio de Michoacán, 1986, pp. 23ss.

[26] Christon I. Archer, *op. cit.*, pp. 304ss.

[27] Josefa Vega Juanino, *op. cit.*, pp. 120ss.

Max Weber, que recuerda Rafael Sánchez Ferlosio, "el derecho de ciudadanía coincide siempre con el derecho y el deber de llevar armas".[28]

Contra los ejércitos patrimoniales, la ciudadanía armada no es una fórmula de autodefensa, sino una nueva definición del Estado. Ahora bien, esto requiere, por una parte, el compromiso de los ciudadanos con un orden jurídico y con la defensa de un territorio de modo tal que, como dice Maquiavelo, luchen "por su propia gloria"; y por otra parte, requiere de un orden estatal con el bastante consenso para no temer de sus ciudadanos peligros mayores.

Dentro de esa lógica, la conscripción universal no es sólo una práctica democrática, sino el fundamento del orden cívico. Dice Sánchez Ferlosio:

> la mal llamada ciudadanía civil, lejos de reclamar que le sea reconocida la facultad de rehusar el deber del servicio militar obligatorio como una enojosa servidumbre ofensiva para sus sentimientos o lesiva para su libertad moral, debería ser celosa de mantener en sus manos el derecho de empuñar las armas y aun aumentar y hacer más activo su propio protagonismo y su control acerca de ellas, como supremo atributo de su soberanía [porque] es lo único que llevado a sus más exigentes consecuencias puede acabar al menos con el abusivo engaño milenario del "tú pagas y no tendrás que pelear".[29]

Hoy parece un argumento extraño, y un tema de poca importancia. No era así en el siglo pasado.

Como cosa curiosa vale la pena recordar que todo el andamiaje político que imaginó Francisco Severo Maldonado descansaba sobre esa idea. Maldonado había traducido a Rousseau y era fanático de las tesis del ciudadano de Ginebra; fue el director del *Despertador Americano* de Hidalgo, y en 1823 preparó un proyecto de Constitución para "perseguir y exterminar" al despotismo "en todas sus fuentes y ramificaciones".[30]

Entre las primeras disposiciones de su constitución estaba la

[28] Max Weber, citado por Rafael Sánchez Ferlosio, *Campo de Marte. El ejército nacional*, Madrid, Alianza, 1987, p. 85.

[29] *Ibidem*, pp. 102-103.

[30] Véase Alfonso Noriega, *Francisco Severo Maldonado. El precursor*, México, UNAM, 1980, p. 32.

"conscripción militar de toda la nación en masa", pero bajo formas democráticas. Preveía "combinar el indispensablemente necesario aprendizage militar de los conscriptos, sin perjudicar a las labores de sus respectivos oficios y profesiones".[31] Los ciudadanos armados deberían elegir libremente a sus jefes, y "no tendrían de militar más que el nombre; o el traje y el aprendizaje militar".[32]

Resulta, sin duda, un poco extravagante. Pero la idea era entonces muy común.

El primer reglamento para la organización de una milicia cívica fue dictado el 3 de agosto de 1822 y reformado después en 1827. Muchos gobernadores recibieron el proyecto incluso con entusiasmo, porque permitía la formación de fuerzas armadas locales, bajo su mando.[33] En pocos años se habían formado cuerpos de milicia en el Estado de México, Jalisco, Michoacán, Oaxaca, Puebla, San Luis Potosí, Veracruz, Yucatán y Zacatecas. Al poco tiempo, sin embargo, comenzarían los problemas.

La Milicia Cívica era un cuerpo de civiles, mandado por civiles, que dependía en un principio de las autoridades locales, y a partir de 1827 de los gobernadores.[34] No es extraño que fuese siempre mal vista por el ejército, y temida por el gobierno central.

La milicia era uno de los fundamentos del orden republicano, tanto como podía ser una amenaza el ejército. Sin ambages, Melchor Ocampo decía, en 1842: "Un pueblo libre y un ejército permanente son elementos de pugna y de conflicto [y el equilibrio] sólo puede esperarse cuando las ordenanzas sean tales que los soldados no olviden que son ciudadanos".[35] El razonamiento de Maquiavelo.

Por cierto, también un eco de las preocupaciones del partido *tory* inglés en el siglo XVII. Dice sobre ello Trevelyan: "El

[31] *Ibidem*, p. 33.

[32] *Ibidem*, p. 34.

[33] La primera ley es del 3 de agosto de 1822, y la segunda, mucho más detallada, del 29 de diciembre de 1827. Véase Pedro Santoni, "A Fear of the People: The Civic Militia of Mexico in 1845", *Hispanic American Historical Review*, vol. 68, núm. 2, 1988, pp. 271-272.

[34] En todo este tema he contado con el apoyo del material que para su tesis doctoral prepara Juan Ortiz Escamilla, *Las fuerzas militares del México independiente. 1821-1835*, México, Centro de Estudios Históricos, El Colegio de México, 1991, mimeo.

[35] Melchor Ocampo, discurso en el Congreso, agosto de 1842, en *Obras completas*, México, El Caballito, 1978, vol. II, p. 296.

primer artículo del credo tory era que un ejército regular constituía un peligro para la Constitución, y que el país estaría bien defendido por una fuerte escuadra y por las milicias de los condados, mandadas por los *squires* y los magnates locales".[36]

La idea es, pues, así de vieja y más aún. Durante muchos siglos la imagen del ejército permanente estaba acompañada siempre por el fantasma del absolutismo. Así razonaba Melchor Ocampo.

De una parte está la desconfianza, más que justificada, por la actividad política del ejército, pero de otra está también la idea de la ciudadanía armada como modelo. El propio Ocampo, diez años después, fustigaba al pueblo que "prefiere por indolencia entregar a manos mercenarias la conservación de sus más sagrados intereses, al decoro y ventajas de conservarlos por sí mismo".[37]

Las milicias, sin embargo, perdían terreno frente al ejército, y ningún gobierno —después de 1833— se sintió del todo seguro con ellas, cuando tuvo que armarlas.

Pero el ideal resistió mucho tiempo, y el mismo argumento resurgía cada vez que se discutía el asunto. Ignacio Ramírez, en 1871 decía:

> La paz armada es una necesidad no solamente de las circunstancias sino de lo porvenir; es la base del sistema democrático. Un pueblo desarmado es un león sin garras. Ha existido el republicanismo entre los pueblos ignorantes; pero donde los ciudadanos se dejan desarmar se convierten en esclavos.[38]

Probablemente Ramírez tenía razón; y probablemente por eso eran las milicias un problema.

Es comprensible que el ejército no simpatizara con la idea de armar a los ciudadanos. Cada vez que se discutía en las Cámaras algún proyecto así, los generales manifestaban más o menos ruidosamente su inconformidad. En 1833 fue sin duda

[36] George Macaulay Trevelyan, *La Revolución inglesa, 1688-1689*, México, FCE, 1986, p. 45.

[37] Melchor Ocampo, informe al Congreso de Michoacán, 6 de julio de 1852, en *ibidem*, vol. II, p. 121.

[38] Ignacio Ramírez, *El Mensajero*, 29 de julio de 1871, en *Obras completas*, México, Instituto de Investigaciones Jorge L. Tamayo, 1984, vol. II, p. 171.

una de las causas importantes para decidir la reacción contra Gómez Farías.[39] Otra vez, en 1842, el proyecto del Constituyente incluía la supresión de la leva y la obligación ciudadana de formar parte de la guardia nacional; los militares disolvieron el Congreso e impusieron, a cambio, las Bases Orgánicas que eludían, sin más, los dos temas.[40]

De modo parecido, el gobierno central solía ver con recelo esas fuerzas locales a disposición de los gobernadores.[41] A fin de cuentas, eran la medida más exacta de su autonomía.

En realidad, por unas razones y otras, el fondo de la discusión de las milicias eran los derechos de ciudadanía y, en breve, el sentido de la soberanía popular. Cuánta fuerza podían retener los ciudadanos frente al ejército, cuánta autonomía tendrían las localidades y, sobre todo, de qué naturaleza serían esa fuerza y esa autonomía. Y junto con ello, siempre presente, estaba el mayor quebradero de cabeza de los liberales: a quién debían darse las armas.

Por muchas razones, los derechos de voto activo y pasivo estaban en los aledaños de la discusión sobre la ciudadanía, que tenía su corazón en el derecho de formar parte de la milicia. Ahí, mucho más que en ninguna otra parte, se revela la trama básica del orden político, y la inconsistencia de la idea republicana.

Tadeo Ortiz, cuyo libro era al parecer el *vademecum* de Juárez, hizo en 1832 la propuesta que después no haría sino repetirse:

> fórmense, decimos, guardias cívicas nacionales de *todos los ciudadanos que cuentan con algo, tienen que conservar y contribuyen á las cargas públicas*, y la nacion contará con mas de medio millon

[39] El 6 de abril de 1833 José Fernando Ramírez presentó un proyecto para aumentar las milicias y colocar al ejército bajo las órdenes de los gobernadores. "El proyecto —escribe Josefina Z. Vázquez— no fue aprobado, pero serviría para aumentar la alarma del ejército, expresada en una hoja volante titulada *Militares: o disolvemos las Cámaras o nuestra ruina es segura.*" Josefina Z. Vázquez, "Dos décadas de desilusiones: en búsqueda de una fórmula adecuada de gobierno", introducción a los vols. 2, 3 y 4, *Planes en la Nación Mexicana*, México, Senado de la República, 1987, vol. II, p. 19.

[40] Véase Cecilia Noriega Elío, *El Constituyente de 1842*, México, UNAM, 1986, pp. 136-137.

[41] Véase Michael P. Costeloe, *La primera república federal de México 1824-1835)*, México, FCE, 1983, p. 300.

> de soldados que desde luego vigilarán como centinelas alerta del orden y policia de las grandes poblaciones, y en el campo de la seguridad de los caminos, sin pesar al pueblo, y sin perjuicio de la agricultura y poblacion.[42]

La vieja idea de Maquiavelo, el modelo republicano de la ciudadanía armada como garantía del buen orden; pero ya con unos perfiles mucho más concretos. Y sin desmentir, en apariencia, ni la soberanía popular ni la universalidad de los derechos de ciudadanía. Sólo que, entre los ciudadanos se escoge a los que "cuentan con algo", que terminan siendo los que cuentan para algo.

Sin duda que no sólo en México ocurría eso en el siglo pasado, y si tuvo alguna nota particular aquí fue que la naturaleza "colonial" del orden aún persistía. "La independencia, escribía Guillermo Prieto, nos convirtió á nosotros en los *gachupines* de los indios, y éste es el estado que guardamos a pesar de nuestras teorías de igualdad y libertad."[43] No por la desigualdad económica, no por el racismo, sino por la diferente posición frente al orden jurídico, a la propiedad, a la vida política: el vicio de la organización social, si lo era, estaba en el vínculo original con la tierra, con el derecho, con el Estado. Pero éste es asunto que nos llevaría demasiado lejos.

Acaso el momento más revelador del significado político de las milicias sea la crisis del dominio militar, entre 1845 y 1847. La milicia había sido el apoyo más sólido de la rebelión que había desplazado a Santa Anna (y al presidente provisional, Valentín Canalizo) el 6 de diciembre de 1845, para entregar el poder al general José Joaquín Herrera.[44] Sin embargo, apenas llegado a la Presidencia, Herrera ordenó la disolución de las milicias, y no es del todo raro.

La prensa liberal, y en particular *El Siglo XIX*, emprendió

[42] Simón Tadeo Ortiz de Ayala, *México considerado como nación independiente y libre, ó sean algunas indicaciones sobre los deberes más esenciales de los mexicanos* [1832], México, INEHRM, 1987, p. 450. Las cursivas son mías.

[43] Guillermo Prieto, *Lecciones elementales de economía política* [1876], México, M. A. Porrúa, 1990, p. 633.

[44] Es de lamentar que no haya estudios más extensos sobre la rebelión del 6 de diciembre, donde actuaron en extraño concierto el Congreso, las milicias y el pueblo de la ciudad de México, en un movimiento "cívico" que parece una anomalía en el panorama histórico.

entonces una enérgica defensa de la milicia, con los argumentos clásicos: era un dique contra la tiranía, la mejor defensa de los derechos del pueblo y el aliado más confiable para un gobierno que velase por el bien de la nación.[45] A regañadientes, el general Herrera dictó una nueva ley sobre la milicia, el 7 de julio de 1845, pero con tales restricciones que la hacían casi absurda.

Para ser miembro de la milicia era necesario, según la ley de Herrera, ser ciudadano en pleno goce de derechos (lo cual, según las Bases Orgánicas requería de una renta anual mínima de 200 pesos), no ser empleado de la administración pública, ni jornalero, ni clérigo, ni estar incapacitado moral o físicamente. Como lo denunciaba la oposición liberal, difícilmente podría nadie alistarse, porque los ricos veían con desprecio el servicio militar, las clases medias se componían de clérigos y funcionarios en su mayoría, y los demás no reunían los 200 pesos de renta.[46]

En el forcejeo que siguió, la ley fue modificada para hacer obligatorio el reclutamiento, y el general Paredes aprovechó la ocasión. En el Plan de San Luis, 14 de diciembre de 1845, arguía que el gobierno llevaba al país al desastre, entre otras cosas,

> iniciando una ley cuya atrocidad carece de ejemplo y que tiene por objeto armar y de consiguiente desenfrenar masas informes de los hombres que ménos piensan, de los que tienen ménos moralidad y ménos intereses por la paz y la conservación de la sociedad...[47]

Con mala intención, podría pensarse que el propio Paredes no era de los más interesados en mantener la paz. Pero es de más interés reparar en ese apócope de razonamiento: "armar y de consiguiente desenfrenar..."

El presidente Herrera no tenía elección. Pocos días más tarde autorizaba al Ayuntamiento de la capital para que armase a la milicia, y de inmediato se alistaron 3 000 voluntarios. Las cosas, como es natural, sólo fueron a peor. Por boca del general

[45] Pedro Santoni, *op. cit.*, pp. 276-279.

[46] *El Centinela de Puebla*, 17 de julio de 1845, citado por Santoni, *op. cit.*, p. 282.

[47] Plan de San Luis Potosí, 14 de diciembre de 1845, en *Planes en la Nación Mexicana*, *op. cit.*, vol. IV, p. 289.

Bustamante hablaban, no ya los militares, sino la "gente decente" de la ciudad:

> El armamento que se ha hecho a última hora de los ciudadanos ha alarmado y disgustado a las tropas [. . .] Como no ha habido discreción en el armamento tengo muy fundados temores de que se arrojen a todo género de excesos representando las escenas de 1828[. . .][48]

Era el fantasma del motín del Parián, que reaparecía a la primera oportunidad. La Junta de Fomento de la ciudad reaccionó convocando a los comerciantes y demás propietarios para que se armasen, "por veer en inminente riesgo la tranquilidad pública y con ello los intereses de las clases propietarias".[49] Al cabo, y en cosa de días, venció Paredes y desarmó de inmediato a la milicia.

Antes de que terminara el año había caído Paredes, y don Valentín Gómez Farías ordenaba una vez más la formación de milicias. Y una vez más, los cuerpos de "nacionales decentes se reunieron espontáneamente".[50] Según José María Roa Bárcena los problemas se iniciaron por el propósito turbio de quienes armaron los cuerpos de milicianos:

> en vez de llamar al pueblo á los cuarteles y campamentos, se le congregó en los clubs, se le habló de sus derechos contra los ricos y los frailes, y en los días en que, al fin, se le repartieron armas, parecieron empuñadas contra determinadas clases sociales, más bien que contra el enemigo común; lo cual tuvo por consecuencia desde luego la formacion de los cuerpos de guardia nacional denominados "Hidalgo", "Bravos", "Independencia" y "Victoria", compuestos de empleados públicos, dependientes del comercio y personas acomodadas que al mismo tiempo que á la patria querían defender sus intereses é individuo. . .[51]

[48] Citado por José Fernando Ramírez, *México durante su guerra con los Estados Unidos*, Genaro García, Documentos inéditos o muy raros para la historia de México, México, Porrúa, 1974, p. 435.

[49] *Ibidem*, p. 436.

[50] Carlos María de Bustamante, *El nuevo Bernal Díaz del Castillo, o sea historia de la invasión de los anglo-americanos en México* [1847], México, INEHRM, 1987, t. II, p. 125.

[51] José María Roa Bárcena, *Recuerdos de la invasión norteamericana (1846-1848)* [1883], México, Universidad Veracruzana, 1986, p. 79.

Es un párrafo ejemplar. El ánimo cívico de las milicias, si le damos crédito, era de plano inexistente: el "enemigo común" importaba relativamente poco, si acaso existía como tal. Unos y otros, "al mismo tiempo que á la patria querían defender sus intereses". Y ese matiz, ese margen de discrepancia entre una y otros señala la inviabilidad del modelo de la ciudadanía armada.

La parte "más decente" de la Guardia Nacional, y los *lazzaroni* (a la letra, léperos) que componían el resto, según los adjetivos de Alamán,[52] se enfrentaron en los motines de octubre de 1846 y de nuevo en la rebelión de los "polkos", en febrero del año siguiente. La idea republicana había encontrado, de manera trágica, su límite.

Nunca tuvieron interés los propietarios en sumarse a la milicia, "porque en ella entraron, decía Mora, las personas menos apreciables por su educación y principios, con quienes no se prestaron a alternar", y porque hombres "con alguna delicadeza no pueden sufrir la disciplina rigurosa".[53] Buscaron siempre el eximirse del servicio, y nunca reconocieron en él un deber cívico.

Por otra parte, no querían tampoco que sus trabajadores fuesen reclutados, ni les merecía confianza una milicia de campesinos o de "léperos".[54] Organizaron y dirigieron, eso sí, compañías auxiliares y guardias más o menos regulares para la defensa de sus propiedades y para la vigilancia de los caminos próximos; pero es difícil ver en ello siquiera un eco de la virtud republicana que se imaginaba en las milicias.

En el fracaso del ideal de la ciudadanía armada se trasuntan las razones del fracaso, mucho mayor, en la tarea de formar ciudadanos. La relación entre el Estado y sus súbditos acusó siempre los efectos de esa ruptura, de ese equívoco por el cual nadie se sentía responsable del Estado ni el Estado podía ser responsable ante nadie: no, al menos, a la manera republicana.

[52] Relación de la rebelión de los polkos al duque de Monteleone, Lucas Alamán, citado por José C. Valadés, *Alamán*, *op. cit.*, p. 432.

[53] José María Luis Mora, *México y sus revoluciones* [1836], México, FCE, 1986, vol. I, pp. 104-105.

[54] Son conocidas las tensiones entre hacendados, por ejemplo, y cuerpos de milicias populares. Algunos casos aparecen en Florencia Mallón, "Los campesinos y la formación del estado en el México del siglo XIX: Morelos, 1848-1858", *Secuencia. Revista Americana de Ciencias Sociales*, núm. 15, septiembre-diciembre de 1989; y también en T. G. Powell, *El liberalismo y el campesinado en el centro de México (1850-1876)*, México, SEP, 1974, p. 146.

PATRIMONIO DE PILLOS (I)

MENOSPRECIO DE LA POLÍTICA

La política ha tenido siempre en México mala fama; en particular entre los grandes propietarios y negociantes. Sería difícil, y demasiado largo explorar aquí las razones de ese desprecio, pero es un tema que hace falta por lo menos señalar.

Ya bien entrado este siglo, José Rubén Romero escribía: "Para el rico, toda cosa que huela a gobierno es desagradable: las contribuciones son un robo, toda ordenanza una equivocación, todo funcionario un bandido y, cuando no, un tonto brotado de la nada".[1] Acertaba, sin duda, y el hecho es notable, sobre todo porque puede ayudar a explicar por qué no hubo nunca en México un gobierno directo de las clases propietarias.

Los "notables" mantenían un dominio sólido sobre su región gracias a sus redes familiares y comerciales, a su relación privilegiada con las autoridades locales y algunos jefes militares. Sin embargo, rara vez ocuparon puestos públicos. Algunos casos hay, importantes por cierto, pero no es ésa la regla. Sólo hacia el final del siglo, con la estabilidad porfiriana, se volvió habitual encontrar en las Cámaras y en los gobiernos estatales los apellidos de las familias adineradas.[2]

Joel R. Poinsett anotó el hecho, en 1822, con bastante extrañeza:

> Los mercaderes y tenderos [. . .] son ricos y podrían gozar de influencia, pero hasta ahora sólo han desempeñado un papel de poca importancia en la política del país, debido, quizás, al temor de perder sus bienes, que existen en forma tangible.[3]

[1] José Rubén Romero, *Una vez fui rico*, México, Porrúa, 1981, p. 93.

[2] Al parecer el fenómeno se repite en varios otros países de Iberoamérica; sólo la tercera generación de las grandes familias intervino formalmente en la política nacional. Véase Diana Balmori, Stuart F. Voss y Miles Wortman, *Las alianzas de familias y la formación del país en América Latina*, México, FCE, 1990, pp. 28-29.

[3] Joel R. Poinsett, *Notas sobre México (1822)*, México, Jus, 1973, p. 179.

Mucho tiempo después de esto Lucas Alamán buscaba una explicación más convincente en el egoísmo de la sociedad moderna. Cito su comentario: "la clase acomodada, indiferente á todo lo que no llega á sus intereses personales, sólo despierta al estruendo de una revolucion que la amenaza con una ruina inmediata".[4]

Aunque no coincidan, las dos reflexiones parecen razonables. También insuficientes. Es cierto lo que dice Alamán, que cuidaban de sus intereses más que de otra cosa, pero eso no los hacía, ni mucho menos, indiferentes. Por otra parte, tenían buenas razones para temer de una manera o de otra. Lo que sí puede afirmarse es que no se destacaron nunca por sus virtudes republicanas: por temor acaso, por egoísmo, y porque no se sentían comprometidos con el Estado. Casi como si no fuesen ciudadanos. Pero esto hay que explicarlo con más detalle.

Desde luego, los propietarios hacían política, aunque no se hicieran responsables formalmente de ello, ocupando cargos públicos. Pero llama la atención que no formasen alianzas claras ni se concertaran para defender a ningún partido.

Parece cierto, por ejemplo, que no les simpatizó que llegara Vicente Guerrero a la Presidencia, pero no fueron entusiastas, ni mucho menos, en su apoyo al gobierno de Bustamante.[5] En adelante hicieron negocios con gobiernos de cualquier orientación, pero sin comprometerse definitivamente con ninguno. Notorios promotores del Plan de Guadalajara de 1852, como Blancarte y José Palomar, aparecen más tarde como adjudicatarios de bienes eclesiásticos con el gobierno de Comonfort.[6] Sabían ganar, eso es evidente, con unos y con otros.

Imperturbable, financia la casa Barrón los gobiernos de la Refor-

[4] Lucas Alamán, *Historia de México desde los primeros movimientos que prepararon su independencia en el año de 1808 hasta la época presente* [1852], México, FCE, 1985, vol. V, p. 921.

[5] "Cuando [el presidente Bustamante] reunió a los miembros principales del comercio y el clero en la capital para solicitar de ellos un préstamo voluntario, aunque todos expresaron su complacencia en ayudar, su cooperación en el orden monetario fue mínima y decepcionante". Michael P. Costeloe, *La primera república federal de México (1824-1835)*, México, FCE, 1983, p. 276

[6] "Acaso, dice González Navarro, indicio claro de que los intereses de la burguesía estaban por sobre las divisiones de los partidos." Moisés González Navarro, *Anatomía del poder en México (1848-1852)*, México, El Colegio de México, 1983, p. 441.

ma, de la reacción conservadora y del Imperio. [. . .] En 1861-1862 le va muy bien, ya que su socio Escandón es, con Zarco, el alma del nuevo gabinete. Manuel Escandón muere en 1862 y su hermano Antonio es el del viaje a Miramar para ofrecer a Maximiliano el imperio mexicano. Escandón y Barrón son los primeros acreedores del ferrocarril y controlan el consejo de la Compañía que hábilmente tiene razón social inglesa. Eso permite a Juárez, después de la victoria, hacerse de la vista gorda.[7]

Sólo durante el porfiriato los grandes propietarios apoyaron de manera abierta y constante al gobierno; pero eso no es extraño: también los liberales y los conservadores, la Iglesia, los militares, apoyaron al gobierno. La dictadura no fue una solución inventada por los grandes propietarios, aunque les haya beneficiado; mejor o peor, se habían acomodado también con todos los gobiernos anteriores.

Esa ambigüedad de su comportamiento político puede tomarse por indiferencia, pero no es exacto. Entendían sus intereses, y los defendían, al margen de la organización formal de la vida pública: un régimen centralista podía servirles lo mismo que uno federalista, uno liberal como uno conservador. Y sobre todo, no se sentían comprometidos con el orden jurídico.

Este último es un asunto importante y que haría falta tratar con detalle y extensión. Lo que puede afirmarse sin error es que hubo, durante todo el siglo, una persistente tradición de desobediencia y un notable desapego del Estado.

Ni siquiera en ninguna de las grandes guerras dieron muestras de patriotismo. En el 47 se escondían para no prestar al ejército de Santa Anna, y se prestaban de buen grado para comerciar con el ejército invasor:

> Los enemigos —escribía Roa Bárcena— han tenido, desde que llegaron allí cuanto han necesitado, sin necesidad de buscarlo; porque los corredores, algunos comerciantes y no pocos hacendados, públicamente iban á ofrecer y vender los efectos que ellos habían menester, y aún vinieron de México agentes de comerciantes que hicieron con ellos contratas de víveres y dinero.[8]

[7] Jean Meyer, "La Casa Barrón, Forbes y Compañía: formación y desarrollo de una empresa en México en el siglo XIX", en *Esperando a Lozada*, México, El Colegio de Michoacán, 1984, p. 214.

[8] José María Roa Bárcena, *Recuerdos de la invasión norteamericana (1846-1848)* [1883], México, Universidad Veracruzana, 1986, p.276. También

Si se atiende sólo a la lógica comercial, era perfectamente racional vender los víveres y demás antes que darlos de balde al ejército mexicano. Algo parecido ocurrió durante el Imperio. Se guardaron bien de crear problemas en los territorios ocupados, muchos hicieron buenos negocios, y en general aceptaron la nueva situación.[9]

Sería difícil decir nada concluyente sobre ese rechazo del orden estatal, pero una cosa es cierta: nunca aceptaron los principios democráticos, ni podían ver en la ciudadanía una fórmula simbólica que los identificase con el resto de la sociedad. Por eso decía de ellos Ocampo que sus intereses no estaban "identificados con los de la nación":

> en México hay una clase muy numerosa que por su educación, por sus recursos y posición social, mira con desdén la soberanía del pueblo; y si alguna vez aplica a éste el nombre de soberano, es por irrisión y escarnio. Personas conozco que se tendrían por deshonradas si se las viera en una casilla al tiempo de las elecciones; que califican de farsas los actos más augustos de la soberanía; en una palabra, que no tienen conciencia civil.[10]

El problema era, sin duda, que tanto la idea de nación como la de ciudadanía eran demasiado amplias: exigían una conciencia de identidad que, económica y culturalmente, no tenía fundamento. La versión del orden social de las clases propietarias era por fuerza jerárquica, y bien distante del modelo republicano.

Por las mismas razones, cuando hacían política no se cuidaban mucho de las formas legales ni de la tranquilidad pública. Intrigaban, presionaban, pagaban golpes de Estado, sobornaban a funcionarios y militares, de modo que nada parece menos justo que el prejuicio, tan común durante el siglo pasado, que

interesa, sobre esto, Moisés González Navarro, *op. cit.*, p. 23.

[9] Según Rodolfo Acuña, en Sonora "los hacendados no presentaron obstáculo alguno a los imperialistas; habían sido gandaristas y antipesqueiristas rabiosos, y se mantuvieron neutrales", Rodolfo Acuña, *Caudillo sonorense: Ignacio Pesqueira y su tiempo*, México, Era, 1981, p. 112. También véase José María Vigil y Juan B. Híjar y Haro, *Ensayo histórico del ejército de Occidente* [1874], México, INEHRM, 1987, pp. 224ss., y Charles R. Berry, *La Reforma en Oaxaca. Una microhistoria de la revolución liberal. 1856-1876*, México, Era, 1989, pp. 114ss.

[10] Melchor Ocampo, discurso en el Congreso Constituyente, 10 de octubre de 1842, en *Obras completas*, México, El Caballito, 1978, vol. II, p. 304.

hacía de los propietarios, por propia conveniencia, amigos del orden.

En ocasiones, ni siquiera podía contarse con ellos para la más inmediata defensa de sus intereses, como el pago de una policía rural.[11] Lo más frecuente era que viesen ellos mismos por su seguridad, armando a sus dependientes, y que gestionasen sus intereses por medio, digamos, de la "acción directa" del soborno o de la rebelión. Con toda razón alegaba Lafragua: "Dícese, que cuando los hombres poseen bienes de fortuna, son amigos del órden; pero ¿cuál es este órden? ¿El que convenga á sus intereses privados, ó el que asegure la felicidad común?"[12]

No eran republicanos; de hecho, como aseguraba Ignacio Ramírez, mantenían un "espíritu hostil" hacia las instituciones de la República: se resistían a pagar impuestos, a servir en las milicias, a figurar en elecciones...[13] Y su actitud no era sólo defensiva, pero tampoco estaba orientada por ninguna idea general practicable sobre la organización del Estado.

Jean Meyer ha localizado una carta de Eustaquio Barrón que merece recordarse, porque es ejemplar.[14] Está fechada en 1846, y dirigida a la Foreign Office; sin muchos rodeos trata de hacer comprensible para una mentalidad inglesa la manera de hacer negocios en México:

> Toda la conducta de los gobiernos revolucionarios de este país ha sido y sigue siendo, no de legislar sobre principios sanos y para bien del país, sino para los beneficios individuales de sus emplea-

[11] John Tutino anota el caso de los hacendados del Estado de México, a quienes se hizo una solicitud de fondos para ampliar la policía rural en 1855; "les agradó la propuesta, pero muchos alegaron escasez de fondos y no cumplieron con sus cuotas". "Cambio social agrario y rebelión campesina en el México decimonónico. El caso de Chalco", en Friedrich Katz (comp.), *Revuelta, rebelión y revolución*, México, Era, 1990, vol. I, p. 114. Otros muchos casos hay en que sí colaboraron los hacendados en la creación de cuerpos de policía, pero el caso que menciona Tutino no es insólito.

[12] José María Lafragua, discurso en el Constituyente, 4 de octubre de 1842, en Patricia Galeana (comp.), *José María Lafragua*, México, Senado de la República, 1987, p. 99.

[13] Véase Ignacio Ramírez, "Los capitalistas", en *Obras completas*, México, Instituto de Investigaciones Jorge L. Tamayo, 1984, vol. II, pp. 449ss.

[14] Eustaquio Barrón inició sus negocios en Tepic y San Blas a fines de los veinte; comenzó como comerciante y pronto fue prestamista, dueño de haciendas y fábricas de textiles, socio en una de las firmas más importantes del país: Barrón, Forbes y Cía., y cónsul de Gran Bretaña en Tepic.

> dos. Las leyes se hacen y los impuestos se imponen, no para la ejecución *bona fide* de la primera, o la colecta de los segundos, sino para los sueldos de los que hacen las leyes y los recaudadores. Altos derechos son decretados no para beneficio del Gobierno sino para el recaudador y sus colaboradores.[15]

La carta no permite dos lecturas: lo que hay en México no es un Estado, sino una junta de bandidos. Las leyes no se hacen para ser cumplidas, sino para enriquecer a los funcionarios. No cabe mayor desprecio, mayor desapego.

Pero hay algo por lo menos extraño en la queja. Porque don Eustaquio Barrón, como los demás comerciantes, ponía y quitaba autoridades locales, financiaba pronunciamientos, sobornaba a funcionarios... Y seguramente entendía todo eso como una forma de "legítima defensa".

Lo más curioso es que, en su carta, Barrón pretende persuadir al gobierno británico de que permita que sus buques de guerra se usen para contrabandear oro y plata:

> Entiendo bien todo lo feo que lleva la palabra contrabando en Inglaterra, pero pretendo que la práctica de evadir el pago del impuesto exorbitante y prohibitivo sobre esta costa no merece a los comerciantes la aplicación de esta palabra en su sentido ordinario: esas evasiones y reducciones de impuestos son el hecho de los Mexicanos mismos, practicado por los empleados con el conocimiento del Gobierno Federal quien los nombra y protege.[16]

Para evitar, pues, que "la propiedad de sujetos británicos sea [. . .] aventada en las garras de un oficial rapaz de las aduanas mexicanas", Barrón propone al gobierno inglés que sus buques reciban las remesas "sin preguntar si las regulaciones fiscales o prohibitivas se han cumplido o no".[17]

Se podrá pensar que Barrón era un desvergonzado, pero el adjetivo es lo de menos. Lo que interesa es la actitud, el conjunto de supuestos morales que rigen su relación con el Estado, y en particular esa convicción de no formar parte de la *república*. Esa moral —muy en breve, de ladrón que roba a ladrón— expli-

[15] Citada por Jean Meyer, en "La Casa Barrón, Forbes y Cía.", *op. cit.*, pp. 209-210.

[16] *Ibidem*, p. 209.

[17] *Ibidem*, pp. 209-210.

ca mucho de la conducta política de las clases propietarias mexicanas.

Por cierto, importa recordar que logró su propósito. Los barcos de guerra ingleses se prestaron para el contrabando. Acaso por la persuasión de Barrón, acaso por otras razones además, los ingleses aceptaron su versión: tampoco ellos entendieron que fuesen muy dignas de respeto las leyes mexicanas. Y en esa actitud arraigan, tal vez, muchos de los problemas de México en su relación con la Gran Bretaña, con los Estados Unidos, con Francia... Habría que explorarlo.

El problema fiscal

La relación de los propietarios con el Estado tenía un punto de fricción permanente en el tema de los impuestos. Y no es casual: allí la lógica de la ciudadanía y la del lucro tenían que entrar en colisión.

No era, eso hay que decirlo, un problema nuevo. Las reformas políticas y administrativas de los Borbones habían aumentado el monto de los impuestos y habían hecho más eficiente su recaudación. Los propietarios novohispanos —fuesen criollos o peninsulares— resintieron la nueva carga, y no siempre estuvieron dispuestos a aceptarla por las buenas.[18]

Las protestas no eran raras, y algunos consiguieron en ocasiones una reducción considerable de los impuestos.[19] Pero eso no resolvía el problema. Al contrario, eran precedentes de una actitud que sería general en el siglo XIX.

Con las guerras, la depresión económica y el triunfo de la reacción iturbidista, la base del sistema fiscal había quedado muy maltrecha. A fin de cuentas, los grandes propietarios, can-

[18] Véase sobre esto Doris M. Ladd, *La nobleza mexicana en la época de la Independencia, 1780-1826*, México, FCE, 1984, capítulo V, "Agravios de las 'élites' en los albores de la independencia", *passim*.

[19] David Brading menciona el caso de los mineros que, en 1801 consiguieron que la Junta Superior de Real Hacienda les redujera —sin autorización real— en 50% los impuestos, *Mineros y comerciantes en el México borbónico (1763-1810)*, México, FCE, 1985, pp. 129-130. Doris Ladd menciona casos de quienes por su "influencia personal" conseguían privilegios fiscales legal o ilegalmente, *op. cit.*, pp. 131-134.

sados ya de las contribuciones extraordinarias para financiar la guerra, habían triunfado, y no para ceder su autonomía al nuevo Estado. Como señala Prieto, "a muchas de las contribuciones las abolieron los hechos",[20] y no era fácil restaurar la autoridad en asuntos fiscales.

Si a todo eso se suman el desarreglo administrativo de los primeros años y los apremios del Estado por conseguir fondos, no es difícil entender cómo se gestó la querella de los impuestos.

En enero de 1822 la Regencia decretó la primera contribución especial para los propietarios y, de acuerdo con el relato de Alamán, nombró una comisión para cobrarla,

> "exigiéndoseles todo irremisiblemente y con el apremio necesario" [. . .] Providencia que parece mas propia del jefe de un ejército enemigo que hubiese puesto una contribucion sobre una ciudad acabada de tomar, que de un cuerpo de legisladores que dictaba leyes para sus conciudadanos; y todavía, no obstante tan rigurosas medidas, apénas produjeron efecto, siendo tal la resistencia á pagar que los cuarteles se llenaron de presos y fueron frecuentes los embargos[. . .][21]

Acaso las autoridades se comportasen como un ejército enemigo, pero lo que parece muy probable es que así las vieran los propietarios. De ahí en adelante los impuestos aparecerían como índice de la competencia entre la autoridad y los propietarios: cualquier propuesta fiscal era un programa político en algo semejante a un juego de todo o nada.

Es muy elocuente, como ejemplo, la violenta reacción que recibió el proyecto de Lorenzo de Zavala, en 1829, de crear un nuevo impuesto de 5% sobre las rentas superiores a 1 000 pesos anuales, y de 10% sobre las superiores a 10 000 pesos.[22] Era un aviso de la tendencia populista de cierto liberalismo, pero también la manifestación más clara del republicanismo que los propietarios no estaban dispuestos a aceptar.

En todo caso, nunca fue tarea fácil cobrar los impuestos a los grandes propietarios: la evasión fiscal era un hábito general

[20] Guillermo Prieto, *Lecciones elementales de economía política* [1876], México, Miguel Ángel Porrúa, 1990, p. 629.

[21] Lucas Alamán, *Historia de México*, *op. cit.*, vol. V, p. 429.

[22] Michael P. Costeloe, *La primera república federal*, *op. cit.*, p. 235.

y bien arraigado.[23] Se hacían informes falsos, se cambiaba el domicilio de los comercios, se corrompía a los recaudadores, todo ello con la "irracional pretensión de no contribuir a los gastos públicos".[24]

Lo que es de mayor interés en esto es que la misma resistencia se oponía a los gobiernos liberales que a los conservadores. Ni siquiera la dictadura de Santa Anna, que la interpretación canónica hace defensora intransigente de los privilegios de la "oligarquía criolla", consiguió un cobro regular de contribuciones.[25] La oposición al pago de impuestos no era, pues, indicio de una postura ideológica, sino de una manera de relacionarse los propietarios con el Estado: indicio de una estructura de moral pública.

Aquí vale la pena detenerse un momento. El modelo cívico que proponía la mayor parte de la clase política daba un peso considerable a los impuestos; de hecho, veía en ellos la medida más exacta del orden republicano. El doctor Mora:

> Todo pueblo conservará su libertad mientras tenga en su poder los cordones de su bolsa. Esta expresión del célebre autor de las Cartas de un colono de Pensilvania, se ha hecho un axioma de legislación constitucional en todos los pueblos libres. Nosotros, sin embargo, hemos visto este punto cardinal con el mayor abandono. [Del desorden] ha resultado que ni las Cámaras ni el público han podido jamás enterarse del estado de la hacienda, que ésta se ha vuelto presa del que de ella ha querido apoderarse[. . .][26]

Tener en la mano "los cordones de la bolsa" suponía, sobre

[23] "Los innumerables informes formulados por los ministros de Hacienda atestiguan la poca disposición en general de los mexicanos ricos para cubrir los gastos del gobierno." Barbara Tenembaum: *México en la época de los agiotistas, 1821-1857*, México, FCE, 1985, p. 68.

[24] De un informe de las autoridades de Veracruz en 1848, citado por Moisés González Navarro, *Anatomía del poder*, *op. cit.*, p. 260.

[25] Durante el ministerio de Haro y Tamariz, dice Tenembaum: "los dueños de las propiedades sólo en raras ocasiones se ofrecían a cubrir sus impuestos, y el gobierno con frecuencia tuvo que recurrir a las amenazas para reunir una razonable cantidad de ingresos", *op. cit.*, pp. 146-147.

[26] José María Luis Mora, *El Observador*, 3 de marzo de 1830, en *Obra política*, Briseño, Solares y Suárez (comps.), México, Instituto Mora, 1986, *Obras completas*, vol. I, p. 182.

todo, intervenir de hecho en la organización del Estado: no marginarse de la vida pública, sino todo lo contrario.

> ¡Libre Dios a los pueblos —decía Ocampo— de un gobierno que no dependiera de ellos por el lado de los recursos pecuniarios! Perderían con tal independencia el freno más poderoso contra la arbitrariedad. [...] Pero la convicción de estos principios y el gusto con que a consecuencia de ellos los ciudadanos deberían prestarse a satisfacer sus cuotas, se hallan muy lejos todavía del punto a que deben llegar[...][27]

El modelo que tienen en mente Mora y Ocampo es el norteamericano, sí, pero también el inglés. Desde el siglo XVII, el control parlamentario del presupuesto había sido la forma más eficaz de control de la autoridad del monarca,[28] pero también, y es mucho más importante, una de las claves del poder británico. La intervención del Parlamento en la votación de créditos e impuestos permitió desplazar a los intermediarios financieros que parasitaban al Estado, y dio una estabilidad a las finanzas públicas sin paralelo en Europa.[29]

El sistema inglés, entonces, dependía de la "confianza pública" en el Estado, lo cual suponía el pago regular de los impuestos y el control parlamentario del presupuesto. Una sólida trama que confundía el interés del Estado con el interés de los contribuyentes. Ése fue el nexo que no pudo construirse en México en todo el siglo.

Los propietarios mexicanos no pagaban "con gusto" sus impuestos. Y no es difícil inferir, a partir de eso, que el modelo republicano no les provocaba entusiasmo. No aspiraban a controlar, como ciudadanos, la acción estatal, aunque no fuesen en ningún sentido indiferentes a ella.

Pero la discusión sobre los impuestos no se detenía en sus efectos, su monto o su destino, cosa que sería según Mora y Ocampo muy digna de elogio: en términos simples, se

[27] Melchor Ocampo, informe al Congreso de Michoacán, 6 de julio de 1852, en *Obras completas*, *op. cit.*, vol. II, pp. 122-123.

[28] Es, de hecho, una de las raíces de la Revolución de 1688. Véase George Macaulay Trevelyan, *La Revolución inglesa. 1688-1689*, México, FCE, 1986, *passim*.

[29] Un sistema, dice Braudel, que dio bases permanentes al "crédito" del Estado. Véase, *Civilización material, economía y capitalismo. Siglos XV-XVIII*, Madrid, Alianza, 1984, vol. II, pp. 457-460.

desconocía la obligación de pagarlos, como obligación moral. De ahí que, para un juicio severo, los propietarios estarían rechazando, no ya la autoridad del Estado, sino su propia pertenencia a la sociedad.

Para venir a dar con esta conclusión, por cierto, no hace falta apoyarse en las fórmulas del republicanismo clásico. Bastan los argumentos liberales ; los de John Stuart Mill, por ejemplo: "aunque la sociedad no esté fundada sobre un contrato [. . .] todos aquellos que reciben la protección de la sociedad le deben algo por este beneficio".[30] Eso que se le debe es el respeto hacia los demás, y el "asumir cada uno su parte de los trabajos y los sacrificios necesarios para defender a la sociedad o a sus miembros de cualquier daño o vejación".[31]

Siguiendo a Mill todavía: "La Sociedad tiene el derecho absoluto de imponer estas obligaciones a quienes pretendieran eludirlas".[32] Los impuestos, pues, como los otros "trabajos y sacrificios" que se imaginen en conexión con la supervivencia de la sociedad, son consecuencia de un vínculo moral que la sociedad tiene el "derecho absoluto" de exigir. No, al menos no en un principio, un vínculo con la autoridad, sino con el resto de los ciudadanos, como compañeros de fortuna.

El liberalismo contemporáneo es más benévolo con las debilidades del egoísmo; en sus términos, ese tipo de conductas podrían tener lugar en un "modelo de independencia extrema de la elección fiscal", que Buchanan explica como sigue:

> Al mismo tiempo que el individuo "vota en favor de", o apoya de otro modo, los programas de gasto público sin realizar una consideración sustantiva de los costos, el mismo individuo, en otra calidad, puede rechazar o apoyar cualquier nueva legislación impositiva. [. . .] si el individuo trata las dos decisiones como completamente independientes una de la otra, rehusará votar en favor de cualquier legislación impositiva.[33]

El modelo, sin embargo, es del todo irreal, a menos que uno considere ingenuos, si no idiotas a los grandes propietarios me-

[30] John Stuart Mill, *Sobre la libertad*, Madrid, Aguilar, 1971, p. 111.
[31] *Ibidem*, p. 111.
[32] *Ibidem*, p. 112.
[33] James M. Buchanan, *La hacienda pública en un proceso democrático*, Madrid, Aguilar, 1973, p. 102.

xicanos del XIX. Parece más razonable suponer que rechazaban la lógica fiscal, y no que no la entendieran.

En ese sentido, su resistencia sería indicio de que no reconocían en las funciones del Estado una provisión de "bienes públicos".[34] Y no quiere esto decir que en sí no lo fueran, sino que los propietarios no se reconocían como parte de ese "público" al que se dirigía la acción estatal. A fin de cuentas, quedamos muy cerca de la idea de Mill.

Una interpretación generosa podría culpar a la clase política, a su arbitrariedad y su corrupción. Así se disculpaba Eustaquio Barrón, de hecho. Contra ella está, sin embargo, el hecho de que no hicieron los propietarios nada por desplazarla, y sí contribuyeron a perpetuar los mismos vicios que denunciaban, para lucrar con ello.

No veían en el Estado, eso es casi evidente, la representación formal del interés público (o al menos no se consideraban parte del público); pero a la vez, sabían usar de los instrumentos estatales para hacer negocios. Según David W. Walker, los empresarios "mangoneaban despiadadamente al Estado para obtener ganancias privadas, en detrimento de los intereses de su propia clase, del desarrollo económico y de la estabilidad política".[35]

Una actitud peculiar, pero comprensible; no era el resultado simple de la rapiña, ni una consecuencia de su indefensión: ambos juicios son exageraciones simétricas. El manejo de autoridades locales, los sobornos y las evasiones fiscales, el contrabando y hasta los golpes de Estado eran una forma de hacer negocios en un mercado inestable e intervenido por la política. La forma racional, acaso, contando con que no los vinculaba con el Estado ningún tipo de lealtad cívica.

Con un perceptible desaliento, Lafragua concluía, en 1847, que los comerciantes preferirían cualquier paz a mantener la guerra con los Estados Unidos, y que la cosa no tenía arreglo:

> Los comerciantes, que aquí, como en todo el mundo, son sólo

[34] Según la definición clásica de Samuelson, que utiliza Buchanan, "un bien puramente público es aquel que han de consumir en cantidades iguales todos los miembros de la colectividad", tal como la seguridad, por ejemplo. Buchanan, *op. cit.*, capítulo 2, "La demanda individual de bienes públicos", *passim*.

[35] David W. Walker, *Parentesco, negocios y política. La familia Martínez del Río en México, 1823-1867*, México, Alianza, 1991, p. 44.

guarismos, están mirando y palpando las ventajas pecuniarias que trae la libertad de comercio: los propietarios y los agricultores ven prácticamente la utilidad del aumento de población y de consumo, y soñando ya con la emigración y los ferrocarriles, calculan con exactitud matemática, si no patriótica, las mejoras que un cambio de política deberá producir.[36]

Pero los propietarios no podían calcular, no en México, con exactitud matemática. Es cierto que buscaban asegurar sus ganancias, pero en una situación de incertidumbre que es preciso valorar para entenderlos.

La crisis de confianza

La relación entre los propietarios y el Estado mexicano ha sido siempre de desconfianza, cuando no de hostilidad. Y acaso no fuese del todo arbitrario fechar el inicio de su enemistad a fines de noviembre de 1822.

Es cierto, y hasta evidente, que la historia de esa animadversión podría ser mucho más larga y prolija, pero hay buenas razones también para señalar el corte. En las últimas décadas de la Colonia, la autoridad política había intervenido en la vida económica de manera imprevista con algunas de las reformas, en particular el Decreto de Consolidación de Vales Reales de 1804, y más tarde con los impuestos y cargas especiales para sostener la guerra. Pero lo de 1822 es una novedad.

Un buen número de comerciantes había enviado hacia Veracruz una conducta de caudales, bajo la custodia del primer regimiento de caballería, al mando del brigadier José Antonio Echávarri. El 9 de octubre, por órdenes del Ministerio de Relaciones se detuvo la conducta, quedando depositados en el fuerte de Perote 740 000 pesos, y en Jalapa 557 000 pesos; esto con el fin de que no cayesen en poder del gobernador del fuerte de San Juan de Ulúa.

Pero Iturbide necesitaba dinero con urgencia, y no confiaba mucho en poder obtenerlo con el préstamo forzoso de 2 800 000

[36] José María Lafragua, carta a Manuel de la Peña y Peña, 25 de noviembre de 1847, en *Miscelánea de política*, México, INEHRM, 1987, p. 53.

pesos que había acordado la Junta Instituyente. De modo que dispuso, en ejercicio de facultades extraordinarias, la incautación de los caudales depositados en Perote y Jalapa. Por supuesto, dando garantías de rembolso con papeles del Estado. Ésa es la historia.[37]

"Ni la autorización de la junta, ni la del congreso, dice Alamán, ni ménos las razones con que Iturbide pretende justificar este suceso, pueden disculpar una acción que fue un golpe mortal para su crédito."[38] Y casi todos coincidieron con él. Sólo José María Bocanegra aventura una defensa, y no del todo firme:

> El dinero iba á servir para la división española encerrada en Ulúa; el gobierno ya lo había mandado detener; la escasez era grande, y por otra parte, los españoles, dueños de las mejores fortunas, se resistían á auxiliar al erario. Preciso fué, por obra de la necesidad, legalizar los procedimientos anteriores, como lo hizo la junta con esa medida, aceptando la responsabilidad de la nación, garantizando en forma su reembolso á los dueños de los caudales detenidos.[39]

A la larga, el intento de forzar a los propietarios a que se comportaran como ciudadanos, y se sacrificaran por el bien de la nación, resultó contraproducente. El propio Zavala, tan poco amigo de los propietarios en general, tan afecto a la idea republicana, no dudó en hablar de la incautación como de "un acto de perfidia, y aun de vileza".[40] Pero el daño estaba ya hecho.

Derrocado Iturbide, el triunvirato ejecutivo de Negrete, Michelena y Domínguez proclamaba en un manifiesto, el 4 de abril de 1823:

> No como antes el afanoso comerciante expondrá sus caudales bajo la salvaguardia del gobierno para ser usurpados con más seguridad

[37] Todas las historias del periodo se ocupan del asunto; entre las más detalladas sobre eso, Lucas Alamán, *op. cit.*, vol. V, pp. 668-671, y José María Bocanegra, *Memorias para la historia de México independiente. 1822-1846*, México, FCE, 1986, vol. I, pp. 99-100.

[38] Lucas Alamán, *op. cit.*, vol. V, p. 671.

[39] José María Bocanegra, *op. cit.*, vol. I, p. 100.

[40] Lorenzo de Zavala, *Ensayo histórico de las revoluciones de México desde 1808 hasta 1830* [1845], México, FCE, 1985, t. I, p. 155.

y menos esperanza de remedio. No, los actuales ministros del poder ejecutivo jamás abusarán de la confianza pública.[41]

Hubiera hecho falta mucho más que eso. En adelante, con las guerras y los préstamos forzosos, con el desorden administrativo y la corrupción de los funcionarios, iría a más la desconfianza, a más la resistencia a contribuir para los gastos del Estado, a más la hostilidad de las autoridades.

En México, las primeras señales de alarma aparecían ya en 1823. Alamán aseguraba al Congreso que los capitalistas se negaban a invertir "por temerosos del estado presente de nuestra situación política, y por [la] falta de confianza que es consiguiente";[42] y poco después insistía: "El comercio [. . .]no puede restablecerse con prontitud ni florecer, mientras la confianza pública se halle vacilante[. . .]"[43]

Sería injusto cargar toda la culpa sobre el gobierno mexicano, pero no hay duda de que eso pesaba lo suyo. Había otras varias causas que retraían la inversión, como la depresión económica, la baja rentabilidad de muchos negocios, y una extraña deformidad en las pautas comerciales que, en otro momento, convendría estudiar con atención.

Un comerciante inglés que visitó la República en 1824 ofrece en su diario una pista curiosa sobre este último asunto. Según decía, encontró en los hombres de negocios "un extraordinario sentimiento de recelo", y no sólo por obra del gobierno. La incertidumbre política, junto con el laberinto de leyes y la ineficacia de los tribunales hacían demasiado arriesgadas las transacciones; pero había más:

La máxima a seguir por el comerciante extranjero a su llegada es considerar a todo hombre un pícaro en tanto que no descubra en él a un hombre honrado; y el comerciante está perfectamente autorizado a tomar semejante preocupación por el ejemplo que le proporciona el pueblo mismo, que trafica entre sí con la mayor desconfianza. Para todas las negociaciones son empleados corredores y en caso de disputa su decision es ley. El contratante, después de

[41] Citado por José María Bocanegra, *op. cit.*, vol. I, p. 244.

[42] Discurso de Alamán en el Congreso sobre la libre habilitación de minas, 1823, citado por José C. Valadés, *Alamán, estadista e historiador*, México, UNAM, 1987, p. 165.

[43] *Ibidem*, p. 183.

esto, no se atreve a rechazar el cumplimiento de su contrato; mas por medio de embrollos y trapacerías puede obtener considerables ventajas...[44]

No es posible saber, por ahora, qué tan frecuentes eran esos "embrollos y trapacerías" entre los negociantes mexicanos. Los comentarios de otros viajeros, y aun de residentes, autorizan a suponer que no era fácil contar con la buena fe en las transacciones; y que los tribunales no eran tampoco un recurso seguro.[45] Pero faltaría saber mucho más para formular alguna hipótesis sólida sobre la moralidad comercial, aunque no sobra el apunte para matizar las afirmaciones sobre la "desconfianza" de los propietarios.

Si algo hubiera podido ganarse de confianza con la primera República Federal, las persecuciones de españoles y después las leyes de expulsión dieron al traste con ella. Primero, porque muchos de los perseguidos eran propietarios, y segundo porque la furia antiespañola de los motines era difícil de distinguir de un odio más bien difuso hacia los ricos.

Tan temprano como en 1827, cuando comenzaron los disturbios, el doctor Mora advertía que estaban comprometidos en ello la prosperidad pública y el crédito de la nación. El crédito público, decía, "no puede sostenerse sino por la fidelidad en el cumplimiento de promesas, el sostén de las garantías estipuladas y la satisfacción puntual y religiosa de los empeños contraídos", todo lo cual quedaba en entredicho con los amagos de expulsión de los españoles.[46] El 20 de diciembre de 1827 se expidió la primera Ley de Expulsión, y a ésa seguirían otras en 1829 y 1833.

Desde entonces, recuperar la confianza fue una obsesión de todos los ministros de Hacienda. Entre sus propósitos como ministro, en 1829, Lorenzo de Zavala señalaba: "Es absolutamente necesario hacer cesar todas las causas destructivas de la confianza pública, y sustituir los medios de establecerla sólidamente".[47]

[44] Juan Ortega y Medina atribuye el diario, anónimo, a William T. Penny. La edición que uso es de Juan Ortega y Medina, *Zaguán abierto al México republicano (1820-1830)*, México, UNAM, 1987, p. 96.

[45] Véase sobre esto, David W. Walker, *op. cit.*, pp. 51-53.

[46] José María Luis Mora, *El Observador*, 12 de septiembre de 1827, en *Obra política*, *op. cit.*, p. 493.

[47] Lorenzo de Zavala, exposición como ministro de Hacienda, 1829, *op. cit.*, t. II, p. 122.

Eso, dicho sea de paso, pocas semanas después de haber colaborado para imponer a Guerrero en la Presidencia con el motín de la Acordada, que degeneró en el furioso saqueo del Parián.

Al año siguiente, Alamán era ministro en el gobierno de Bustamante, impuesto por un golpe de Estado, y se preocupaba tanto como Zavala porque "las inquietudes repetidas, el desorden en la administración y las medidas violentas que han sido consecuencia" hubiesen destruido "el crédito y la confianza".[48] Pero las mejores intenciones no servían para cambiar nada.

Mejor dicho, algo sí pudo haber cambiado: la actitud de la clase política hacia los propietarios. La necesidad de propiciar esa huidiza confianza mantuvo a casi todos los gobiernos del siglo en una posición incómoda. Lo resume bien Mangino, ministro de Hacienda con Bustamante:

> Como aún están vivas las profundas heridas que [México] ha recibido por la emigración de capitalistas, y por los trastornos inevitables en los disturbios interiores que se han experimentado, y en fin, como ni los giros ni la confianza pública han podido reanimarse completamente, parece que en estos momentos no sería prudente, ni tampoco provechoso, recurrir al establecimiento de nuevos impuestos.[49]

Intención hubo de facilitar las cosas a los propietarios, de darles seguridad y confianza, pero rara vez fue posible. Los hacendados reducían su producción y limitaban las siembras, temerosos siempre de la siguiente revuelta, de nuevos impuestos o de préstamos forzosos.[50] Los artesanos y fabricantes vivían, según Juan Bautista Morales, "con el Jesús en la boca, esperando por momentos su ruina", porque invertir era "un azar más contingente que el de la lotería".[51]

Hasta la derrota del Imperio, el panorama fue similar. Por muchas razones, pero en buena medida por la inestabilidad política, la economía sufrió un periodo de "estancamiento estruc-

[48] Lucas Alamán, memoria de labores de 1830, citada por José C. Valadés, *op. cit.*, pp. 263-264.

[49] Informe de Fernando Mangino, 1830, citado por Barbara Tenembaum, *op. cit.*, p. 57.

[50] Véase Moisés González Navarro, *Anatomía del poder en México*, *op. cit.*, p. 133.

[51] Juan Bautista Morales, *El gallo pitagórico*, México, Gobierno del Estado de Guanajuato, 1987, p. 47.

tural y productivo" de más de medio siglo.[52] Se ensayó todo tipo de remedios: reducción de gastos y moralización administrativa, medidas de protección y de apertura, leyes especiales de fomento... Pero nada tuvo muy buen éxito, y sólo empezaron a cambiar las cosas con la dictadura de Porfirio Díaz y el ferrocarril.

Todavía en 1871 Ignacio Ramírez escribía:

> La miseria en México proviene de la falta de negocios y no de la falta de capitales; éstos huyen por no encontrar seguro empleo; el pánico los aleja más de lo que fuera debido; así es que el numerario falta aún para las empresas provechosas.[53]

Había muchas y buenas razones para la desconfianza, y era más fácil perder dinero que ganarlo. Pero la suerte no era la misma para todos.

Es un círculo vicioso bastante frecuente en sociedades donde el mercado está aún en proceso de formación. La inseguridad, como la estrechez del mercado, hacen inevitable y decisiva la intervención pública; las élites empresariales buscan entonces el amparo de políticos y funcionarios para reducir la incertidumbre, o para asegurar negocios protegidos. La misma lógica mantiene la precariedad del mercado y favorece la corrupción como una forma estable de relación entre los propietarios y la administración pública.[54]

En ese panorama, la corrupción es una forma de influencia informal de los grupos con dominio económico: es necesaria por la inseguridad del mercado, pero contribuye a perpetuarla, al tiempo que destruye la legitimidad y la confianza pública en la gestión del Estado. El mercado se distorsiona porque la competencia es, antes que nada, competencia por manejar los recursos públicos: jugar a la política resulta ser el negocio más rentable.

[52] John H. Coatsworth, "Los orígenes sociales del autoritarismo en México", en *Los orígenes del atraso. Nueve ensayos de historia económica de México en los siglos XVIII y XIX*, México, Alianza Editorial Mexicana, 1990, pp. 213ss.

[53] Ignacio Ramírez, *El Mensajero*, 17 de agosto de 1871, en *Obras completas*, *op. cit.*, vol. II, p. 215.

[54] James Scott ha estudiado la mecánica general en *Comparative political corruption*, Englewood Cliffs, Prentice Hall, 1972, capítulos 2 y 4.

El botín del Estado

Muchos hacendados se arruinaron, muchos mineros, industriales y comerciantes. Pero algunos otros hubo que supieron hacer de la inestabilidad un buen negocio; algunos que descubrieron, como dice David Walker, que "era más fácil extraer plata del Estado que del suelo".[55] Fueron los agiotistas.

Es verosímil la idea de que su conducta era racional, en un estrecho sentido económico: la agricultura, la minería y la industria eran negocios de mucho riesgo; entre impuestos, asaltos y motines, el dinero invertido estaba siempre amenazado. De modo que lo más seguro era prestar al Estado, con la garantía de bonos de deuda pública que cualquier gobierno estaba obligado a reconocer.

Ese hecho, sin embargo, no puede explicarlo todo. Además de la común avidez de dinero que pone en marcha la lógica capitalista en cualquier parte, los agiotistas tenían muy pocos escrúpulos políticos. Y ése es un rasgo peculiar, y de bastante interés. Ni la legalidad, ni la estabilidad, ni la tranquilidad pública, ni la integridad de los funcionarios, ni la nacionalidad limitaban en ningún sentido sus negocios.

Insisto una vez más: no eran ciudadanos. Pero incluso cabe dudar de que en aquello pudiera reconocerse la forma clásica de un mercado capitalista.

En tiempos recientes Barbara Tenembaum ha defendido una idea distinta. Ha querido ver en la conducta de los agiotistas algo que se podría llamar "nacionalismo predatorio", que los haría, paradójicamente, los mejores defensores de la causa nacional. Cuando en particular se refiere a la invasión norteamericana escribe:

> Los prestamistas ocuparon entonces un lugar excepcional en el marco general de esta enorme apatía o antipatía hacia la causa de la supervivencia de la nación, porque tenían un interés pronunciado en la subsistencia de la República, aunque sólo fuera para aprovecharse de ella.[56]

[55] David W. Walker, *op. cit.*, p. 41.
[56] Barbara Tenembaum, *op. cit.*, p. 91.

Acaso por ser demasiado enfático, el argumento pierde parte de su fuerza. Porque algún escéptico podría incluso calcular la magnitud de su "interés" por la supervivencia de la nación; y sería tal vez de 500% anual, con garantía de los recursos aduanales de Veracruz. Pero sin ir tan lejos, parece evidente que no se trataría, en caso de ser cierto, de un rasgo de moral cívica.

Volvamos al principio. Se trata de un nuevo tipo de empresario, surgido después de la independencia, cuyos negocios dependen casi en todo del Estado: de créditos, de concesiones y contratos, de privilegios y de maniobras de especulación con la deuda pública. Algunos nombres son bastante familiares: Francisco Javier Echeverría, William Forbes, Eustaquio Barrón, Manuel Lizardi, Cayetano Rubio, Antonio Garay, Ewen C. Mackintosh, Manuel Escandón. Si ahí está el origen del capitalismo mexicano, ahí también la razón de sus deformidades, al menos en parte.

Muchos de ellos comenzaron por el comercio; y quien dice comercio dice también, parece cierto, contrabando.[57] Del comercio pasaron, los que tenían recursos bastantes, al cambio de monedas, a la especulación con bonos públicos y, sobre todo, a los préstamos usurarios, al agio.

Con el tiempo, y con el apoyo del Estado, invirtieron poco a poco en otros negocios: haciendas, minas, fábricas de tejidos, y toda suerte de contratos públicos.

Pero nada de esto obliga a concluir que no existiera para ellos la "crisis de confianza"; al contrario. Precisamente allí estaban arraigados sus negocios: en el déficit fiscal, en el estancamiento productivo, en las carencias políticas y financieras de los gobiernos.

En ocasiones eran tan sólo intermediarios que se beneficiaban de reconocer —con descuento— el crédito público. El papel moneda, por ejemplo, literalmente no valía nada en el mercado; los especuladores, sin embargo, lo compraban pagando una fracción de su valor. Con eso, el papel circulaba, había quien cambiaba metálico por pagarés del Estado, y el valor nominal entero quedaba para el especulador como deuda pública.

Así ocurrió desde que se hizo la primera emisión, en 1822. Lo relata Zavala:

[57] "No hubo negociante que no fuese algo contrabandista, por lo menos en la costa del Pacífico, de California a Acapulco". Jean Meyer, "La Casa Barrón, Forbes y Cía.", *op. cit.*, p. 199.

> Los comerciantes y vendedores de efectos de cualquiera naturaleza, hacían subir el valor de sus mercancías en la parte que correspondía al papel que se les obligaba a recibir, y hacían esta ganancia de mas sobre el cálculo de sus especulaciones. [. . .] Pero este crédito quedaba ecsistente contra la Tesorería: los comerciantes lo acumulaban para reclamarlo en la primera oportunidad, como lo hicieron, haciendo ganancias ecsorbitantes.[58]

Sucedía con el papel, y también con el dinero acuñado de cobre o de níquel. De los motines urbanos de que hay registro, varios tuvieron por motivo la devaluación de la moneda débil.[59] Otra vez, los comerciantes recibían la moneda, pero bajo sus condiciones. Fanny Calderón de la Barca presenció, con cierta sorpresa, el procedimiento, en la ciudad de Toluca: "Los comerciantes —cuenta— han hecho circular una hoja en la que manifiestan que durante tres días, únicamente, venderán sus mercancías por cobre (con grandes ventajas para ellos, naturalmente)".[60] Según dice, se tomaba el cobre si acaso por la mitad de su valor nominal.

Dondequiera que el Estado comprometía su crédito, había oportunidad para lucrar. Si, en un caso, el gobierno no podía pagar la nómina de sus empleados en metálico, entregaba a cambio papeles de adeudo que los agiotistas compraban (con descuento) para revenderlo al Estado o para usarlo en nuevos préstamos.[61]

Pero la forma habitual de hacer dinero era prestarle al gobierno. La precaria situación de los más de ellos los obligaba a aceptar intereses exagerados y condiciones poco menos que humillantes. Pero no era fácil salir de ahí: por lo común, los gobiernos no podían pagar sus adeudos en efectivo, por lo cual sólo un pequeño grupo de prestamistas disponía de fondos para aceptar moratorias y prestar nuevamente.

[58] Lorenzo de Zavala, *op. cit.*, t. I, pp. 158-159.

[59] María del Carmen Reyna, *Historia de la Casa de Moneda. Tres motines en contra de la moneda débil en la ciudad de M xico, siglo XIX*, México, INAH, 1979, Cuadernos de Trabajo, núm. 25, *passim*.

[60] Madame Calderón de la Barca, *La vida en México durante una residencia de dos años en ese país*, México, Porrúa, 1974, p. 384. La anécdota se refiere al año de 1841.

[61] Según parece, la situación debió repetirse con frecuencia. Dice Tenembaum que "los abastecedores de dinero resultaban más necesarios para los funcionarios que el gobierno mismo", *op. cit.*, p. 52.

Las condiciones en que se manejaban los créditos, como es lógico, eran cada vez más ventajosas para los prestamistas, que entregaban una parte en papeles de deuda pública (comprados a una cuarta parte o a un décimo de su valor), pero exigían el cobro de la totalidad del préstamo en efectivo. Otra vez, no se podía escoger.

Y eso lo veían casi todos, en su momento. José Fernando Ramírez refleja bien la actitud que debió tener casi toda la clase política: "la alternativa en que se nos ha puesto es horrible; o satisfacer la voracidad de los agiotistas, o poner al Gobierno bajo la cuchilla de la revolución".[62]

Lo más arriesgado, y también lo más lucrativo era, por supuesto, prestar por una parte al gobierno establecido, y prestar a la vez sobre el crédito del futuro gobierno, en caso de que una rebelión prosperase. De ese modo, se cobraban al final los dos préstamos, con intereses proporcionados a la urgencia del presidente que caía y del rebelde que quería subir. Dice Guillermo Prieto:

> Los agiotistas de la época se jactaban de haber llevado recursos a uno y otro campo de batalla para prolongar la situación y sacar raja, preparando el terreno para que cada partido reconociese con creces las deudas del otro.[63]

Cuando una revuelta terminaba "por parlamentos" ganaban los intermediarios, que veían reconocida su influencia regional; también los prestamistas, que solían conseguir el cobro de sus créditos en favor de los revoltosos.

A cuento de esto, merece recordarse, como caso notable, el préstamo que hizo a Comonfort, durante la revolución de Ayutla, Gregorio Ajuria. Según Anselmo de la Portilla, la historia ocurrió como sigue.

A mediados de 1854 viajó Comonfort a Nueva York para procurarse dinero con que mantener la rebelión. Allí encontró

[62] Entrada del 25 de diciembre de 1845, sobre una propuesta de Escandón para dar recursos al gobierno que enfrentaba la rebelión de Paredes. José Fernando Ramírez, *México durante su guerra con los Estados Unidos*, Genaro García, Documentos inéditos o muy raros para la historia de México, México, Porrúa, 1974, p. 430.

[63] Guillermo Prieto, *Memorias de mis tiempos*, México, Porrúa, 1985, p. 191.

"casualmente" a don Gregorio Ajuria, "buen amigo suyo" y que "aunque estraño enteramente á la política, era enemigo de todo poder opresor, como lo son todas las almas rectas".[64] Comonfort estaba, al parecer, "casi derramando lágrimas de desesperación [. . .] sin que toda su abnegación sirviera de nada" cuando Ajuria le manifestó su "generosa resolución" de ayudar a los rebeldes.

"Puede usted —le dijo a Comonfort— contar con la cantidad necesaria para llevar á su país los efectos que ha menester su empresa; disponga Ud. del dinero cuando guste".[65]

Comonfort, siempre indeciso entre sus deberes de "hombre de bien" y sus compromisos políticos, preguntó a Ajuria si no arriesgaba con eso el futuro de su familia.

> —Me queda todavía, respondió Ajuria, lo necesario para vivir, trabajando.
> —Entonces lo acepto, dijo Comonfort, y lo agradezco, como estoy seguro que lo ha de agradecer mi patria.[66]

Lo que es difícil es estimar con certeza el agradecimiento de la patria. Al parecer, Ajuria prestó a Comonfort 57 680 pesos en giros y 9 000 pesos en oro, que se cobraría con los ingresos de la aduana de Acapulco.[67] Otras fuentes dicen que, aparte del rembolso, Ajuria cobraría 250 000 pesos adicionales si la revolución triunfaba.[68] Según las cuentas de Payno, en la Memoria de Hacienda de 1857, se habían pagado a Ajuria 107 290 pesos durante el año anterior, y se le adeudaban todavía otros 110 000 pesos;[69] aparte de eso, y según parece "como compensación", se les otorgó a Ajuria y sus asociados el arrendamiento de la Casa de Moneda.[70]

64 Anselmo de la Portilla, *Historia de la Revolución de México contra la dictadura del general Santa Anna. 1853-1855* [1856], México, INEHRM, 1987, p. 157.

65 *Ibidem*, pp. 158-159.

66 *Ibidem*, p. 159

67 Tenembaum, *op. cit.*, p. 159.

68 María del Carmen Reyna, *op. cit.*, p. 17.

69 Citado por Rosaura Hernández Rodríguez, *Ignacio Comonfort. Trayectoria política. Documentos*, México, UNAM, 1967, pp. 50-51.

70 "Creemos que no se cubrió totalmente el préstamo y por ello el gobierno les otorgó el arrendamiento de la Casa de Moneda para compensarlos".

La confusión en las cifras es normal, y no por fuerza empaña la amistad ni la buena intención de Ajuria. El negocio en su conjunto sirve, en cambio, para ver claro que prestar sobre el crédito de un posible gobierno futuro podía ser muy rentable.

Por lo demás, la mayoría de los prestamistas no hacía muchos distingos entre un gobierno y otro, mientras los gobiernos por su parte tampoco podían elegir. Lizardi, Jecker, Rubio, habían financiado la dictadura de Santa Anna, y con la misma facilidad le prestaron después a Comonfort, que tuvo que aceptar contratos parecidos.[71]

No es extraño eso, ni que la crisis de la Reforma propiciara la especulación: en pocos meses, con las leyes de desamortización, se abrió el mercado de la propiedad territorial, y muchos aprovecharon para hacerse con tierras a bajo precio, pagando una buena parte con bonos de la deuda pública.[72] Como siempre, la urgencia no permitía otra cosa.

Del crédito, los agiotistas pasaron a todo tipo de negocios, contando siempre con la protección del Estado.[73] A veces eran contratos para armar y vestir al ejército, para reparar los caminos, para dar servicio de correos, para manejar casas de moneda, para construcciones portuarias, y a veces exenciones fiscales, permisos especiales de importación de textiles o cualquier otra cosa. No actuaban de manera concertada, y sus rivalidades eran una de las causas de la inestabilidad, pero como grupo tenían una actitud muy pareja.

El gobierno ofrecía "mercados políticamente estructurados" a cambio de créditos, obras y servicios.[74] Eso fue causa, sin duda, de deformidades graves en la organización del merca-

María del Carmen Reyna, *op. cit.*, p. 17.

[71] El gobierno de Comonfort, como los anteriores, recibía 20 000 pesos de crédito contra un recibo de 100 000, a ser pagado en las aduanas, o recibía uniformes y armas por valor de 10 000 pesos, comprometiéndose a pagar 180 000; véase Tenembaum, *op. cit.*, p. 179.

[72] Walter Scholes sostiene que se llegó a pagar hasta el 70% del precio con bonos del gobierno tomados por su valor nominal, *Política mexicana durante el régimen de Juárez, 1855-1872*, México, FCE, 1972, p. 97.

[73] La vida de Manuel Escandón es el ejemplo más claro de la trayectoria de los agiotistas; puede verse un relato minucioso en Margarita Urías Hermosillo, "Militares y comerciantes en México: 1828-1846: las mercancías de la nacionalidad", en *Historias*, núm. 6, abril-junio de 1984, *passim.*

[74] David W. Walker, *op. cit.*, p. 42.

do, pero al mismo tiempo modificó la manera de hacer política y le dio una forma peculiar a la acción del Estado.[75] Pero esto último merece ser tratado aparte.

En varias ocasiones he dicho que los agiotistas —por darles un nombre— lucraban con el crédito del Estado. Pero eso puede resultar engañoso. En realidad, lucraban con el *descrédito* del Estado. Lo mismo que los intermediarios políticos ganaban influencia por la falta de legitimidad del Estado, por su debilidad, por su ineficacia, y eran causa a su vez de esa debilidad y esa ineficacia, también esos intermediarios económicos podían lucrar por la bancarrota hacendaria, por la penuria y la inestabilidad. Y en su interés estuvo, por bastante tiempo, que las cosas no cambiaran mucho.

[75] En un libro reciente y de bastante notoriedad, Hernando de Soto ha analizado las consecuencias económicas de esto, que él llama tradición "mercantilista". Hernando de Soto, *El otro sendero. La revolución informal*, México, Diana, 1987, capítulo VII, *passim*.

PATRIMONIO DE PILLOS (II)

UNA VIEJA COSTUMBRE

En 1901 se publicó por primera vez *La génesis del crimen en México*, de Julio Guerrero; un estudio, dice la portada, de psiquiatría social. Ambicioso, retórico, pero lleno de luminosos lugares comunes. Con una seguridad acaso exagerada, escribe allí Guerrero:

> Desde Iturbide, los Presidentes y Gobernadores, hasta los cabos de un cuartel ó los amanuenses de un juzgado: desde 1821 hasta que Juárez tomó la dirección suprema de los negocios públicos: desde los aduaneros de Veracruz y Acapulco, hasta los jefes de destacamentos militares en los Presidios de California ó en los ribazos del Usumacinta, ningún funcionario público de esa época tormentosa conoció nunca sus deberes, ni supo el objeto de su cargo. En las oficinas se despachaba arbitrariamente, movidas por el cohecho y el peculado, en los negocios de importancia y por el capricho de los subalternos en los de poca monta.[1]

Nada cuesta reconocer que es una exageración; pero es evidente, por lo demás, que aquello debía ser entonces opinión común. Y aunque es explicable, no parece del todo justa su reticencia ante los gobiernos de Juárez o Porfirio Díaz.

La corrupción, es cierto, no fue producto de la independencia. Pero a partir de entonces adquirió otras formas, y otro sentido.

El orden colonial dependió siempre de una variada colección de usos corruptos. Sólo por ese medio podía salvarse la autoridad del monarca, sin menoscabo de los intereses políticos de los administradores de ultramar, ni de las tramas informales del dominio de la élite social novohispana.[2]

[1] Julio Guerrero, *La génesis del crimen en México. Estudio de psiquiatría social*, México, Porrúa, 1977, p. 203.

[2] Sobre esto es imprescindible el análisis, el único con ambición teórica que conozco, de Horst Pietschmann, *El Estado y su evolución al principio de la colonización española de América*, México, FCE, 1989, parte III, capítulo 1.

Los visitadores encontraron siempre innumerables irregularidades: por incumplimiento, por parcialidad de los jueces, por abusos de poder y por negocios de todo tipo —legales e ilegales— en que se embarcaban los oidores de la Audiencia.[3] Lo curioso del asunto es que algunos oidores, como Lorenzo de Tejada, no intentan siquiera eludir los cargos: presentan sus negocios como obra benéfica para la colonización. "Lo que antes era esterilísimo, dice Tejada, sin agua ni provecho alguno, ahora por mi industria, ejemplo y diligencia, es fértil."[4]

Y hasta cierto punto, habría que darle la razón. Virreyes y oidores vincularon sus intereses particulares con los de los demás colonos españoles, de modo que la trama del dominio colonial encontró la forma más sólida de mantenerse.[5] Eso mermaba, no hay duda, el control formal de la Corona, pero a cambio consolidaba su dominio.

Puede ser paradójico, pero la corrupción tiene por lo general consecuencias conservadoras, aunque sea ostensiblemente contraria a la racionalidad estatal.[6] Organiza la vida pública de acuerdo con las necesidades de influencia y control de los grupos con dominio efectivo, al margen de lo que dispongan las leyes sobre cualquier materia.

Conviene, además, recordar que la corrupción, en el estrecho sentido técnico que es útil darle a la palabra, puede transgredir incluso dramáticamente las normas de operación del Estado, pero supone sobre todo el uso —por irregular que sea— de las atribuciones del poder público.[7] En esa medida, es un acomodo de la acción estatal, y no su simple negación.

Agradezco a Josefina Vázquez que me llamara la atención sobre el texto.

[3] Véase Pilar Arregui Zamorano, *La Audiencia de México según los visitadores. Siglos XVI y XVII*, México, UNAM, 1985, pp. 268-269 y *passim*.

[4] *Ibidem*, p. 212.

[5] Ethelia Ruiz Medrano, *Gobierno y sociedad en Nueva España: Segunda Audiencia y Antonio de Mendoza*, México, El Colegio de Michoacán, 1991, pp. 343ss.

[6] Es, en este asunto, muy convincente el argumento de James C. Scott, *Comparative political corruption*, Englewood Cliffs, Prentice Hall, 1972, *passim*.

[7] En esto disiento de la opinión de Pietschmann, que prefiere una definición más ambigua, que comprenda en general la "predisposición para la transgresión de normas en amplias capas de la sociedad", y no se limite "al cuerpo de los agentes del Estado", Pietschmann, *op. cit.*, pp. 172 y 182. Para una discusión más detenida, véase mi artículo "La corrupción política: apuntes

Por otra parte, aun siendo seguro que la corrupción merma la eficacia del aparato administrativo y ayuda a consolidar el dominio de élites económicas, esto no necesariamente debilita a un gobierno; en particular no a un gobierno de tendencias autocráticas. La venalidad de los oficios públicos, lo mismo que ciertas formas toleradas de corrupción, pueden ser instrumentos útiles para un control autoritario al margen de la ley.[8]

Sólo una precisión más. La idea de que los gobernantes usan de sus cargos para enriquecerse, en detrimento del "interés público" (sea éste lo que sea), es algo muy viejo. No es extraño que diga Sancho Panza, al abandonar el gobierno de la ínsula Barataria: "saliendo yo desnudo, como salgo, no es menester otra señal para dar a entender que he gobernado como un ángel". Sin embargo, no puede la corrupción reducirse a eso.

El uso ilegal de las atribuciones de un empleo público puede servir para fines particulares de muy variada naturaleza. El asesinato de opositores, el control fraudulento de procesos electorales, la alteración de fallos judiciales, son formas de corrupción. Sin las cuales, además, no podría entenderse bien su función política.

Pero, regresemos al asunto. En el siglo pasado, era una convicción arraigada que funcionarios y políticos eran corruptos. Si no todos, como afirmaba Julio Guerrero, sí una razonable mayoría. De eso dependía, en parte, el menosprecio de la política que ostentosamente exhibían los propietarios; por cierto que el cinismo de sus quejas las hace parecer incluso cómicas, pero no son por eso menos importantes. José María Luis Mora:

> El público de Mejico desde que se verifico la independencia ha concebido constantemente fuertes sospechas contra los ministros de hacienda, que no ha llegado a deponer sino en pocos casos y

---

para un modelo teórico", *Foro Internacional*, vol. XXX, núm. 2, octubre-diciembre de 1989.

[8] Sobre los usos políticos de la venalidad de los oficios puede verse a Fernand Braudel, *Civilización material, economía y capitalismo, siglos XV-XVIII*, Madrid, Alianza,1984, vol. II, p. 480. Con menos fundamento, pero con una agradable sutileza, Lytton Strachey describe la manera como venalidad y corrupción servían para aumentar el dominio personal de Isabel I; las concesiones a Essex, a Burghley, eran sin duda un índice de su influencia, pero también la mejor medida del control de la reina. Con ella, todo era posible, aun contra la ley; sin ella, nada. Véase Lytton Strachey, *Isabel y Essex*, Barcelona, Lumen, 1984.

> respecto de determinadas personas, que ademas de una reputacion bien sentada de probidad, no se les han advertido gastos notables mientras ocupaban el ministerio, y despues han quedado en notoria pobreza.[9]

La sospecha arraigaba, no sólo en los gastos de los ministros, sino en la experiencia cotidiana de las rutinas burocráticas. Según Mora, "el coecho y soborno tan generalizado" autorizaba a pensar que "con poquisimas escepciones, no hay uno solo [de los empleados] que no se preste a el del modo mas indecoroso".[10]

Por supuesto, de la corrupción de los políticos de importancia era raro que hubiese pruebas. Pero lo más interesante es que resultaba siempre más creíble que la honestidad. Carlos María de Bustamante, en 1845, presumía sin fundamento alguno que en la decisión sobre un empréstito habían intervenido razones "de otro peso muy mas graves que hacen que la voz de las leyes sea burlada..."[11] Y pocos meses después comentaba, como cosa meritoria, el dicho de que el general Paredes había rechazado un soborno:

> [Dícese] que ha rehusado 500 000 pesos que le ofrecieron ciertos comerciantes si les permitia introducir algodon é hilaza estrangera: esta noble conducta le ha concitado un general aprecio, porque en estos tiempos es rarísima[...][12]

Todos los que escribían entonces se hacían eco de las habladurías que sólo por rara excepción suponían que un político fuese honrado. "Todos dicen que en esto ha habido una grandísima maldad que ha valido algunos miles al Ministro..."[13] Es José Fernando Ramírez, comentando un decreto sobre las alcabalas dado por José María Lafragua como ministro de Relacio-

[9] José María Luis Mora, *México y sus revoluciones* [1836], México, FCE, 1986, vol. I, p. 401.

[10] *Ibidem,* vol. I, p. 96.

[11] Carlos María de Bustamante, *El nuevo Bernal Díaz del Castillo, o sea historia de la invasión de los anglo-americanos en México* [1847], México, INEHRM, 1987, p. 88.

[12] *Ibidem*, p. 115.

[13] José Fernando Ramírez, *México durante su guerra con los Estados Unidos*, Genaro García, Documentos inéditos o muy raros para la historia de México, México, Porrúa, 1974, p. 485.

nes en 1846; pero lo mismo podría ser de cualquier otro en cualquier otra situación.

Esa sospecha, o más bien esa casi certeza puede no decir mucho sobre la moralidad de los políticos; habría que explorarlo con mucho más detenimiento. Pero sí señala un rasgo notable de la moralidad pública, y uno que comparten políticos, literatos, hombres de negocios y, con casi seguridad, el resto de la población.

En la autoridad pública se veía, antes que otra cosa, una oportunidad para hacer dinero con facilidad. Otra vez, si hacemos caso de quienes escribían entonces, la experiencia confirmaba el prejuicio con una tediosa monotonía; ahora es Guillermo Prieto:

> Es cómico el empleado destituido de una de las aduanas del Pacífico, llorándose pobre, atribuyendo su lanzamiento a su integridad inflexible, furioso contra el gobierno que lo ha arruinado y, sin embargo, contando las horas en un reloj de Lozada soberbio, mientras reberberan en sus dedos los diamantes y en su pecho los cabestrillos de oro.[14]

Es difícil calcular las consecuencias de todo esto. Algo se deja traslucir en la hostilidad de los grandes propietarios. Pero hay más: la sospecha de la corrupción será siempre un arma contra el Estado y un obstáculo para el arraigo de convicciones cívicas.

No era posible invocar el interés público sin despertar animosidades y recelos. *Lo público* era una entidad quimérica, una aspiración, en el mejor de los casos, frustrada en su origen por la sombra de la corrupción. En una carta, a mediados de 1855, Manuel Siliceo escribía a Manuel Doblado: "es una exigencia de Guanajuato que derogues de una plumada las contribuciones extraordinarias que exigió Pacheco y que sólo sirvieron para cubrir sus bolsillos y los de sus *adláteres*".[15]

No puede dudarse de que hubiera políticos honestos y funcionarios íntegros. Pero la costumbre de la sospecha pesaba

[14] Guillermo Prieto, *Viajes de orden suprema*, México, Gobierno del Estado de Querétaro, 1986, vol. I, p. 120.

[15] De Manuel Siliceo a Manuel Doblado, 22 de agosto de 1855, en *La Revolución de Ayutla según el archivo del general Doblado*, Genaro García, Documentos inéditos o muy raros para la historia de México, México, Porrúa, 1974, p. 184.

siempre más; y no hubo nunca bastante orden administrativo, ni bastante transparencia. Es muy elocuente una nota de José María Iglesias sobre su gestión como oficial mayor de Hacienda durante el proceso de desamortización, siendo ministro Guillermo Prieto:

> Nada nos hubiera sido más fácil que enriquecernos en poco tiempo. Resueltamente no lo quisimos, y tuvimos la satisfacción de salir de nuestros puestos con las manos limpias, después de haber manejado muchos millones de pesos.[16]

Les hubiera sido fácil, desde luego, como lo fue para Mirabeau y Talleyrand con la nacionalización de los bienes del clero francés.[17] Lo que era del todo imposible era convencer a una sociedad recelosa, acostumbrada más bien a creer lo contrario.

Otero decía, en el 47, que la "desmoralización" de los empleados públicos estaba "tan bien organizada y tan bien recibida en la sociedad", que nadie se extrañaba de que funcionarios dotados con sueldos modestos viviesen "con un lujo extraordinario".[18] Que estuviese organizada es posible, que la gente se hubiera habituado a ello también parece probable, pero de que fuese "bien recibida" es justo dudar un poco.

En ningún momento hay ni siquiera un intento de disculpar la corrupción; al contrario, es acaso la forma más común de los ataques entre las facciones.

"Gravísimos —ha escrito Lafragua— son los males que Santa Anna ha causado á la República con su desmedida ambición; pero no hay palabras para calificar los que ha causado con su profunda inmoralidad..."[19] Creo que tiene razón; pero hace falta poner en claro la naturaleza de esos males. Es por lo menos dudoso que la inmoralidad —cierta o presunta—

[16] José María Iglesias, *Autobiografía*, México, INEHRM, 1987, p. 29.

[17] El botín que se les atribuye [a Mirabeau y Talleyrand], quinientos millones de francos antiguos, no es inverosímil; en todo caso es proporcionado a los méritos del confiscador y a su avidez de dinero", Jean Orieux, *Talleyrand*, Buenos Aires, Javier Vergara, 1989, p. 92.

[18] Mariano Otero *et al.*, "Consideraciones sobre la situación política y social de la República Mexicana en el año 1847", en *Obras*, edición de Jesús Reyes Heroles, México, Porrúa, 1967, vol. I, p. 125.

[19] José María Lafragua, *El Estandarte Nacional*, 22 de marzo de 1843, en Patricia Galeana (comp.), *José María Lafragua*, México, Senado de la República, 1987, p. 45.

de los políticos pudiera haber propiciado un cinismo general, o una desmoralización masiva, como suponen algunos.

No hay tregua en la condena de la corrupción; que fuese una costumbre es otra cosa. Y en particular eso dañaba a la imagen social de la política, de modo que la hacía terreno poco favorable para ninguna forma de virtud republicana. Pero es necesario demorarse más en esto.

En tiempos recientes, Claudio Lomnitz ha ensayado una hipótesis, si no completa, bastante verosímil. Su estudio se ocupa de la comunidad de Tepoztlán, y se fija en las prácticas de las últimas décadas; pero no parece difícil acordarle a su argumento una extensión mucho mayor.

No hace falta repetir datos y razones; basta saber que la corrupción es, en Tepoztlán, tan común como necesaria. Una gestión eficiente de los asuntos municipales y ejidales es imposible sin ella. Sin embargo, "las acusaciones de corrupción constituyen un arma de extrema importancia", entre otras cosas porque puede casi tirarse a ciegas y acertar. La sospecha facilita, por así decirlo, consensos casi espontáneos.

No es exagerado afirmar que las denuncias tienen, en ese panorama, un acusado aire ritual. Y una utilidad política indiscutible pero, a la vez, costosa:

> Este doble aspecto de la corrupción como, por un lado, endémica al sistema político mismo y, por otro, como una forma socialmente aceptada de atacar contrincantes políticos, afecta profundamente a la participación de los tepoztecos en su vida política, ya que implica que nadie puede ocupar un puesto formal sin que su reputación de honestidad peligre.[20]

En el siglo pasado no eran muy diferentes las cosas. Sobre la desconfianza estaba el desarreglo administrativo, la bancarrota hacendaria, el enriquecimiento ostensible de algunos políticos, la arbitrariedad de la burocracia menuda. Poco hacía falta para que políticos y panfletistas se aprovechasen de ello.

Zavala recordaba, por ejemplo, cómo se había difundido la especie de que Iturbide había marchado al destierro con más de un millón de pesos en oro. Y pesaroso reconocía que el "arma

[20] Claudio Lomnitz, *Evolución de una sociedad rural*, México, SEP, 1982, p. 299.

terrible de la calumnia'' había sido ''de muy frecuente uso'' por los partidos.[21] Pero también tenía que reconocer que no había fácil remedio.

Las discusiones, por otra parte, tenían más bien poco de preocupación ciudadana, y en cambio mucho de encono partidista. De modo que unos, por desprestigiar a sus oponentes denunciaban la corrupción, y los otros por defender a su partido negaban cualquier cosa. Otra vez Zavala, sobre la gestión del gabinete *yorkino* en 1826:

> Los editores del *Sol* [escocés] hacian cargos terribles é incontestables á la administracion acerca del uso que se hacia de los caudales del préstamo, de los pagos mandados hacer contra leyes expresas; acerca de las letras giradas sobre Lóndres y sobre Veracruz á premio [sic] menor que el corriente[. . .] Pero Esteva contestaba de una manera evasiva, y atribuia a espíritu de partido lo que en realidad podía tener ese principio, lo que se descubria por el modo con que se hacian los cargos, mezclándose con apóstrofes indecorosos, con diatribas amargas, en vez de limitarse á los hechos y al análisis de las cuestiones financieras. Los *yorkinos* creian ver en los ataques dados a Esteva una guerra declarada á ellos mismos[. . .][22]

Ni una cosa ni otra daban una imagen medianamente digna de la vida pública.

Por la fuerza de las cosas, era difícil que nadie escapara de las sospechas. Tadeo Ortiz, por ejemplo, que parece por lo demás haber sido un hombre íntegro, se quejaba de que algunos habían obstruido su proyecto de colonización de Coatzacoalcos: ''juzgándonos conforme á sus deprabadas intenciones, apélaron al prurito acostumbrado de suponer haber echo negocio y especulado[. . .]''[23] Es probable que consiguiera disipar bastantes dudas, porque pocos meses después, en 1833, había organizado una nueva expedición para preparar la colonización de Texas. Murió de cólera durante el viaje.

Mucho más complicado era, sin embargo, aclarar el destino de los fondos públicos en el curso de alguna revuelta. Porque

[21] Lorenzo de Zavala, *Ensayo histórico de las revoluciones de México desde 1808 hasta 1830* [1845], México, FCE, 1985, t. I, p. 168.

[22] *Ibidem*, t. II, p. 12.

[23] Simón Tadeo Ortiz de Ayala, *México considerado como nación independiente y libre, o sean algunas indicaciones sobre los deberes más esenciales de los mexicanos* [1832], México, INEHRM, 1987, p. 434.

parte del dinero se usaba para "seducir" a las tropas del contrario, parte para compras clandestinas, y bien poco, si acaso algo, se ocupaba en gastos que se pudiera justificar.

Un caso clásico. Durante el gobierno de las Bases de Tacubaya, los enemigos del general Valencia le exigieron, por medio de la prensa, que informase sobre la manera como había usado 117 356 pesos de que dispuso para el pronunciamiento de la Ciudadela. Valencia se defendió de las insinuaciones alegando que había enviado 20 000 pesos a Paredes, para preparar el alzamiento de Guadalajara. Por supuesto, Paredes lo desmintió, y los dos generales se trabaron en un pleito monótono e interminable en los periódicos de la capital.[24]

Las acusaciones durante el régimen de Tacubaya fueron insistentes, y acaso bien fundadas. Ya he recordado antes el Manifiesto del Constituyente de 42, que condenaba a los generales recién llegados al poder, porque, en sus palabras, "los mexicanos no nacimos para patrimonio de pillos".[25] Lo curioso es que las mismas quejas y casi el mismo tono aparece en la prensa conservadora cuando ocupan los principales puestos los liberales de la generación juarista, a fines de los cincuenta.

Suenan muy familiares ya las acotaciones cáusticas de Aguilar y Marocho en *La familia enferma*:

> [3 de agosto de 1856] Vidaurri acusa a Garza de que roba y dilapida los bienes del Estado, y Garza acusa a Vidaurri de sólo saber robar y dilapidar. Los dos tienen razón.[26]

Que robase uno u otro en particular, no es por ahora cosa segura. Pero es indudable que la sospecha pesaba sobre todos, apenas sin hacer excepciones. Ni siquiera Arista, cuyo gobierno pasa por ser un modelo de probidad y buen sentido, se salvó de

[24] El suceso aparece referido, con detalle, en Michael P. Costeloe, "Los generales Santa Anna y Paredes y Arrillaga en México, 1841-1843: rivales por el poder o una copa más", *Historia Mexicana*, vol. XXXIX, núm. 2, octubre-diciembre de 1989, pp. 423, y también en Cecilia Noriega Elío, *El Constituyente de 1842*, México, UNAM, 1986, p. 55.

[25] Manifiesto del Constituyente, en protesta por su disolución, 1842, citado por Cecilia Noriega, *op. cit.*, p. 110

[26] Ignacio Aguilar y Marocho, *La familia enferma*, México, Jus, 1969, p. 43.

ser acusado de contrabando y de usar fondos públicos para cultivar y proteger su hacienda.[27]

La fama de la corrupción mexicana era difundida, a veces con hipocresía, a veces con malicia, otras con la mejor intención de imparcialidad, por los viajeros que pasaban por el país. No es extraño. Pero sí es notable, aunque no voy a demorarme en ello, que haya una reacción nacionalista, muy temprana, en contra de esos informes. Traigo aquí sólo el ejemplo de Tadeo Ortiz que, ya se sabe, tenía sus razones:

> Algunos estrangeros, mal informados ó prevenidos contra la nacion, han supuesto en sus abultadas relaciones, abusos en esta parte, afirmando que los mexicanos mas avidos y aspirantes que patriotas, se distribuyen el tesoro público con escesivas dotaciones y una clientela inconsiderada de empleados inútiles[. . .][28]

Lo que no se ve, revisando textos de la época, es quién podría haberles informado mejor. Y aunque en algo parezca razonable esa susceptibilidad, es evidente que sigue la misma lógica de las defensas partidistas; y tiene sus mismas debilidades.

Puede suponerse que estuviesen mal informados todos, o que exagerasen con su cuenta y su razón, aunque no es probable que se equivocasen de plano. Lo que hace falta ver es si había razones para esa persistente, inalterable sospecha.

Las razones de la corrupción

En su *Historia*, Lucas Alamán repite lo de todos: que "el desconcierto que se ha experimentado en la administración de los fondos públicos, no ha sido en muchos casos por falta de capacidad, sino de probidad[. . .]".[29] Hasta ahí no dice más que los otros; pero también intenta una explicación.

Algunos, dice, parece que han considerado a la República

[27] Véase Moisés González Navarro, *Anatomía del poder en México, 1848-1853*, México, El Colegio de México, 1983, p. 359.

[28] Tadeo Ortiz, *op. cit.*, p. 88.

[29] Lucas Alamán, *Historia de México desde los primeros movimientos que prepararon su independencia en el año de 1808 hasta la época presente* [1852], México, FCE, 1985, vol. V, p. 939.

"como país de conquista". Y no es una hipérbole; es una definición muy exigente de su relación con el poder público:

> Para Zavala como para otros muchos, los empleos é influencia política á que aspiraba, no eran mas que un escalon para llegar á la riqueza, considerando el poder tan solo como un instrumento de hacer dinero, y no teniendo por reprobado ningun medio de adquirirlo.[30]

Que el dinero sirva para producir poder parece evidente; que el poder produzca dinero es también habitual. Pero la explicación de Alamán sugiere otra cosa: que la finalidad del poder público era el enriquecimiento privado, de manera casi exclusiva. No es la ambición el problema, sino la relación moral con el Estado; no, entonces, que no hubiera convicciones, sino que el "interés público" representado en el Estado no era bastante para definir su lealtad.[31]

Mariano Otero parece caminar también en ese sentido. El desbarato de la administración pública es producto, dice, "de hombres para quienes cuanto hay de noble y santo no son más que palabras sin sentido, y que de todos modos y bajo todos pretextos, no buscan siempre más que oro y más oro".[32] Lo mismo que Alamán, no parece estar hablando de abusos localizados, sino de usos bastante generales.

De hecho, ambos definen un orden moral. Que los políticos y funcionarios apreciasen el oro es evidente, y no sirve de mucho saberlo. Pero en su afición hay algo notable: actuaban, eso dicen los textos, como si siguieran una regla, según la cual el poder público sería solamente un instrumento para conseguir beneficios particulares. Según Alamán, "un escalón para llegar a la riqueza", según Mariano Otero, "palabras sin sentido" que sirven acaso para buscar "oro y más oro".

Lo más revelador no es la estimación social de la riqueza;

30 *Ibidem*, vol. V, p. 577.

31 Sobre esto, remito al argumento sobre ciudadanía y Estado de los capítulos anteriores, y al ensayo de Alessandro Pizzorno, "Algunas otras clases de otredad: una crítica de las teorías de la 'elección racional' ", en Foxley, McPherson y O'Donnell, *Democracia, desarrollo y el arte de traspasar fronteras. Ensayos en homenaje a Albert O. Hirschman*, México, FCE, 1989.

32 Mariano Otero, "Ensayo sobre el verdadero estado de la cuestión social y política que se agita en la República Mexicana", en *Obras*, *op. cit.*, vol. I, p. 50.

a eso se puede llegar por muchos caminos. La regla se refiere a la naturaleza de lo público, o con más precisión, a la dudosa existencia de lo público como representación de intereses comunes.[33] Hecho que es más evidente aún si se enuncia la regla contraria, cuyo fundamento sería la convicción de que en el interés público está comprometido en efecto el interés particular de los funcionarios.

Esto, por ahora, es apenas una conjetura. En el mejor caso, una conjetura útil sobre una propensión, verosímil, al uso privado de las funciones públicas. Algo que, según algunos autores, podría encontrarse con facilidad ya en la organización colonial.[34] Pero hace falta ver, todavía, si había condiciones, y cuáles, que permitieran en efecto la corrupción.[35]

Lo más inmediato, que ya hace un siglo señalaban algunos, era la dificultad de hacer cumplir la legislación sobre asuntos económicos.

Era común que las leyes se opusieran a las tendencias económicas, que la lógica del interés público y la del interés privado estuvieran en conflicto. Y la tensión solía resolverse por procedimientos corruptos. En los Estados Unidos, decía Guillermo Prieto, "cada hecho se vio determinado por el impulso del derecho; en México no, el derecho fué y ha sido el ideal, el hecho se ha implantado despótico".[36] Y en la economía, como

[33] En un estudio muy conocido, Edward C. Banfield describe una pauta similar en el comportamiento de una comunidad rural italiana, y la define como "familismo amoral". Hay una discusión de sus hallazgos en Stephen P. Turner, *La explicación sociológica como traducción*, México, FCE, 1984, pp. 138-162.

[34] Horst Pietschmann es enfático: "la corrupción en América no fue un mero abuso más o menos frecuente sino que estuvo presente en todas las épocas y en todas las regiones de forma regular", Pietschmann, *op. cit.*, p. 180. En el mismo sentido, Pilar Gonzalbo escribe: "La corrupción era regla, no excepción, entre los funcionarios novohispanos; alcanzaba a los altos cargos y a los más insignificantes [. . .] Oidores como Farfán en el siglo XVI, se vieron sometidos a muy justos procesos por corrupción, *sin que por ello se viera afectada su presunta dignidad o estimación social*", Pilar Gonzalbo Aizpuru, *Historia de la educación en la época colonial. El mundo indígena*, México, El Colegio de México, 1990, p. 13. Las cursivas son mías.

[35] En esto y lo que sigue hago uso del modelo que he desarrollado en mi artículo, "La corrupción política: apuntes para un modelo teórico", *op. cit.*, *passim*.

[36] Guillermo Prieto, *Lecciones elementales de economía política* [1876], México, M. A. Porrúa, 1990, p. 633.

en pocas cosas, era evidente la prepotencia de los hechos.

El caso clásico es el contrabando. El Estado no tenía capacidad para vigilar que en efecto se cumpliera la legislación proteccionista, mientras que las ganancias del comercio ilegal lo hacían muy atractivo. De modo que la enorme presión económica de los comerciantes se concentraba en el eslabón más débil de la cadena legal del proteccionismo, los administradores de aduanas.

En las notas de su *Residencia en México*, Georges F. Lyon recuerda, con escándalo, la situación de las aduanas en 1826:

> todas las clases de oficiales de la Aduana tenían sus cuotas establecidas: por estas gratificaciones, los deseos de los mercaderes eran concedidos, y cuando menos se ahorraban la mitad de los impuestos establecidos. [. . .] Un administrador de la Aduana, cuyo salario era de mil doscientos dólares anuales, se retiró en este tiempo, después de ocho meses de residencia, ¡con cien mil dólares![37]

Y seguramente estaba en lo cierto, porque el contrabando era del todo rutinario en cualquiera de los puertos del país.

Las leyes prohibitivas y los aranceles mal podían modificarse, puesto que la mayor parte de los ingresos fiscales provenía de las aduanas. El atractivo del contrabando, por otra parte, se imponía por la fuerza de las cosas. Sólo un extraño patriotismo de los comerciantes, o una lealtad igualmente extraña de los funcionarios podría haberlo evitado.

Los más de los escritores públicos estaban casi resignados. Como Otero, sabían que los "comerciantes de mala fe" compraban la "condescendencia de los empleados"; pero lo mismo sabían que no había un buen remedio a mano: "pueden los comerciantes ofrecerles sumas de tal consideración, que pocos hombres tienen la honradez suficiente para rehusarlas. . ."[38]

Pero la honradez significa, en este caso particular, otras cosas. No es, como no lo es ninguna virtud, un imperativo abstracto. La honradez teórica del funcionario público significa lealtad hacia el Estado. La precisión no disculpa a nadie, pero sí ayuda a entender esa reiterada, inacabable deshonestidad.

[37] George F. Lyon, *Residencia en México, 1826. Diario de una gira con estancia en la República de México*, México, FCE, 1984, p. 28.

[38] Mariano Otero *et al.*, "Consideraciones sobre la situación política y social de la República Mexicana en el año de 1847", *op. cit.*, vol. I, p. 103.

Tadeo Ortiz, tan puntilloso en otros asuntos, entendía bien esa raíz, digamos, estructural del contrabando. Y con una desenvoltura notable alegaba que era imposible evitarlo, ni siquiera con leyes penales,

> insignificantes á la verdad cuando hacen una violencia demasiado absoluta á la naturaleza del hombre, siempre dispuesto á eludirlas y vengarse del despotismo del legislador, bien por el crímen que es una reaccion violenta, bien por la corrupción que es *una protestacion lenta y sucesiva de la arbitrariedad y la injusticia*...[39]

Parece un poco exagerado hacer del contrabando una lucha contra el despotismo, pero su definición de corrupción merece ser tomada en cuenta. En lo único que faltaría una precisión es en la idea implícita de que los contrabandistas, en este caso particular, hubieran preferido ver suprimidas las leyes prohibitivas. No es difícil conjeturar que el comercio ilegal era tan lucrativo en buena medida porque era ilegal. Pero esto nos llevaría demasiado lejos.

El mismo esquema, la tensión entre la legislación y el movimiento económico se repetía en otros casos. Por ejemplo, en los contratos públicos de equipamiento del ejército, de reparación de caminos y demás; no había forma de impedir que los principales acreedores del gobierno tuviesen un trato privilegiado, a veces bastante irregular.

El complicado proceso de la desamortización ofrece un panorama similar. La generosa intención de la ley, de hacer de los campesinos propietarios, tenía que estrellarse con la ambición de los grandes propietarios. No resulta extraño que muchos funcionarios menores aceptasen sobornos para aplicar a su modo la ley, de modo que se beneficiase algún hacendado.[40]

En realidad, hablando en términos generales, el dominio económico de algunos propietarios sobre regiones enteras hacía

[39] Simón Tadeo Ortiz de Ayala, *op. cit.*, p. 353.

[40] Según Powell, el caso era frecuente: "Muchos [funcionarios] se confabulaban con hacendados y especuladores para privar a los indígenas de sus tierras, impidiéndoles que se enteraran de la existencia de la Ley Lerdo hasta que ellos mismos habían denunciado y comprado las tierras de que se trataba", T. G. Powell, *El liberalismo y el campesinado en el centro de México (1850 a 1876)*, México, SEP, 1974, pp. 77-78.

difícil la correcta obediencia de cualquier ley. Con alguna exageración, sin duda, lo denunciaba a fines del siglo Wistano Luis Orozco:

> Cuando tres o cuatro señores dominan todo un Cantón o Partido, es poco menos que imposible tener buenas autoridades. Cuanto más corrompido es un funcionario, más a propósito está para los grandes hacendados, porque son los que pueden y necesitan hacerlo prevaricar. Si el funcionario no es corrompido, lo corrompen. Si por rara virtud el funcionario no se deja corromper, lo quitan en el acto [. . .] La corrupción de las autoridades se hace, pues, inevitable bajo el yugo de los grandes señores de los pueblos.[41]

Esa formula sólo pudo ser habitual con el porfiriato, gracias a la alianza de los propietarios, la fuerza armada y las autoridades políticas. En tiempos anteriores, el dominio regional era asunto mucho más confuso y disputado. Sin embargo, es evidente que las enormes desigualdades económicas hacían quimérica la igualdad ante la ley.

Violento, airado como pocas veces, Ignacio Ramírez escribía en 1846: "Los de frac fácilmente se escaparán de ir a la cárcel. Los de frac son protegidos por muchos parientes, y compadecidos por los jueces. Los de frac. . . los de frac quedarían muy escarmentados con una paliza".[42] Infortunadamente, esto dista de ser algo peculiar del XIX mexicano. Pero interesa recordar que estaba allí.

Otras ocasiones había en que la política, cuando no las propias leyes, creaban emergencias y situaban, repentinamente, a funcionarios menores en posiciones de enorme influencia. Durante las guerras de independencia, por ejemplo, muchos reclamaban con urgencia pasaportes y permisos de salida que, al parecer, el joven Agustín de Iturbide podía vender a buen precio.[43]

[41] Wistano Luis Orozco, citado por Arnaldo Córdova en el prólogo a Andrés Molina Enríquez, *Los grandes problemas nacionales*, México, Era, 1985, p. 18.

[42] Ignacio Ramírez, "El orden público", en *Don Simplicio*, 28 de marzo de 1846, en *Obras completas*, México, Instituto de Investigaciones Jorge L. Tamayo, 1984, vol. I, p. 259.

[43] Paul J. Vanderwood cita a Christon Archer y afirma que Iturbide "había vendido permisos de salida a los españoles que temían la muerte por los disturbios. Sus ganancias dependían de que el desorden continuara", *Desorden y*

Las leyes de expulsión de los españoles tuvieron consecuencias similares. Los certificados de exención por enfermedad se convirtieron en un recurso indispensable para muchos, y su concesión estaba en manos de un reducido cuerpo de médicos; la corrupción era inevitable.[44] Es probable que los responsables no creyesen en la justicia o en la necesidad de la ley, en todo caso, es evidente que no sentían que la venta de certificados fuese en daño de su propio interés como ciudadanos, si se tenían por tales.

En general, el desarreglo de la administración pública dificultaba la vigilancia y favorecía, en cambio, a quienes quisieran sacar provecho de los fondos públicos. Antonio Medina, ministro de Hacienda con Iturbide, se quejaba en 1822 de que era imposible organizar la hacienda pública, y ello por culpa de los funcionarios, "algunos demasiado ignorantes para dar la información requerida, otros interesados en suprimirla, a fin de perpetuar los abusos..."[45] Una situación que se haría permanente.

La confusión alimentaba, es lógico, las sospechas. El extraño destino del primer préstamo inglés autorizaba a Zavala, por ejemplo, para hacer las conjeturas más agresivas sobre la conducta de Michelena, encargado de la negociación: "Se dió, escribía, las instrucciones que creyó útiles y convenientes, no al bien de la nacion, sino á sus intereses..."[46] Por cierto que no es probable que en ese caso acertara, pero era difícil que nadie confiase en ministros y comisionados que presentaban informes defectuosos y aun oscuros para explicar la bancarrota del Estado.

> En una palabra —escribía el doctor Mora en 1836—, ni se cumplen las leyes, ni hay orden ninguno establecido; y aunque la dilapidacion de los fondos publicos ha sido antes, y es cada dia mas visible, en razon de tantos desordenes no se puede señalar con pre-

---

progreso. Bandidos, policías y desarrollo mexicano, México, Siglo XXI, 1986, p. 47.

[44] Michael P. Costeloe, "El tráfico de certificados de exención llegó a ser común y la expulsión se convirtió en una especie de especulación financiera", *La primera república federal de México (1824-1836)*, México, FCE, 1983, p. 220.

[45] Informe de Antonio Medina, 3 de septiembre de 1822, citado por Henry George Ward, *México en 1827*, México, FCE, 1981, p. 242.

[46] Lorenzo de Zavala, *op. cit.*, t. I, p. 207.

cision, sino en casos muy marcados, las personas que han convertido en provecho propio las rentas nacionales.[47]

El propio desbarajuste administrativo era razón bastante para sospechar; hay que darle la razón a Mora: "no se puede concebir como un ministro pueda estar interesado en el desorden de su ramo, si no es porque de el espere sacar provecho".[48] Aunque, en justicia, hay que decir que la mejor voluntad debía encontrar difícil ordenar la administración en medio de pronunciamientos, rebeliones y guerras de todo tipo.

Se presentaban siempre, y casi por fuerza, cuentas incompletas y descabaladas. Y si bien no se podía "señalar con precisión" un fraude o un desfalco, es evidente que las oportunidades eran enormes.[49]

Las guerras también hacían de las finanzas públicas un río revuelto: unos y otros tomaban los recursos donde los había, y los empleaban sin mucho cuidado por las formas administrativas. Mucho era lógico e inevitable, y mucho habría también de confusión voluntaria y malintencionada. Es difícil medirlo.

Lo que se sabe de cierto es que todos los ministros de Hacienda del siglo se quejaron poco más o menos de lo mismo. En 1823, Francisco Arrillaga decía que "no había sino saqueo y corrupción en todas [las] ramas" del ministerio;[50] Parrés confiaba, en 1855, a Alexis de Gabriac que en su primer ingreso al ministerio había encontrado catorce reales en moneda falsificada, un año después halló setecientos pesos, "esta vez, concluía, me será muy difícil decir lo que hay".[51]

[47] José María Luis Mora, *México y sus revoluciones*, *op. cit.*, vol. I, p. 401.

[48] *Ibidem*, vol. I, p. 401.

[49] "El Ministro de Hacienda [de Arista] Marcos Esparza incluyó la suma de $ 6 058 378 entre los gastos de 1850-51 como invertidos en 'pagos, devoluciones, y otros objetos que, aunque legales, no están comprendidos en el presupuesto de gastos'. Entonces informó que la Tesorería había erogado solamente $ 1 273 776 en lugar de $ 7 332 154. A pesar de que las cifras parecen sumamente irregulares, resulta imposible demostrar que son totalmente fraudulentas", Barbara Tenembaum, *México en la época de los agiotistas (1821-1854)*, México, FCE, 1985, p. 118.

[50] Informe de Francisco Arrillaga, 1823, citado por Henry George Ward, *op. cit.*, p. 242.

[51] Parrés fue ministro con Santa Anna en enero de 1854 y, nuevamente, en enero de 1855. El comentario lo cita Barbara Tenembaum, *op. cit.*, p. 156.

Los gobiernos de Ayutla intentaron abrir una "época nueva de honradez y de patriotismo"; para ello hizo falta que Guillermo Prieto reformase por completo el Ministerio de Hacienda:

> Como todo son robos, como todo son abusos, he tenido que romper de frente con ellos [. . .] ha sido forzoso visitar todas las oficinas, tener en vía de proceso unos empleados, suspendidos otros, segregados muchos e intervenidos todos los que tenían manejo de caudales.[52]

Pero tampoco el nuevo orden duró mucho. De nuevo las guerras, el predominio de los intermediarios locales, de los jefes militares, las urgencias y la falta de control reprodujeron los mismos, viejos vicios. Otra vez, con la restauración de la República hizo falta reorganizar el aparato fiscal.

Habla por sí sola, y dice mucho, la Ley del 17 de agosto de 1867 que promovió el ministro de Hacienda, José María Iglesias, para que

> los jefes de todas las Oficinas federales de Hacienda volvieran a depender exclusivamente del Ministerio del ramo, cuyas órdenes serían las únicas que debían obedecer, que no autorizaran ni permitieran, sin anuencia del mismo Ministerio, pago alguno por disposición de ninguna autoridad ni funcionario, cualquiera que fuese el motivo ó fundamento que se alegara de urgencia ó necesidad, cediendo solamente ante el uso que llegara á hacerse de la fuerza[. . .][53]

A todo lo anterior hay que sumar, y acaso con un peso decisivo, la impunidad habitual que cubría las irregularidades. Para ello contribuía, en general, la inestabilidad, pero sobre todo la necesidad de contar con los intermediarios: hubiera sido muy difícil vigilar con rigor el manejo de los fondos públicos sin afectar a cualquiera de las redes políticas.

Los partidos encubrían, por necesidad, a sus leales, y los intermediarios amparaban a los miembros de su red; y unos y

[52] Carta de Guillermo Prieto a Manuel Doblado, 26 de septiembre de 1855, en *La Revolución de Ayutla según el Archivo del general Doblado*. Genaro García, Documentos inéditos o muy raros para la historia de México, México, Porrúa, 1974, p. 236.

[53] José María Iglesias, *Autobiografía* [1893], México, INEHRM, 1987, p. 46.

otros ofrecían los puestos públicos como recompensa. La venalidad de los oficios durante la colonia había hecho del servicio público una fuente de ingresos para la Corona; el clientelismo —por nombrarlo de algún modo— retuvo sólo en parte esa lógica: los empleos se convirtieron en una mercancía, en un recurso político que, por un lado, rendía beneficios privados y, por otro, consolidaba el predominio partidista.

Atribuir esto, como se ha hecho, a una pervivencia de algo como el "espíritu" del patrimonialismo parece poco atinado. Más bien es producto de la precariedad del dominio estatal, y de las exigencias del sistema de reciprocidad.

El doctor Mora se quejaba de que los fracasados juicios de responsabilidad habían ido "formando sucesiva y gradualmente una garantía, de que los depositarios del poder público pueden impunemente hacer lo que quieran de la nación".[54] Pero no había un buen remedio a mano. Un juicio de responsabilidad hubiese requerido de una institución ajena del todo a las luchas partidistas, comprometida con el Estado, y con capacidad de decisión; más aún, hubiese requerido alguna fórmula que defendiese el "interés público" en asuntos de corrupción sin menoscabo de la estabilidad política. Una quimera.

El sistema de la corrupción

La forma más cruda del mecanismo de reciprocidad del orden político era el cambio de lealtad por impunidad. Y de ello dependía, en mucho, la trama cotidiana de la corrupción. También tuvo que aprenderlo pronto Juanito Quiñones en el despacho del gobernador. Era el abecé de la gran ciencia:

> —¡No puede darse mayor descaro! Ese distrito no da un centavo al fisco, y este bribón ni siquiera lo disimula. No tolere usted más semejante conducta, o el ejemplo cundirá.
> —Convenido que es un bribón; pero ya yo lo sabía desde que le

[54] José María Luis Mora, en *El Observador*, 29 de septiembre de 1830, en *Obra política*, Briseño, Solares y Suárez (comps.), México, Instituto Mora, 1986, *Obras Completas*, vol. I, p. 255.

nombré recaudador. Hombre, le digo a usted más: para eso le nombré.

—¿Pero es posible, señor?

—Sí, hijo; para que se entretenga y no nos moleste. Es un hombre que mueve el distrito con un dedo, y a no ser por ese empleo se mete con Baraja cuando el plan de Venta-quemada, y la cosa se pone seria.[55]

La tolerancia de la corrupción tenía, seguramente, un propósito político. Lo cual, dicho sea de paso, no es extraño; al contrario, es bastante frecuente como procedimiento para delimitar la competencia de clientelas rivales, en sistemas políticos inestables o muy fragmentados.[56] También, por cierto, en dictaduras con escaso apoyo ideológico.

En el México decimonónico, la corrupción era indispensable para que los intermediarios mantuvieran su posición de influencia: necesitaban manejar, de un modo u otro, los cargos públicos, necesitaban disponer de fondos y también un margen de acción fuera de la ley para negociar favores e intercambios.

Pocos fueron los políticos que mantuvieron sin tacha su reputación después de pasar por algún puesto público. Con mejores o peores fundamentos, de todos había algo que decir.

El ejemplo clásico es el de Santa Anna; el derroche y la irresponsabilidad durante la dictadura han hecho que sea incluso demasiado fácil denunciarlo. Y aunque haya buenas razones para eso, reducir la corrupción a la veleidosa personalidad del general veracruzano es, si no hipócrita, por lo menos demasiado ingenuo.[57] Del general José María Tornel, ministro de Guerra en más de una docena de gobiernos, decía José Fernando Ramírez:

[55] Emilio Rabasa, "La gran ciencia", en Rabasa, *La Bola. La gran ciencia*, México, Porrúa, 1985, p. 228.

[56] Sobre esto, vale la pena ver James C. Scott, *Comparative political corruption*, Englewood Cliffs, Prentice Hall, 1972, capítulo 4.

[57] Sobre la negociación de la compra Gadsen dice Josefina Vázquez: "El periódico oficial empezó a justificar el tratado preparando su aceptación por el público, lo cual era un cinismo descarado, unido a la tiranía, los impuestos excesivos, la irresponsabilidad, la corrupción y la burla de todas las leyes. Los latrocinios habían llegado a unos extremos increíbles. Entre él y sus colaboradores mexicanos y extranjeros, sobre todo comerciantes y usureros, se repartían el botín", *Don Antonio López de Santa Anna. Mito y enigma*, México, Condumex, 1987, p. 33.

> Era tal el abuso introducido en tiempo del Ministerio de Tornel [durante el gobierno de las Bases Orgánicas], que éste ha confesado a Gordoa, que alguna vez le sucedió quedársele entumecidos los dedos de firmar despachos [. . .] Muchas personas me han asegurado que la expedición de aquellos despachos estaba sujeta a una tarifa, según su clase, cuyos productos entraban en la bolsa del Ministro. Sólo así puede explicarse la prodigalidad y la improvisada fortuna que ha hecho.[58]

No es posible saber, a ciencia cierta, cuánto cobraba, si cobraba, el ministro por los despachos, pero el propio Ramírez añade un detalle interesante: "Éste ha sido su flaco que le ha engordado desmesuradamente la bolsa empobreciendo a la nación y *procurándole una numerosa clientela*".[59]

Es razonable conjeturar que, como en el caso de Tornel, en muchos otros los recursos públicos desviados, extraviados o disimulados sirvieran para mantener clientelas. Para sobornar a jefes militares, para falsear elecciones, para pagar periódicos. Sin lealtades ideológicas firmes, el dinero se convertía en uno de los resortes políticos más confiables; casi el único.

Como Santa Anna y Tornel, otros innumerables políticos de mayor o menor importancia fueron acusados de corrupción. Sin que sea posible decir nada categórico sobre esto, sí es cierto que hay muchas historias extrañas de políticos enriquecidos, decisiones poco razonables y cuentas demasiado confusas, que con la hipótesis de la corrupción tendrían sentido.

Manuel Piña y Cuevas, por ejemplo, ministro de Hacienda con José Joaquín Herrera en 1848, incluyó en su memoria de egresos todos los sueldos de funcionarios públicos, cuando sólo se había pagado la mitad; dejó arreglados, además, todos los pagos que se debían a los prestamistas y, al poco de renunciar, recibió un crédito sin garantías por 76 000 pesos.[60] Teodosio Lares, ministro de Justicia y magistrado de la Suprema Corte durante la dictadura, recibió adelantados dos años de sueldo poco antes de que triunfara la Revolución de Ayutla.[61]

[58] José Fernando Ramírez, *México durante su guerra con los Estados Unidos*, *op. cit.*, p. 462.

[59] *Ibidem*, p. 459. Las cursivas son mías.

[60] Véase Barbara Tenembaum, *op. cit.*, p. 117.

[61] El caso lo refiere, con detalle, Linda J. Arnold, "La política de la justicia: los vencedores de Ayutla y la Suprema Corte mexicana", *Historia Mexi-*

Otra anécdota extraña. Ewen Macintosh consiguió, en 1856, que Juan Álvarez intercediera para que se le devolviesen unas minas que le habían sido incautadas por el comisario de minas de Taxco; al poco de aquello, envió como regalo 16 acciones de sus minas a Álvarez, que las agradeció educadamente.[62]

Que casi nada de esto sirve como prueba de corrupción, no hace falta recordarlo. Pero es cierto que los políticos eran poco discretos en sus negocios, y que no se cuidaron mucho de la opinión pública. Muchos liberales de la generación juarista, por ejemplo, usaron la Ley Lerdo de desamortización para adquirir propiedades a bajo precio.

En el primer año de vigencia de la ley, el ministro Lerdo, autor de la ley, compró propiedades eclesiásticas por un valor de 33 333 pesos; el presidente Comonfort, a su vez, invirtió en ello 22 500 pesos, José María Iglesias gastó 24 300 pesos, Francisco M. Olaguíbel 30 400 pesos, Manuel Payno 90 050 pesos, Vicente García Torres 49 484 pesos, Juan Antonio de la Fuente 48 764 pesos, Ignacio Mejía 6 933 pesos, y el entonces ministro de Justicia, Benito Juárez 3 200 pesos.[63]

No es algo insólito, puesto que también las élites políticas locales hicieron de la desamortización un buen negocio; en Oaxaca, por ejemplo, los líderes del grupo radical, José María Díaz Ordaz y Ramón Cajiga compraron de inmediato propiedades: Díaz Ordaz la hacienda de El Rosario, por 28 500 pesos (el avalúo oficial era de 42 750), y Cajiga la hacienda de La Soledad, por la que pagó 4 000 pesos.[64] En resumen, durante la Reforma en Oaxaca hubo 509 compradores, aparte de los indígenas, y de ellos 68 eran políticos en posiciones importantes, y 28 más eran burócratas.[65]

Seguramente todo ese tráfico se hizo con los escrupulosos

cana, vol. XXXIX, núm. 2, octubre-diciembre de 1989, p. 464.

[62] Un biógrafo entusiasta disculpa a Juan Álvarez con un argumento curioso: ''La aceptación de este hecho [el regalo de acciones] sirvió de base para que algunos tacharan a Álvarez de venal. Si hubiera sido así, no hubiera dado las gracias abiertamente ni hubiera indicado el motivo de su agradecimiento como sucedió'', Clyde G. Bushnell, *La carrera política y militar de Juan Álvarez*, México, M. A. Porrúa, 1988, p. 258.

[63] La información es de la Memoria de 1857 de la Secretaría de Hacienda, citada por T.G. Powell, *El liberalismo y el campesinado*, *op. cit.*, pp. 74-75.

[64] Charles R. Berry, *La Reforma en Oaxaca. Una microhistoria de la revolución liberal, 1856-1876*, México, Era, 1989, p. 167.

[65] *Ibidem*, p. 185.

miramientos legales que son la nota propia del grupo juarista. Pero hacía suficiente bulto para despertar recelos.

A la vista de sus muchas formas y ocasiones, lo que puede decirse en términos generales es que la corrupción mantenía el orden político. Y eso por varias razones. Para empezar, porque sólo se podían negociar empréstitos gracias a concesiones más o menos irregulares, y más o menos discretas; de hecho, hubo políticos que apoyaron su carrera en su capacidad para mediar en los negocios turbios de agiotistas y comerciantes.[66]

También era necesaria porque el orden local dependía de la capacidad de gestión de los intermediarios, que tenían que ofrecer a su clientela algo más que el cumplimiento de la ley, y que por lo común esperaban recibir algo más que prestigio. En su primera experiencia de gobierno, en Oaxaca, Juárez veía esto con indignación:

> Los alcaldes y regidores —decía al Congreso en 1852—, con muy raras excepciones, se aprovechan de estos productos [de los fondos públicos] para sus usos particulares ó para fomentar vicios y costumbres perniciosas á la sociedad.[67]

Con el tiempo, los radicales como Ignacio Ramírez e Ignacio Manuel Altamirano lo acusarían a él de favorecer, desde la Presidencia, ese tipo de corruptelas, a cambio de asegurar los resultados de una elección por ejemplo. Ramírez solía ser el más violento:

> Se trata —escribía en 1871— en el Ministerio de Hacienda de que desaparezcan las huellas de doscientos mil pesos que se extraviaron en el Ministerio de Guerra, y [. . .] de otros gastos anormales por valor de tres millones. El fraude en la cuenta costará sesenta mil pesos; porque entre los escribientes, que son los que más trabajan sólo se reparten dos mil. Se hace en Sinaloa una elección de orden suprema: importa doscientos mil pesos; cien mil se van en operaciones financieras, porque de los otros cien mil, veinte tocan

[66] Barbara Tenembaum comenta el caso del general Blanco, ministro de Guerra en la dictadura de Santa Anna, que actuaba como "vendedor oficial de influencia" para concertar préstamos o incluso para introducir contrabando, *op. cit.*, p. 163. El caso no es único, ni siquiera raro.

[67] Benito Juárez al Congreso de Oaxaca, 2 de julio de 1852, en Juárez *Exposiciones (Cómo se gobierna)*, edición de Ángel Pola, México, INEHRM, 1987, p. 367.

a C., treinta a R., y cuando mucho cinco mil se reparten entre los electores.[68]

Pero la corrupción, además, era útil para tramar o mantener una alianza. Porque la política era la clave de incontables negocios. Podía tratarse de obtener la adjudicación de una finca subastada, de la concesión para la trata de esclavos en Yucatán, de permisos especiales de importación libre de derechos: en la medida en que el Estado ofrecía mercados políticamente estructurados, también hacía de las concesiones —más o menos fraudulentas— un recurso que era necesario administrar con prudencia. Y sin trabas legales, si fuese posible.

La corrupción también ganaba elecciones. Y no es de lo menos importante. Era un proceso complejo, cuyo fin no era suplantar una decisión popular, sino fabricar entera la elección; para lo cual hacía falta negociar con los intermediarios locales, comprar periódicos, contentar electores, comandantes militares, alcaldes, grandes propietarios. Una máquina que, por cierto, sólo comenzó a operar con fluidez después de la restauración de la República.[69]

Finalmente, era necesaria para mantener funcionando el aparato de la administración pública. La lealtad política y el simple trabajo de los burócratas se compraban con la tolerancia para con cualquier tipo de tráfico menudo.

Con intención laudatoria, Molina Enríquez ha querido que la organización de la corrupción fuese mérito especial de Porfirio Díaz. Creo que es injusto con todos los gobiernos anteriores. Sin embargo, su argumento merece atención, porque la asocia con un movimiento social de siglos: el ascenso de una clase media mestiza que encontró en el aparato estatal la fórmula de movilidad que una economía estancada y enormemente concentrada no le podía ofrecer. Porfirio Díaz, escribe,

> profundo conocedor de todos los mestizos, los ha dejado y los deja aprovecharse de sus puestos, traficar con sus funciones, enriquecerse, satisfacer todas sus ambiciones y saciar todos sus apeti-

[68] Ignacio Ramírez en *El Mensajero*, 22 de agosto de 1871, Ramírez, *op. cit.*, vol. II, pp. 223-224.

[69] Sobre esto es indispensable el libro de Laurens B. Perry, *Juárez and Díaz. Machine politics in Mexico*, De Kalb, Northern Illinois University Press, 1978, *passim*.

tos. Ha sabido y sabe que muchos de ellos han negociado y negocian, que han lucrado y lucran, que han llevado y llevan una vida de desorden cuando no de vicio, pero no ha parado ni para en ello la atención. Al contrario, los ayuda, favoreciéndolos con su apoyo en los negocios que emprenden; colocando a los amigos y parientes [. . .] y por último, autorizándolos tácitamente para que ellos sigan la misma línea de conducta con sus amigos y subordinados.[70]

[70] Andrés Molina Enríquez, *Los grandes problemas nacionales*, *op. cit.*, p. 138.

LA VIDA PÚBLICA

LA CLASE POLÍTICA

Ha tenido bastante buen éxito la idea de Daniel Cosío Villegas de que en México la vida pública es privada. "La política —escribía en una ocasión— no se hace en la plaza pública, el parlamento o la prensa, en debates o polémicas sonados, sino en la conversación directa, a medias palabras, entre el aspirante y el detentador del poder."[1] Es el estilo clásico, dice, del porfiriato y de los gobiernos revolucionarios, pero también el del resto de nuestra historia, excepción hecha del paréntesis de la República Restaurada.

En algún sentido, el dicho de Cosío Villegas es razonable. Desde el golpe de Iturbide en adelante, una clase política muy reducida y poco escrupulosa ha decidido sobre los asuntos nacionales, y por lo común en acuerdos y transacciones ajenos a cualquier forma de control público.[2] Sin embargo, no parece del todo justo: son incontables, en el XIX, los periódicos, como los motines; y en poco se afanan más los políticos que en controlar, en manejar, en usar al pueblo (y dejemos, por ahora, la ambiguedad del término).

Acaso sólo hace falta un matiz, pero es necesario.

Siempre fueron pocos los políticos de alguna importancia. Se les ve a todos turnarse los puestos, pasar de un ministerio a otro, o repetir en el mismo hasta en una docena de ocasiones. Ni siquiera hacia el final del siglo pasaban de cien los que contaban en la política nacional.[3] Pero incluso sumando a los mu-

[1] Daniel Cosío Villegas, "El intelectual mexicano y la política", en *Ensayos y notas*, México, Hermes, 1966, vol. II, p. 160.

[2] "La experiencia histórica del 'plan' —dice Luis F. Aguilar— ha generado una cultura política, según la cual lo nacionalmente decisivo sucede en el pacto secreto y excluyente y no en el ámbito de la opinión pública, abierta a la inclusión argumentativa de los intereses diferentes (pluralismo)", Luis F. Aguilar, "Opinión pública y comunicación social", en *México. 75 años de Revolución. Educación, cultura y comunicación*, México, FCE/INEHRM, 1988, vol. II, p. 825.

[3] Véase Luis González y González, *La ronda de las generaciones. Los*

chos políticos ocasionales y de segundo orden, se trató en todo tiempo de una élite bastante reducida: propietarios, clérigos, oficiales, letrados y profesionistas urbanos.[4]

Eso sólo aconseja hablar con prudencia de la vida pública. Y lo sabían bien algunos liberales de la generación juarista; Ponciano Arriaga, por ejemplo:

> Lo que sucede es, que en nuestro país hay todavía algo de horror al pueblo. El habito hace que exista cierto registro de hombres públicos de que no queremos salir. El que una vez llega a la Presidencia será candidato perpetuo; el que ha sido ministro ha de estar entrando y saliendo del poder, y el electo diputado lo ha de ser siempre. Si se amplía el número, si la renovación se hace por totalidad, si no hubiera reelecciones, vendrían a los Congresos hombres nuevos, sencillos, que no pasasen por sabios, y acaso todo andaría mejor, porque habría más fe y más firmeza en las convicciones.[5]

Era más agresivo, más intransigente Ignacio Ramírez. "Dos partidos hace más de seis años nos dominan: el de la legalidad, juarista; el de la inteligencia, lerdista; nadie ignora que todos ellos tienen razón, menos el del pueblo."[6]

Muy poco fue lo que cambió, sin embargo. Apenas que, con el mejor funcionamiento de la maquinaria que se armó en la República Restaurada, la clase política se cerró incluso más. El extremo, por demás evidente, de ese proceso fue la pacífica gerontocracia de fines del porfiriato.[7] Pocos personajes, pues, y bien conocidos.

protagonistas de la Reforma y la Revolución mexicana, México, SEP, 1984, p. 100.

4 "Los políticos y los grupos con conciencia política de todas las procedencias y creencias formaban por sí mismos una élite que controlaba en su mayor parte, si no en su totalidad, el poder y la riqueza del país", Michael P. Costeloe, *La primera república federal de México (1824-1835)*, México, FCE, 1983, p. 186.

5 Ponciano Arriaga, discurso sobre las bases para elección de diputados en el Constituyente de 1856, 17 de septiembre, en Francisco Zarco, *Historia del Congreso Constituyente de 1857*, México, INEHRM, 1987, p. 497.

6 Ignacio Ramírez, *El Mensajero*, 1 de junio de 1871, en *Obras completas*, México, Instituto de Investigaciones Jorge L. Tamayo, 1984, vol. II, p. 45.

7 Sobre el proceso de exclusión que formó a la clase política desde la derrota del imperio, véase Laurens B. Perry, "El modelo liberal y la política práctica en la República Restaurada", *Historia Mexicana*, vol. XXIII, núm. 4, abril-julio de 1974, p. 675, y Marcello Carmagnani, "La libertad, el poder y

Conocidos sobre todo entre ellos. Fuera de los tiempos de mayor beligerancia de la Reforma, liberales y conservadores, licenciados y militares, compartían un mundo social, compartían cultura, ambiciones, incluso muchos más prejuicios y principios políticos de los que pudieran haber visto ellos.[8] En la Academia de Letrán, por ejemplo, estaban José Joaquín Pesado e Ignacio Aguilar y Marocho, conservadores de los más consecuentes, lo mismo que moderados como Payno y Otero, liberales como Ignacio Ramírez y Guillermo Prieto, y buena parte de la élite del medio siglo: Tornel, Olaguíbel, Couto, Calderón...[9]

No sólo eso, que podría parecer inevitable, sino que, enemigos y todo, mantenían buenas relaciones personales. Frances Calderón de la Barca lo comentaba con cierta sorpresa: "No conozco otro país en que los partidos opuestos se tengan menos mala voluntad unos a otros. Tal parece que todo se les va en palabras".[10] Y es notable. Otra vez, exceptuando en parte la Reforma, a pesar de las guerras y los motines, los políticos no se mataban entre sí; el castigo más grave, les ocurrió a Bravo, a Santa Anna, a pocos más, era el destierro. Del que solían volver, además, en poco tiempo.

Esa fraternidad de los políticos hizo que los conflictos fuesen poco sangrientos, pero muy confusos. No hay que descartar que hubiese en ello un ápice de mala conciencia; Carlos María de Bustamante, por ejemplo, pide que se echen en el olvido las "anteriores aberraciones" del general Paredes, una vez que su revuelta ha triunfado en 1846, porque "¿[...]quién de los que figuran en la palestra, no las ha tenido? ¿Quién de ellos es capaz de decir: 'Yo estoy libre de pecado'? —Ninguno".[11]

Esa extraña caridad, sin embargo, recuerda también en algo la *omertá* de los mafiosos sicilianos. Es difícil pensar otra cosa leyendo a Manuel Doblado en 1856:

el Estado en la segunda mitad del siglo XIX", *Historias*, núm. 15, octubre-diciembre de 1986, *passim*.

[8] Véase Charles Hale, *El liberalismo mexicano en la época de Mora (1821-1853)*, México, Siglo XXI, 1985, p. 303.

[9] Véase, sobre la Academia de Letrán, Guillermo Prieto, *Memorias de mis tiempos*, México, Porrúa, 1985, p. 156 y *passim*.

[10] Madame Calderón de la Barca, *La vida en México durante una residencia de dos años en ese país*, México, Porrúa, 1974, p. 326.

[11] Carlos María de Bustamante, *El nuevo Bernal Díaz del Castillo, o sea historia de la invasión de los anglo-americanos en México* [1847], México, INEHRM, 1987, t. I, p. 121.

estoy persuadido de que en la época tormentosa que atravesamos, todos, más o menos, hemos tenido parte en las desgracias del país con nuestras aberraciones, y necesitamos, por consiguiente, tratarnos mutuamente con indulgencia si no queremos añadir a la nota de malos hijos, la de malos hermanos.[12]

Parece al menos un principio de la lógica corporativa. Una raíz oscura de la tolerancia política, que hace —no es tan extraño— de la impunidad uno de los entendidos necesarios de la vida pública.

La clase política era, pues, una élite. Pero en modo alguno una aristocracia, ni siquiera —el término es incómodo— una oligarquía. Porque no eran los políticos grandes propietarios, hacendados o negociantes, sino hijos de una "clase media" por lo general urbana y blanca (aunque haya notorias excepciones).

La misma medianía nutría a los conservadores y a los liberales, a los oficiales y a los escritores públicos. Las Siete Leyes de 1836, el primer gran intento del centralismo, no fueron redactadas por hacendados, obispos y generales, sino por un Congreso compuesto en muy buena medida por gente de esa "clase media".[13] (Entre paréntesis, creo que las comillas son indispensables para nombrar a la "clase media" mexicana, que no es media ni en posiciones políticas, ni en recursos económicos, ni en educación.)[14]

Eso hace difícil defender las habituales conexiones que se hacen —por motivos políticos, ya lo sé— entre el conservadurismo y la gran propiedad, y el liberalismo y los intereses "populares". Acaso fuera posible vincular a la tradición conservadora con la población urbana, en particular de criollos, de la meseta central del país, y encontrar a la vez la fuerza del liberalismo en

[12] Es una carta de Manuel Doblado a su antiguo enemigo y ex gobernador de Guanajuato, Francisco Pacheco, fechada en 1856, en *Los gobiernos de Álvarez y Comonfort, según el archivo del general Doblado*, Genaro García, Documentos inéditos o muy raros para la historia de México, México, Porrúa, 1974, p. 501.

[13] Véase Josefina Z. Vázquez, "Iglesia, ejército y centralismo", *Historia Mexicana*, vol. XXXIX, núm. 1, julio-septiembre de 1989, p. 229.

[14] Sobre esto, es indispensable el libro de Soledad Loaeza, *Clases medias y política en México. La querella escolar, 1959-1963*, México, El Colegio de México, 1988. En particular, interesa su reflexión sobre la vocación política de las "clases medias" en México, y sobre su presencia desproporcionada en la clase política.

los hacendados del norte y algunas comunidades mestizas del sur.[15] Pero en cuanto al liderazgo político, la diferencia no es apreciable.

Hay que decir, desde ahora, que la clase política mexicana no se parece mucho a la que ha descrito Gaetano Mosca. Por supuesto, no es el valor militar su rasgo caraterístico, aunque haya muchos militares en ella; ni tampoco es la riqueza la fuente de su poder. Lo más importante, sin embargo, es que nunca se transformó en una "casta hereditaria", y siempre se mantuvo relativamente abierta para los hijos de esa clase media urbana e ilustrada.[16] Era un grupo reducido, pero nunca una aristocracia ni un estamento.

Eran pocos los políticos profesionales, porque eran pocos los que tenían una educación bastante para eso. Es muy frecuente, sobre todo en la primera mitad del siglo, encontrarse con textos que lamentan la falta de preparación política, la inexperiencia, la ineptitud. Falta, decía Alamán "un número suficiente de hombres capaces de proceder con acierto" en los puestos públicos;[17] Gutiérrez Estrada opinaba lo mismo, que el país padecía por la "falta de hombres que hagan de esas instituciones [republicanas] una realidad".[18]

Por supuesto, los dos quieren llegar a la conclusión de que la monarquía sería el gobierno adecuado. Pero otros muchos coincidían con ellos. José María Bocanegra, por ejemplo, comenta que en el primer Congreso se le acercó algún diputado a preguntarle qué era una votación nominal, y que no era muy extraño el caso.[19]

[15] Sobre esto son interesantes las notas de François Chevalier, "Conservadores y liberales en México. Ensayo de sociología y geografía políticas, de la independencia a la intervención francesa", *Secuencia. Revista Americana de Ciencias Sociales*, núm. 1, marzo de 1985.

[16] Es útil, para entender sus peculiaridades, compararla con el modelo clásico de Mosca. Véase G. Mosca, *La clase política*, selección de N. Bobbio, México, FCE, 1984, cap. II, *passim*.

[17] Lucas Alamán, *Historia de México desde los primeros movimientos que prepararon su independencia en 1808 hasta la época actual* [1853], México, FCE, 1985, vol. V, p. 487.

[18] Carta abierta de José María Gutiérrez Estrada al presidente Anastasio Bustamante, 25 de agosto de 1840, en Gastón García Cantú (comp.), *El pensamiento de la reacción mexicana. Historia documental*, México, UNAM, 1986, vol. I, p. 210.

[19] José María Bocanegra, *Memorias para la historia del México indepen-*

Mejor o peor educados, eran hombres de mediana posición, muchos provincianos, cuya presencia resultaba incómoda —por decirlo así— para los letrados de la capital. Lizardi, más indulgente que muchos, reconocía que había diputados que "aunque sean patriotas, no tienen gota de talento para el caso, y otros que no tienen ni aun nombre en la República y que los conocerán en sus casas; pero —concluía— ¿qué elección es perfecta?"[20]

El doctor Mora era, en cambio, violento en su juicio:

> A consecuencia de esta prodigalidad y falta de prevision han ocupado los sofas de los congresos, y los sillones del gobierno, personas no solo sin educacion ni principios, poseidas de la mas crasa ignorancia, si no lo que es mas, enteramente destituidas de moralidad y honradez.[21]

En resumen, arribistas. Y por cierto que no faltaban razones para verlos así. Muchos hicieron dinero con la política, empezando por varios de los que combatieron en las guerras de independencia: Gordiano Guzmán, Juan Álvarez, Nicolás Bravo y otros más.[22] Algunos viajeros, como George Lyon, lo comentan con sorna:

> Hicimos una visita de cortesía a su excelencia, el general Lobato, hasta hace poco tiempo un muy respetable zapatero remendón en Xalapa, y ahora comandante en jefe del Estado Libre y Soberano de Zacatecas.[23]

La idea se repetiría después hasta el cansancio. Los políticos eran, por definición, arribistas: ignorantes y deshonestos, como los pinta Mora, de origen oscuro, como dice Lyon. Eran, según

diente. 1822-1846 [1892], México, FCE, 1986, vol. I, p. 39.

[20] José Joaquín Fernández de Lizardi, 22 de noviembre de 1826, *Correo Semanario de México*, México, UNAM, 1975, *Obras completas*, vol. VI, p. 16.

[21] José María Luis Mora, *México y sus revoluciones* [1836], México, FCE, 1986, vol. I, p. 323.

[22] Herbert J. Nickel anota que algunas haciendas fueron dadas como premio a quienes se destacaron en las guerras, y que otros seguramente usurparon las tierras en el curso mismo de la lucha, *Morfología social de la hacienda mexicana*, México, FCE, 1988, p. 230

[23] George F. Lyon, *Residencia en México, 1826. Diario de una gira con estancia en la República de México*, México, FCE, 1984, p. 103.

una expresión de José Joaquín Pesado, la "clase hambrienta".

Esa imagen asume y confirma los prejuicios de la exigua aristocracia mexicana, que serían después los de la nueva clase de negociantes y agiotistas.[24] Algunos de sus temas, de sus razones, provienen acaso del pensamiento conservador europeo, pero es indudable que la versión arraigó con facilidad.

En la clase política se condenaba, en términos generales, el oportunismo tanto como la movilidad social. Pero la idea fue especialmente útil para los partidos conservadores: dondequiera que se promovía un cambio, el prejuicio daba por sentado que los políticos —ambiciosos, inescrupulosos, hambrientos— buscaban sólo enriquecerse a costa de los demás. Y nada cuesta reconocer que era un razonamiento bastante verosímil.

La agria diatriba de Aguilar y Marocho en *La familia enferma*, un texto clásico del conservadurismo mexicano, se reduce de hecho a decir que los políticos liberales eran ladrones. Llama a Santos Degollado "Don Quijote de la Garra", y dice de él que había dado con "la feliz invención de hacerse rico sin trabajar", por lo cual "le pareció útil y conveniente extender en México las doctrinas comunistas, así para el aumento de su hacienda, como para la destrucción de las gentes";[25] la fábula pone a los liberales, desde Juárez hasta González Ortega, satisfechos de haber "demostrado al mundo que la libertad bien entendida consistía en volver a los tiempos de la edad dorada, en que nada había *tuyo*, sino sólo *mío*".[26]

Es curioso, aunque no inexplicable, que los conservadores fuesen tan sarcásticos sobre el origen de clase de los liberales, cuando en sus filas tampoco abundaban los aristócratas. El propio Aguilar y Marocho pudo estudiar gracias a una beca del Cabildo Eclesiástico de Morelia; entre los militares estaban Juan N. Almonte, hijo bastardo de Morelos, y Tomás Mejía, al parecer indio otomí sin mezcla ninguna; Francisco de Paula Arrangoiz y José Manuel Hidalgo eran "elegantes" pero no hombres

[24] Según Doris Ladd, "Ni las guerras de independencia, ni la nueva república, destruyeron a la nobleza mexicana. Los pocos individuos que emigraron a España fueron reemplazados por sus propios herederos criollos o por miembros de una nueva clase de criollos comerciantes y militares", *La nobleza mexicana en la época de la Independencia, 1780-1826*, México, FCE, 1984, p. 246.

[25] Ignacio Aguilar y Marocho, *La familia enferma* [1860], México, Jus, 1969, pp. 3-4.

[26] *Ibidem*, p. 92.

de fortuna, y los demás por el estilo. Y tampoco ellos fueron muy escrupulosos en el manejo de los caudales públicos.

Sin embargo, la idea ya tenía raíces en la imaginación de casi todos. En 1845 escribía Francisco Pacheco al general Paredes quejándose de la política de "los Licenciados", y le aconsejaba: "Esta canalla es necesario separarla de la escena política".[27] En un tono parecido, Arista los llamaba "descamisados, enemigos de todo orden".[28]

Poco a poco, la fantasía conservadora se convirtió en un lugar común. El prejuicio tenía bases sólidas, y tocaba a toda la clase política, pero terminó calificando sólo a los liberales y reformistas. Y, la paradoja es sólo aparente, le dio al liberalismo la popularidad que le faltaba.

Un panfleto de 1834 resume bien los tópicos de la versión conservadora, por llamarla así:

> debe procederse con esa horda de encuerados hambrientos, sin educación ni moralidad, que añadiendo delitos á delitos, han desoído los clamores de una nación soberana, de quien se llaman representantes [y que] no está compuesta de un corto número de criminales que hoy ocupan los primeros puestos, sino de ocho millones de mexicanos que los detestan; y la mision con que se suponen para regir sus destinos, no fue legada por nosotros, sino apropiada furtivamente por facciosos.[29]

Nunca ningún grupo estuvo libre de acusaciones de ese estilo; sobre todos pesaba la sospecha —o la certeza— de que habían "usurpado" el poder con elecciones arregladas. De todos se pensó siempre, y con buenas razones, que eran pequeños grupos facciosos, más o menos oportunistas y sin escrúpulos.

Pero sólo de los liberales se decía que eran "descamisados", "encuerados"; en francés, *sansculottes*, y en náhuatl, *chinacos*. Con un talento político admirable, los liberales del grupo juarista —como los radicales en Revolución francesa— hicieron del insulto un emblema, y confundieron en la guerra contra el Im-

[27] Carta de Francisco Pacheco al general Mariano Paredes, 18 de septiembre de 1845, en García Cantú, *op. cit.*, vol. I, p. 227.

[28] Carta de Arista a Paredes, 5 de septiembre de 1845, *ibidem*, vol. I, p. 225.

[29] El título del panfleto es "Muy pronto llamará a nana el autor de la Sotana", y aparece en García Cantú, *op. cit.*, vol. I, pp. 174-176.

perio el liberalismo con el patriotismo, y ambos con la causa del pueblo, de los "descamisados", los *chinacos*.[30]

Eso afectó, sin duda, a la suerte política de los liberales de la segunda mitad del siglo, pero no respondía a una modificación de la clase política. Siguió siendo un grupo mínimo, educado y de origen medio, cada vez más cerrado.

Dentro de sus límites, las relaciones familiares, de compadrazgo, de amistad, formaban redes ajenas incluso a las definiciones partidistas. Gracias a ellas, los puestos públicos se repartían con un cierto orden.

Un caso típico, dentro del núcleo dirigente, es el de José María Iglesias. Por su educación y por su trabajo como redactor de *El Siglo XIX* conoció a Prieto, a Payno, a Joaquín Cardoso, y por medio de ellos a Comonfort, a Juárez y al resto de la élite liberal. En 1849, con Arista, dirigía la Junta de Crédito Público, y dos años después era diputado, en 1855 jefe de sección en Hacienda, en 1857 ministro de Justicia, en 1860 administrador de la Aduana de México, en 1863 otra vez ministro de Justicia y al año siguiente, de Hacienda, en 1868 era diputado y después ministro de Gobernación, en 1869 ministro de Justicia, en 1871 administrador de Rentas del Distrito Federal, y en 1873 presidente de la Suprema Corte de Justicia.[31]

En sus memorias, Iglesias explica un nombramiento porque Prieto era "antiguo é íntimo amigo", otro por las "antiguas y estrechas relaciones de amistad" que tenía con Payno, otro más por "una especial recomendación del Lic. D. Joaquín Cardoso", y así las demás.[32] Era un miembro notable de la red juarista, de los que serían llamados con sorna los "inmaculados" de Paso del Norte; a eso debió su larguísima permanencia en los puestos de mayor influencia. Pero las historias de los demás son parecidas.

En cada ministerio, en los gobiernos estatales y locales, la lógica se reproducía, formando pequeñas o grandes cadenas de clientelas, gestionadas por intermediarios.

Ésa era la clase política. Por su estructura y por su manera

[30] En muchas de sus letrillas patrióticas Guillermo Prieto insiste en esa asociación: "Al pleito chinacates:/al grito de venganza;/la lengua de la lanza/proclama libertad", *La musa callejera*, México, Porrúa, 1976, p. 218 y *passim*.

[31] José María Iglesias, *Autobiografía*, México, INEHRM, 1987, *passim*.

[32] *Ibidem*, pp. 18 y 19.

de funcionar, nunca facilitó el juego abierto, y si tuvo una relación ambigua con los grandes propietarios, fue inequívoca en su menosprecio —paternal o autoritario— hacia las formas de la política "popular". El doctor Mora, casi aristocrático, veía en ella el ascenso de la barbarie:

> [Con las revoluciones] pronto se presentan en la escena hombres de un carácter nuevo, por la mayor parte educados en una clase inferior y no acostumbrados a vivir en aquella especie de sociedad que suaviza el carácter y disminuye la violencia natural de la vanidad, civilizándola constante y moderadamente. Esa clase de hombres envidiosos y encarnizados contra todo género de distinción que da superioridad, y a la cual mal llaman aristocracia, apechugan con las doctrinas y teorías más exageradas, tomando a la letra y sin las modificaciones sociales cuanto ciertos libros dicen sobre *libertad* e *igualdad*.[33]

Más moderado, Andrés Molina Enríquez coincide en parte con Mora. Por las necesidades de su argumento, los hace mestizos, animados "por todos los apetitos no satisfechos durante siglos" y por fuerza poseídos de "furor antirreligioso, igualitario, vengador e iconoclasta".[34]

Ambos exageran el radicalismo de la clase política, pero aciertan en ver en ella una forma de movilidad social muy peculiar. Como decía Ramírez, eran "más atrevidos o menos ignorantes que el resto de la nación, [e] hicieron de ella su patrimonio".[35]

La opinión pública

Hubo en México, en el XIX, cientos de periódicos y semanarios, aparte de los incontables panfletos y hojas sueltas. Sólo que, salvo excepciones, duraban poco y tenían muy escasos lectores.

[33] José María Luis Mora, *El Observador*, 19 de mayo de 1830, en *Obra política*, Briseño, Solares y Suárez (comps.), México, Instituto Mora, 1986, *Obras completas*, vol. I, p. 325.

[34] Andrés Molina Enríquez, *Los grandes problemas nacionales*, México, Era, 1985, p. 110.

[35] Ignacio Ramírez, *Don Simplicio* [1845], en Ramírez, *op. cit.*, vol. I, p. 169.

Según Prieto, a mediados de siglo era muy afortunado, y muy raro, el editor que conseguía doscientas suscripciones para un periódico.[36]

Como en Europa, la prensa de la primera mitad del siglo fue sobre todo política; las guerras, los golpes de Estado y los conflictos partidistas eran su razón de ser. En Francia, la Revolución había creado su propia prensa, para un público muy preocupado por las noticias del día: *L'Ami du Peuple* de Marat tiraba 2 000 ejemplares, *L'Ami du Roi* hasta 5 000, y el periódico de Mirabeau acaso 10 000, junto con otra multitud de pequeños diarios y semanarios.[37] En España tuvo la guerra de independencia un efecto similar, prolongado por las luchas partidistas el resto del siglo; en la segunda mitad, el periódico de mayor circulación, *El Imparcial*, llegó a tirar 140 000 ejemplares.[38]

Hubo, pues, en México, una abundante prensa política, con pocos lectores, y que oscilaba entre las declamaciones de principios y la intriga. Su circulación era menor que la de los periódicos europeos, pero en estructura e intención eran muy similares.[39]

Lo importante, desde luego, no eran los lectores, sino las tertulias y los comentarios callejeros. Las noticias se sabían por los gritos de los vendedores y por la charla de los cafés; con frecuencia por la lectura en voz alta. Cuenta Prieto que, en 1842, en Zacatecas, "el día de correo se esperaba con ansia el *Siglo*, y en cafés y tiendas, en zaguanes y plazas, veíase un hombre

[36] Literalmente, dice "veíase el hecho como un prodigio", Guillermo Prieto, *Memorias de mis tiempos, op. cit.*, p. 156.

[37] Véase Jean-Paul Bertrand, *Francia en los tiempos de la Revolución*, Buenos Aires, Javier Vergara, 1990, cap. V "Decir y contradecir la Revolución", *passim*.

[38] Véase María Cruz Seoane, *Oratoria y periodismo en la España del siglo XIX*, Madrid, Castalia, 1977. También, Javier Paredes Alonso, *La España liberal del siglo XIX*, México, Red Editorial Iberoamericana, 1990, p. 118.

[39] Sobre la abundancia de material impreso dice Anne Staples que "seguramente sí se leía; de otra manera no se habría publicado". Por mi parte creo que hay que ser un poco escépticos al respecto: muchos testimonios hablan de periódicos subvencionados o pagados con suscripciones de políticos. Periódicos que muy seguramente no se leían, aunque se imprimieran. Véase Anne Staples, "La lectura y los lectores en los primeros años de vida independiente", en Seminario de Historia de la Educación en México de El Colegio de México, *Historia de la lectura en México*, México, El Colegio de México, 1988, p. 97.

leyendo el periódico, en medio de una agrupación de gente''.[40]

Noticias parecidas hay de otras ciudades. El propio Guillermo Prieto habla de los ''corrillos del portal de Querétaro'', formados por ''labradores que se quejan del tiempo, comerciantes que reniegan del mal camino de Tampico, y empleados que inquieren sus noticias''; según dice, ''los días en que llega diligencia o correo se extienden las conversaciones...''[41]

Es más solemne el alemán Carl Christian Sartorius: ''La plaza pública viene a ser para el mexicano lo que para los romanos era el foro. Aquí es donde primero se escuchan las noticias de cualquier acontecimiento...''[42] Una función que la plaza comparte, según su relato, con las abarroterías, ''utilizadas por los compradores como centros de chismorreos y escándalos''.[43] Como sea, parece indudable que las noticias se sabían, se discutían, mucho más allá de la élite lectora.

Es el proceso de formación de una opinión pública, en algunos rasgos muy parecido al europeo. Habermas lo ha resumido así:

> La ''ciudad'' no es sólo centro económicamente vital de la sociedad burguesa; en contraposición político-cultural con la ''corte'', es signo, sobre todo, de una publicidad literaria que cuaja institucionalmente en las *coffe-houses*, en los *salons* y en las *Tischgesellschaften*. La herencia de aquella sociedad humanístico-aristocrática tendió, en el encuentro con los intelectuales burgueses, y gracias a sus conversaciones sociables y comunicativas, el puente entre los residuos de una publicidad decadente —la cortesana— y el embrión de una nueva publicidad: la burguesa.[44]

Aquí, los corrillos de los portales y las abarroterías servían para eso mismo. Hacían de la política un asunto de todos, y traían y llevaban noticias, proclamas, planes y debates.

En opinión de Luis F. Aguilar, es necesario hacer una dis-

[40] Guillermo Prieto, *Memorias de mis tiempos*, *op. cit.*, p. 216.

[41] Guillermo Prieto, *Viajes de orden suprema*, México, Gobierno del Estado de Querétaro, 1986, vol. I, p. 99.

[42] Carl Christian Sartorius, *México hacia 1850*, México, CNCA, 1990, p. 192.

[43] *Ibidem*, p. 220.

[44] Jurgen Habermas, *Historia y crítica de la opinión pública. La transformación estructural de la vida pública*, Barcelona, Gustavo Gilli, 1981, pp. 67-68.

tinción, para el caso mexicano, entre dos tipos de "público" muy diferentes:

> Por una parte, la opinión será el circuito cerrado e ilustrado de tertulias familiares, salones cultos, clubes, logias, partidos e inteligencias que, en concordancia canónica con el concepto liberal-democrático, reivindicarán ei derecho de existencia de la libre opinión, teorizarán sobre sus efectos y esperanzas, y la ejercerán radicalmente; por la otra, será el circuito en que los intereses del pueblo, analfabeto e incomunicado, quedarán al margen, sin voz y opinión, materia de comentario e interpretación en los textos de los publicistas.[45]

Sin duda acierta en lo esencial, pero acaso los dos públicos no estuviesen tan separados, ni permaneciera el "pueblo" tan incomunicado. Jerárquicos como serían, esos corrillos para la lectura del periódico parecen una forma de comunicación bastante abierta, lo mismo que las tertulias de los portales y las abarroterías. Es cierto también que los "clubes" políticos fueron por lo general elitistas, pero también lo es que hubo mítines y que las revueltas bien organizadas contaban con intermediarios para agitar en los barrios.

Por otra parte, es notable que en los planes políticos, en las quejas y pleitos de los pueblos campesinos se nota, no ya un conocimiento serio del aparato jurídico, sino incluso de frases, lemas y razonamientos habituales de los escritores políticos. Hablan de sus derechos como ciudadanos, de la soberanía de la nación, de fraudes electorales y cosas del estilo. Es seguro que no formaban parte del "público culto" de las ciudades, y que no coincidían con él en casi nada; pero tampoco estaban del todo al margen de la discusión pública.

No sobra una acotación. La idea de opinión pública en el XIX es casi equivalente a la de consenso; la opinión pública tiene los atributos de la Voluntad General: es justa, verdadera, firme, razonable y unánime. Ni plural ni veleidosa ni interesada.

Iturbide, que había sido aclamado emperador por la "opinión" y al poco destronado por la "opinión", lo tenía claro. En su discurso de abdicación, el 29 de abril de 1823 decía:

[45] Luis F. Aguilar Villanueva, *op. cit.*, pp. 821-822.

> Se habla mucho de la opinión, de su violento desarrollo: siempre se yerra de prisa, y por lo común sólo despacio se acierta: la opinión tiene su crisol, sus efectos no son efímeros; esto me persuade que todavía no podemos fijarnos en cuál sea la de los mexicanos, porque ó no la tienen, ó no la han manifestado: en doce años bien podían contarse casi otras tantas opiniones públicas, ó que al menos han pasado por tales.[46]

En el mismo sentido, Lizardi hace de la opinión "el más firme apoyo de la autoridad",[47] y Lorenzo de Zavala la define como "la coincidencia de las opiniones particulares en una verdad".[48] Todos la defienden como freno del despotismo y raíz de la Ilustración. Ignacio Ramírez dice que la opinión "se anticipa a las leyes [y] las vigila en su ejecución", de modo que pesa siempre sobre los actos públicos y "los persigue sin descanso cuando resultan en contradicción con los intereses indomables del pueblo".[49]

Había, a decir verdad, un culto casi fetichista de la "opinión", que al doctor Mora le daba miedo:

> Desde que una preocupación aparece con el nombre de opinión pública, nadie se atreve a combatirla y los escritores no la tocan una sola vez sin protestarla su respeto y sumisión; no la toman en boca sino para colmarla de elogios y lisonjas, tan indebidas como exageradas; y huyen el cuerpo a su examen y discusión, manifestando el servilísimo temor de que están poseídos.[50]

Acaso las batallas políticas no se ganasen en la prensa, como suponía la teoría, pero todas se libraban también allí. Desde los primeros años los partidos se definieron en la prensa, y los políticos formaron su reputación y emporcaron la de sus contrarios en los periódicos.

[46] Citado por José María Bocanegra, *op. cit.*, vol. I, p. 127. Zavala también cita el texto, con algunas variantes sin mayor importancia.

[47] José Joaquín Fernández de Lizardi, *op. cit.*, p. 99.

[48] Lorenzo de Zavala, *El Hispano-Americano Constitucional*, 1820, en Zavala, *Obras. El periodista y el traductor*, edición de Manuel González Ramírez, México, Porrúa, 1966, p. 31.

[49] Ignacio Ramírez, *El Mensajero*, 2 de septiembre de 1871, en Ramírez, *op. cit.*, vol. II, p. 248.

[50] José María Luis Mora, *El Observador*, 3 de marzo de 1830, en *Obra política*, *op. cit.*, p. 84.

Muchos había que se quejaban del tono general de esa prensa partidista, inmoderada e injuriosa, y que proponían a cambio el modelo idílico de la opinión ilustrada, racional, desinteresada y veraz. Pero era una inercia incontrolable.

Por la estrechez de los círculos de opinión influyentes, por lo reducido de la clase política y por la mecánica clientelista, la prensa mal podía ser un espacio abierto de discusión; sí, en cambio, servía para regular los conflictos dentro de la élite, para definir y exhibir sus alianzas, sus divisiones.

Tenía toda la prensa una vocación pedagógica casi inevitable. De ahí el carácter abstracto y declamatorio de sus disertaciones; por lo demás, en cuanto a los programas de gobierno y la gestión pública, la prensa partidista era por fuerza enemiga del matiz y de la argumentación razonable. Por eso se quejaba Zavala, cuando era Ministro, de que la oposición no se contentaba con una "censura racional", sino que usaba "las calumnias más groseras, las más imprudentes imposturas, las injurias más indecentes que puede producir la rabia".[51]

Por eso también el editor de *El cuarto poder*, en la novela de Rabasa, recomendaba a sus periodistas que elogiasen todos los actos de gobierno,

> y cuando la materia, decía, es de esas muy enredadas que no se entienden, se escribe en términos generales... que los beneficios de la ley son innegables, y que demuestran la clara inteligencia, profundos conocimientos y patrióticas miras del ministro del ramo[...][52]

Las quejas por el tono de la prensa, por su rigidez doctrinaria, por su propensión a la calumnia y su afición maliciosa por los rumores, son parecidas en todo el siglo. Lo cual, por cierto, sólo podía extrañar a quienes, demasiado ingenuos o poco razonables, creyeran en el modelo ilustrado de la opinión pública.[53]

[51] Lorenzo de Zavala, *Ensayo histórico de las revoluciones de México desde 1808 hasta 1830* [1845], México, FCE, 1985, t. II, p. 138.

[52] Emilio Rabasa, *El cuarto poder. Moneda falsa*, México, Porrúa, 1985, p. 23.

[53] "En general, la prensa de todos los partidos llevó a cabo la campaña [en 1871] en un nivel muy bajo, especialmente conforme se acercaba el día de las elecciones y los periódicos gustosamente empleaban prácticamente cualquier rumor, no importa cuán malicioso fuera, para injuriar a los candidatos de la oposición", Walter V. Scholes, *Política mexicana durante el régimen de*

De mayor interés es la relación de los gobiernos con la prensa. Todos ellos, de la tendencia que fuesen, procuraron tenerla más o menos a su servicio, comprarla o censurarla.

En opinión de Gramsci, la idea misma de un ''diario oficial'' está ligada a ''estructuras no-liberales''. Pero en cualquier caso, me parece de más importancia su dependencia —por perversa que se quiera— de la idea de opinión pública; sobre todo en el caso de los periódicos comprados o dirigidos subrepticiamente.[54]

Los gobiernos necesitaban contar con la ''opinión''; de modo que fabricaban una que les fuese favorable. Una necesidad y una solución que se antojan casi rituales. Pero parte de la política se decidía allí.

En su famosa carta para condicionar el retorno de Santa Anna en 1852, Lucas Alamán alegaba que ''la idea conservadora'' era la única viable: ''se puede contar, decía, con la opinión general, que está decidida a favor de ella, y *que dirigimos por medio de los principales periódicos* de la capital y de los Estados, que todos son nuestros''; contra esa fuerza, había sido vana toda la resistencia de Arista, ''aunque gastó mucho dinero en pagar periódicos que le sostuvieran''.[55]

Da la impresión de que ese apoyo y esa opinión son algo demasiado precario, poco digno de crédito. Pero era un simulacro del que no se podía privar nadie.

En 1840, Guillermo Prieto fue redactor del *Diario Oficial* del gobierno de Bustamante. Así lo cuenta:

> batallaba como un desesperado contra los follones malandrines de la oposición. Comencé a iniciarme en el argot periodístico y a hacer mi arsenal de *Oposición sistemática*, *Ambición frustrada*, *Vendidos a intereses serviles*, etc., así como tener a la mano al *héroe*

Juárez, 1855-1872, México, FCE, 1972, p. 212.

[54] ''La concepción del diario oficial está ligada lógicamente a las estructuras no-liberales (es decir, aquellas en que la sociedad civil se confunde con la sociedad política) sean ellas despóticas o democráticas (en las primeras, la minoría oligárquica pretende ser toda la sociedad, en las segundas, el pueblo indiferenciado pretende o cree ser verdaderamente el Estado).'' Antonio Gramsci, *Los intelectuales y la organización de la cultura*, México, Juan Pablos, 1975, Obras de Antonio Gramsci. *Cuadernos de la Cárcel*, núm. 2, p. 166.

[55] Lucas Alamán a Antonio López de Santa Anna, 1852, en García Cantú, *op. cit.*, vol. I, p. 315. Las cursivas son mías.

de Jico, el *brazo fuerte de Iturbide*; el integérrimo Ministro (hablando de Echeverría), el vástago de un héroe, de Almonte, y Cañedo, ya Cicerón, ya Quevedo.[56]

La prensa era un instrumento de gobierno. En lo cual podría verse, por cierto, un resabio de las ambiciones ilustradas, en el mejor de los casos, y un principio de despotismo, mirándolo con mala fe. No sé cuál de las dos domine, por ejemplo, en el caso de Juárez:

> Ya sabe U. —le escribía a Ramón Corona en 1866— que en la nueva era que se abre, nuestro programa debe ser: consolidar la independencia, la libertad, la igualdad y la paz, sobre la base sólida de la sumisión á la ley y de la obediencia á las órdenes de la autoridad suprema de la nación. *Haga U. porque los escritores públicos inculquen incesantemente esta idea.*[57]

Junto con la difusión de la "opinión oficial", iba siempre el intento de controlar el resto de la prensa, más o menos disimulado con multas impagables o procesos por calumnias o por sedición. Durante la dictadura de Santa Anna se llegó incluso a impedir la circulación de la prensa extranjera; es conocido, en particular, el caso de *La Crónica*, un periódico neoyorquino que ventiló en sus páginas algunos pormenores turbios de la venta de La Mesilla, y cuyos ejemplares fueron quemados en los puertos de entrada.[58]

No es para sorprenderse que Lafragua, entre otros, se quejase de que "una opinión pública fabricada expresamente *ad hoc*" venía siempre a justificar cualquier decisión.[59] Pero la fábrica de la opinión era de manejo difícil.

Es lo más probable que hubiera, también en este caso, inter-

[56] Guillermo Prieto, *Memorias de mis tiempos*, *op. cit.*, p. 185.

[57] Carta de Benito Juárez a Ramón Corona, 4 de diciembre de 1866, citada en José María Vigil y Juan B. Híjar y Haro, *Ensayo histórico del Ejército de Occidente* [1874], México, INEHRM, 1987, p. 468.

[58] Anselmo de la Portilla, *Historia de la revolución de México contra la dictadura del general Santa Anna, 1853-1855* [1858], México, INEHRM, 1987, p. 100.

[59] En particular, Lafragua lo decía del movimiento contra la Constitución de 1824 en el primer gobierno de Santa Anna. Es un discurso ante el Constituyente de 1842, en Patricia Galeana (comp.), *José María Lafragua*, México, Senado de la República, 1987, p. 111.

mediarios capaces de gestionar un apoyo masivo. Algo así se intuye en una carta del archivo de Doblado, fechada en 1855:

> desempeñaré con la mayor violencia su encargo de imprenta, que deseo llene el objeto que U. se propone, y quedo a la vista de cualquier articulejo que salga en los periódicos, para contestarlo debidamente. Haré más: voy a procurar que *La Revolución*, *Monitor* y *Siglo XIX* se declaren abiertamente por U., con lo que habremos quitado esos diarios a sus enemigos. Si la seriedad con que merecen tratarse las cuestiones, no impidiera que *La pata de Cabra* se ocupase de ellas, también la tendríamos a nuestra disposición; pero la reservo para cuando pongamos en ridículo a sus detractores.[60]

Había, eso es evidente, una jerarquía de periódicos, y una técnica para conseguir su adhesión. Pero también es notorio que la rigidez doctrinaria de que tanto se hablaba no les impedía manejar su "opinión" con flexibilidad suficiente para negociar con ella.

En eso pesarían no sólo intereses ideológicos, aunque los hubiera, sino también afectos, amistades y cálculos de muy difícil clasificación. Un ejemplo: José Fernando Ramírez se quejaba, en 1846, de que los editores de *El Siglo XIX* "mejor que nadie, sabían todas las maldades y porquerías de Tornel, y sin embargo siempre lo elogiaron, o callaron, a la vez que se lanzaban como tigres sobre otros por meras venialidades"; y decía que aquello era porque Tornel hacía favores a Cumplido y "decía a Otero que era un astro refulgente no sólo de México, sino del Universo".[61] Sobre eso, hay que contar con que Otero y los demás redactores habían tratado a Tornel en la Academia de Letrán.

De esos materiales, revueltos y hasta confusos, estaba hecha la relación de los políticos con la prensa. Lo que de cierto puede decirse es que los periódicos no tenían un margen de independencia respecto a la clase política: el mismo grupo de letrados

[60] Carta de L. M. Ceballos a Manuel Doblado, 10 de octubre de 1855, en *La Revolución de Ayutla según el archivo del general Doblado*, Genaro García, Documentos inéditos o muy raros para la historia de México, México, Porrúa, 1974, p. 244.

[61] José Fernando Ramírez, *México durante su guerra con los Estados Unidos*, Genaro García, Documentos inéditos o muy raros para la historia de México, México, Porrúa, 1974, p. 466.

urbanos de origen medio se hacía cargo de la prensa y del gobierno. Todos los grandes periodistas —Alamán, Zavala, Prieto, Zarco, Payno— ocuparon también cargos públicos.

Sólo en muy contados casos puede verse en los periódicos la expresión de una "opinión social" ajena, incluso enemiga de la clase política. En particular pienso en Juan Bautista Morales e Ignacio Ramírez; que hicieron política también, pero sabían de esa distancia.

El sentido común de entonces era, sin embargo, más severo. Con buenas razones, suponía que la prensa estaba comprada. Juan Bautista Morales imaginaba la actitud de un periodista improvisado, que de la noche a la mañana se ponía a editar un periódico:

> — Luego tú vas a escribir y salga lo que saliere.
> — No, no tan salga lo que saliere; porque precisamente ha de salir dinero para mí; por lo demás poco me importa que se lleve el diablo á la opinión pública, á la nación y al gobierno.[. . .] Los periódicos como el mío son los que hacen las grandes revoluciones, los que sostienen á los pronunciados, los que dan de costillas con los gobiernos, los que levantan otros nuevos y los que elevan á los periodistas al *fastigium* de los empleos y de la riqueza.[62]

Mucho después Rabasa haría de ese tema el motivo de sus novelas *Cuarto poder* y *Moneda falsa.* En su trama, los periódicos sobreviven como negocio gracias a las suscripciones del gobierno, que paga incluso los periódicos de oposición, para mantenerlos en buen orden.

Ejemplos hay bastantes. En 1852 se acusa a Vicente García Torres, editor de *El Monitor Republicano*, de recibir un subsidio de 70 pesos diarios, y poco después se dice algo parecido de Ignacio Cumplido, editor de *El Siglo XIX*, de quien además se comentaría después que había sido muy bien tratado por Santa Anna durante la dictadura.[63]

Y no eran sólo chismes de tinterillos. Era parte de la política cotidiana. Antonio Aguado, ministro de Fomento en el gobier-

[62] Juan Bautista Morales, *El gallo pitagórico*, México, Gobierno del Estado de Guanajuato, 1987, pp. 5-6.

[63] Barbara Tenembaum, *México en la época de los agiotistas (1821-1857)*, México, FCE, 1985, p. 136; Moisés González Navarro, *Anatomía del poder en México, 1848-1852*, México, El Colegio de México, 1983, p. 229.

no de Comonfort, escribía a Manuel Doblado: "No sé a mí cómo me pondrá la prensa; *El Siglo XIX* entiendo que mal, porque Zarco, su redactor, es el enemigo más encarnizado del Gobierno, porque no le da impresiones".[64] Al parecer no es una conjetura maliciosa de Aguado; Lafragua le da la razón y explica el caso con bastante detalle. Vale la pena seguirlo.

> Cumplido que hizo fortuna bajo el tirano, que le regaló y fue regalado por él (cosa inaudita) que vivió tranquilo, asistiendo a los bailes, etc. etc., durante la tiranía, era desleal y pérfido con Comonfort: le hacía una guerra infame ya en su periódico, ya por medio de Zarco en el Congreso; y llevó su audacia hasta preguntarme delante de Comonfort por qué había yo dado el Estatuto a García Torres. Porque se me dio la gana, iba yo a contestarle; mas no queriendo bajarme hasta él le dije: G. Torres lo ha hecho de balde y me ha dado los ejemplares necesarios para el gobierno. Entonces se quejó de que yo hubiese prohibido la inserción del Estatuto en los periódicos —señor Cumplido, le dije—, lo mismo se hizo con el arancel que usted imprimió y no lo hizo de balde: es preciso que G. Torres saque siquiera los gastos. A los cuatro días Cumplido obtuvo de Comonfort la inserción en el Siglo sin conocimiento mío[. . .] No perdono esta debilidad al Presidente.[65]

Era débil Comonfort, sin duda; pero no sé, en ese caso, si hubiera tenido abierto otro camino. La "opinión", así de turbia, era necesaria para gobernar.

La participación popular

La imagen del "Pueblo" se ha construido en México a través de siglos de menosprecio ilustrado, liberal, positivista y revolucionario. No es que todos hayan pensado igual, pero en algunas notas coinciden; por ejemplo, en la convicción de que sobre todo es indiferente, hasta apático. "Un hato de borregos", decía José Fernando Ramírez, y como él muchos. Por eso, entre otras cosas, la vida pública es privada.

[64] Carta de A. Aguado a M. Doblado, 2 de julio de 1856, en *Los gobiernos de Álvarez y Comonfort*, *op. cit.*, p. 503.

[65] José María Lafragua, *Miscelánea de política*, México, INEHRM, 1987, p. 95.

Sobre ese paisaje mental, hay algunos hechos que resultan incómodos. A mediados de 1880, en una de sus crónicas, Ignacio Manuel Altamirano hablaba, con enorme disgusto, del público que llenaba las galerías del Congreso:

> Ya el público no asiste a las deliberaciones del Congreso con el objeto de instruirse en los negocios públicos, sino con el de divertirse en un espectáculo gratuito, en el que pueda vociferar, injuriar, silbar y abandonarse a toda clase de manifestaciones indignas [...] no es un público circunspecto e ilustrado, sino un enjambre de ociosos que nada representan, a no ser la pereza, la curiosidad y las malas pasiones.[66]

Aunque su conducta fuese, en efecto, indigna, lo curioso es que estuviesen allí. Que intervinieran, con injurias y silbidos, en las sesiones del Congreso. Hay que suponer que no se trataba de la clase política, y tampoco de los propietarios; no dice Altamirano que fuesen soldados o curas. ¿Quiénes eran, entonces, los gritones de las galerías?

Pero la imagen, contra lo que quiere imaginar Altamirano, es bastante familiar.

Cuando apenas comenzaba a sesionar el primer Congreso, en mayo de 1822, el Regimiento 11 de Caballería entregó una representación en favor del sistema republicano y, dice Alamán, "las tribunas estaban llenas de gente que había concurrido expresamente para apoyar la lectura"; gente que con murmullos, gritos y aplausos seguía la discusión.[67]

Muy poco después, cuando el Congreso debía decidir sobre la proclamación de Iturbide, "fue preciso dar entrada al público en las galerías, que inmediatamente se llenaron de gente que aclamaba á Iturbide"; entre ellos, Alamán no es muy preciso, entraron "muchos militares, algunos religiosos, especialmente mercedarios, y *mucho pueblo*".[68]

Otra vez, cuando en la cámara se trató sobre la inhabilitación del presidente Guerrero, muy popular según parece, las galerías se llenaron de gente "comprometida con el buen écsito

[66] *La República*, 21 de mayo de 1880, en Altamirano, *Periodismo político*, edición de Carlos Román Celis, México, CNCA, 1989, *Obras completas*, vol. XIX, p. 100.

[67] Lucas Alamán, *op. cit.*, vol. V, p. 587.

[68] *Ibidem*, vol. V, p. 595. Las cursivas son mías.

de la faccion dominante" y que, tan irreverentes como siempre, "no omitian ningun arbitrio de los que pudiesen intimidar á los miembros de la cámara".[69] Y casi veinte años después, durante el debate del que resultó la elección de don Pedro María Anaya como Presidente fue necesario incluso levantar la sesión; entonces "el tumulto fue mayor, rehusando [los de las galerías] evacuar el salón y continuando siempre en proferir dicterios los unos, mientras los otros tocaban la trompeta, le hacían cochinito y otras burlas indecentes".[70]

No era entonces cosa muy extraña la que veía Altamirano. Acaso fuesen, como supone Zavala, grupos más o menos organizados por los partidos. Por cierto que no se comportaban como ciudadanos circunspectos. Es una turba, decía Altamirano, que "grita, patalea, injuria a los diputados, se carcajea, silba, maulla como los gatos, remeda a los burros, a los gallos, a los grillos y a los borregos".[71] Pero incluso bajo esa forma zoológica y aun prefabricada, si se quiere, había "mucho pueblo" en las cámaras. Tanto como para obligar a matizar la idea de la privacidad de la vida pública.

Por supuesto, la presencia del "Pueblo" no se limitaba al Congreso. Casi todo lo que ocurría de importancia se acompañaba de multitudes callejeras; de las que sabemos bien poco, pero sí que ahí estaban.

El 18 de mayo de 1822 Iturbide fue aclamado por las calles de la ciudad de México. Según Alamán, "hombres prevenidos al intento, ponían en movimiento los barrios", de modo que "se esparcieron por todas las calles pelotones de aquella clase de gente, que en México se conoce con el nombre de 'léperos'[. . .] aclamando a Agustín I".[72] Lo mismo cuenta Zavala, que "la plebe de los barrios de México, escitada por individuos que después fueron muy marcados, se juntó desde las ocho de la noche, y dirigiéndose hacia la casa del Sr. Iturbide, gritaba: Viva Agustín I".[73]

No se gana mucho con saber que eran "plebe" o "léperos". Pero ya es bastante saber que estaban allí, que con ellos se consi-

69 Lorenzo de Zavala, *Ensayo histórico*, *op. cit.*, t. II, p. 197.
70 José Fernando Ramírez, *op. cit.*, pp. 503-504.
71 Ignacio Manuel Altamirano, *op. cit.*, p. 103.
72 Lucas Alamán, *op. cit.*, vol. V, p. 592.
73 Lorenzo de Zavala, *Ensayo histórico*, *op. cit.*, t. I, p. 130.

guió la coronación de Iturbide, y que actuaban movidos por algunos personajes "prevenidos" para ello. Y debía ser cosa bien sabida entonces, porque el dictamen de la comisión del Congreso encargada de reconocer la abdicación de Iturbide, en 1823, decía a la letra:

> Todo México sabe que la noche del 18 de mayo unos cuantos revoltosos desconocidos antes de este acontecimiento, y marcados posteriormente por la opinión, *cohecharon a la ínfima plebe de uno de los barrios* de esta corte para que saliesen en grupos gritando: viva Agustín Primero Emperador.[74]

La acusación es muy fuerte, pero al mismo tiempo muy ambigua. Haría falta saber de qué manera era posible "cohechar" a los barrios de la ciudad. De ahí en adelante, sin embargo, esa presunción —o esa certeza— pesaría sobre cualquier movimiento popular.

Así, cuando se inició la revuelta de Casa Mata en 1823 Iturbide hizo un recorrido con su tropa por la ciudad, "acompañándole, dice otra vez Alamán, una muchedumbre del pueblo más bajo, que se tuvo entendido haber sido pagado para que fuese á aplaudirlo".[75] Si fuera cierto, no dejaría de sorprender que fuese necesaria esa "fábrica de entusiasmo". Pero, pagado o no, ese "Pueblo" (¿sería uno solo?) reaparece con una insistencia que llama la atención.

A fines de 1845, un personaje tan turbio como el general Valencia era aclamado también en su rebelión contra el gobierno de Herrera. Se movía por la ciudad, "rodeado y escoltado por un inmenso pueblo", mientras se oía "en todas las iglesias un repique a vuelo que tañía ese mismo Pueblo, que en gran número coronaba las torres".[76] Y sin embargo, los festejos y aclamaciones no eran tan fáciles de fabricar. El triste ingreso a la capital del general Paredes en 1846 sirve de ejemplo. Las autoridades municipales habían dado un bando para informar de su arribo:

[74] Dictamen de la comisión del Congreso sobre la abdicación de Agustín I, 4 de abril de 1823, citado por José María Bocanegra, *op. cit.*, vol. I, p. 198. Las cursivas son mías.

[75] Lucas Alamán, *op. cit.*, vol. V, p. 721.

[76] José Fernando Ramírez, *op. cit.*, p. 440.

> "[Esto] se pone en conocimiento de los vecinos de esta ciudad excitándolos a que adornen el exterior de sus casas y hagan en aquel acto las demostraciones que les dicte su patriotismo". Pocos momentos después estaban [los bandos] rasgados, borroneados o apostillados con palabras obscenas. Advirtiéndose que el patriotismo no alcanzaría ni aun para colgar una cortina, se enviaron algunos soldados, poco antes de la entrada de las tropas, para que previnieran a los vecinos de las calles p.r donde debian pasar que encortinaran sus balcones. Así se verificó y éstas fueron las únicas cortinas que el Sr. Paredes vio en su tránsito.[77]

Si no era fácil fabricar el entusiasmo, sí debía entrañar una técnica bien conocida para algunos. El más notorio de esos intermediarios era Valentín Gómez Farías. Según Guillermo Prieto, "las masas" lo seguían "instintivamente", y disponía así de "un verdadero ejército de descamisados, que estaba a sus órdenes".[78] Bustamante hablaba con evidente desprecio de "los léperos" de Gómez Farías: "con palabras dulces y falagosas les llama *mis hijos, mis pobrecitos hijos*".[79]

Fuese por instinto, por demagogia, o por alguna otra razón, la gente de los barrios —y no se puede ser más preciso— salía a la calle para apoyar a Gómez Farías una y otra vez. No es extraño, pues, que uno de sus propósitos más repetidos fuera la formación de milicias cívicas. Pero se sabe muy poco de esa relación tan singular, y tan persistente.

De otros más de estos agitadores tenemos noticia. Zavala menciona a un tal Severiano Quesada, amigo al parecer de los *yorkinos*. Al poco del golpe de Bustamante contra Guerrero, fue asesinado.

> Quesada era uno de esos hombres inquietos, que se ocupan en tiempo de convulsiones políticas en atizar el fuego de la discordia, en mover la plebe y sembrar la division. Tenia un partido numeroso entre la canalla, y era enemigo declarado del partido que acababa de triunfar. Como la victoria solo habia sido efecto de la sorpresa, temieron quizas que este corifeo popular escitase una reaccion que hubiera sido funesta[...][80]

[77] *Ibidem*, p. 455.
[78] Guillermo Prieto, *Memorias de mis tiempos*, *op. cit.*, p. 190.
[79] Carlos María de Bustamante, *op. cit.*, p. 39.
[80] Lorenzo de Zavala, *Ensayo histórico*, *op. cit.*, t. II, p. 165.

Un confidente escribía a Paredes en 1841 para prevenirlo contra el gobernador Antonio Escobedo, y le aconsejaba "quitarlo del mando por medio de un movimiento popular".[81] Un método, por lo demás, muy socorrido. Pocos años después, siendo ministros Payno, Arista y Lacunza organizaron un motín contra el Ayuntamiento de la ciudad de México presidido por Alamán; según parece fue Eligio Romero, un colaborador de Juan Álvarez quien sirvió de intermediario, y tuvo que pagar dos reales y un vaso de pulque a los amotinados.[82]

Si no era fácil mover a ese "Pueblo", tampoco lo era mantenerlo en orden una vez en la calle. Ya en 1822 Lucas Alamán daba noticia de que "en uno de los regocijos populares de los barrios de Méjico, que se conocen con el nombre de 'víctores', se oyeron palabras injuriosas al congreso y el terrible grito de revolucion del año de 1810: 'mueran los gachupines'[...]"[83] Es peligroso decir nada sobre esto, pero no parece descaminada la idea de que, si la agitación inicial podía ser obra de profesionales, una vez reunida la multitud asumía —en ocasiones— una orientación, digamos, clasista. Algo así parece haber ocurrido en el saqueo del Parián.

Vicente Guerrero, y los *yorkinos* que formaban su partido en 1828, intentaron una política "populista", con una retórica igualitaria y el recurso de la agitación callejera. Así prepararon el motín de la Acordada para imponer a Guerrero en la Presidencia. En cosa de horas, el movimiento desembocó en el saqueo masivo del Parián, donde tenían sus tiendas la mayor parte de los comerciantes de la capital.[84] Es difícil saber si el saqueo estaba previsto por los agitadores, pero es seguro que el espectáculo de violencia que vieron los capitalinos dejó en todos un recuerdo de horror que haría muy difícil, en lo sucesivo, que ningún partido confiase en el apoyo popular.

[81] Carta sin firma, dirigida al general Mariano Paredes, 14 de agosto de 1841, en *El general Paredes y Arrillaga según su propio archivo*, Genaro García, Documentos inéditos o muy raros para la historia de México, México, Porrúa, 1974, p. 13.

[82] El caso lo refiere asimismo Moisés González Navarro, *Anatomía del poder en México*, *op. cit.*, p. 224.

[83] Lucas Alamán, *op. cit.*, vol. V, p. 605.

[84] Un estudio detallado del saqueo del Parián aparece en Silvia M. Arrom, "Popular politics in Mexico City: The Parian riot, 1828", en *Hispanic American Historical Review*, vol. 68, núm. 2, 1988, *passim*.

Hubo otro intento, muy curioso y muy limitado en 1846, con la organización de la Sociedad Federalista. La ocurrencia fue, en este caso, organizar mítines para explicar la política de la Sociedad, y ganar adeptos convencidos. Carlos María de Bustamante, como es lógico, habla del "leperage" de los mítines, y trata a los asistentes de holgazanes;[85] en un tono parecido, José Fernando Ramírez dice que no son sino "ridículas pantomimas [...] parodia y farsa de los *meetings* del pueblo inglés", y comenta con algo de escándalo y mucho de desprecio, que "allí cualquiera tiene derecho p.a tomar la palabra".[86]

Guillermo Prieto, que estuvo entre los organizadores, habla en cambio con orgullo del espanto que produjeron entre "los serviles que no habían visto nunca frente a frente y en actitud resuelta a los enemigos del retroceso y de la servidumbre".[87] Reconoce sin pena ni sorpresa que "había grandes descarríos en las masas", pero insiste en que "la predicación de sus derechos producía sus frutos" y, por fin, señala con algo más de precisión a los asistentes: tenderos, militares francos, colegiales entusiastas, carniceros y verduleras.[88] Acaso no fuese el mismo "Pueblo" que aplaudía a Iturbide y a Santa Anna, pero la agitación responde a una misma necesidad política.

No puede decirse que el temor fuese infundado, porque con mucha facilidad las multitudes quedaban fuera de control. En un motín clásico, el 13 de agosto de 1855, al enterarse de que Santa Anna había huido, "las turbas se vieron arrastradas a deplorables excesos", y saquearon las casas de Santa Anna y sus ministros.[89] En una páginas memorables, Victoriano Salado Álvarez ha reconstruido el motín, y acaso su intuición sea útil para entender la lógica de la multitud; en la trama, Juanito Pérez, un liberal, trata de moderar la furia de los amotinados:

> Empecé a gritar, á accionar violentamente, á llamar la atención del grupo que me rodeaba.
> — ¡Que hable, que hable! dijeron muchos.
> — ¡Es un *suidadano* que quiere tomar la palabra!
> — ¡Tiene la palabra!

[85] Carlos María de Bustamante, *op. cit.*, t. II, pp. 100-101.
[86] José Fernando Ramírez, *op. cit.*, p. 474.
[87] Guillermo Prieto, *Memorias de mis tiempos*, *op. cit.*, p. 251.
[88] *Ibidem*, pp. 251-252.
[89] Anselmo de la Portilla, *Historia de la revolución*, *op. cit.*, p. 231.

— ¡Que nos diga algo ese *suidadano*!
— ¡Es un enemigo de los ladrones!
— ¡Es un enemigo del cojo!
— ¡Que muera el cojo!
Entonces, desde los hombros de cuatro revoltosos, dije que debía cesar aquel espectáculo deshonroso, aquella algarada que daba triste idea del pueblo mexicano.
— ¡Abajo! dijeron muchos.
— ¡Es un traidor!
— ¡Está vendido al oro de la Mesilla![...][90]

El texto parece sugerir, en efecto, que la violencia popular escapa, en algún momento, del control de los agitadores. Y algo similar ocurriría después en el largo conflicto de la Reforma. Cuando la Iglesia se negó a celebrar con un *Te Deum* la promulgación de la nueva Constitución, en 1857, dice Anselmo de la Portilla que "el pueblo derribó las puertas de las torres y echó a vuelo las campanas, se entregó á las demostraciones más violentas, y prorrumpió en gritos de enojo contra el clero".[91] Poco después, cuando los liberales tomaron Guadalajara a fines de 1858, un agente del gobierno conservador informaba que se había tomado presos a algunos curas y, decía, "según la efervescencia de las chusmas, no será difícil que sean victimas de ellas. El saqueo ha sido casi general, el incendio repetido[...]"[92]

Algunos liberales de la generación juarista pretendieron dar forma a la participación popular, con mítines, campañas y clubes políticos. En particular lo intentaron Zarco e Ignacio Ramírez. Pero no tuvieron buen éxito. Los "clubes" que se crearon eran claramente elitistas —exigían una cuota de 12 pesos—, y pronto impusieron a sus asociados la obligación de mantener en secreto las deliberaciones.[93] La mecánica siguió

[90] Victoriano Salado Álvarez, *Memorias de un veterano. Episodios nacionales mexicanos. De Santa Anna a la Reforma*, México, FCE, 1984, vol. I, p. 399.

[91] Anselmo de la Portilla, *México en 1856 y 1857. Gobierno del general Comonfort* [1858], México, INEHRM, 1987, pp. 194-195.

[92] Informe al gobierno conservador sobre la toma de Guadalajara, 3 de noviembre de 1858, en *Don Santos Degollado. Sus manifiestos, campañas, etc.*, Genaro García, Documentos inéditos o muy raros para la historia de México, México, Porrúa, 1974, p. 277.

[93] Jacqueline Covo, "Los clubes políticos en la Revolución de Ayutla", en *Historia Mexicana*, vol. XXVI, núm. 3, enero-marzo de 1977, *passim*.

siendo la misma: pequeños cenáculos de influyentes, vinculados con una red de intermediarios entre militares, funcionarios y negociantes, y con recursos para agitar al "Pueblo" en ocasiones escogidas.

De lo que no cabe duda es de que el "Pueblo" era un actor de peso en el melodrama político. En quien nadie podía confiar enteramente, al que todos despreciaban por una cosa u otra, pero del que todos sabían echar mano cuando hacía falta. No eran ciudadanos como los hubiera querido la fantasía ilustrada de la clase política, pero tampoco era tan perfecta su apatía, ni eran, no parece, "un hato de borregos".

A MANERA DE CONCLUSIÓN

El siglo XIX mexicano, visto de prisa y sin mucha atención, parece una comedia de equivocaciones, donde nada es lo que debería ser. Es un tiempo extraño y confuso donde los demócratas fabrican elecciones, los militares hacen carrera por la desobediencia y la indisciplina, las leyes se veneran tanto más cuanto menos se cumplen, los empresarios alimentan con gusto la inseguridad, y los patriotas buscan el camino de Veracruz.

A veces da la impresión, incluso, de que habría que darle la razón a Octavio Paz:

> La ideología liberal y democrática, lejos de expresar nuestra situación histórica concreta, la ocultaba. La mentira política se instaló en nuestros pueblos casi constitucionalmente. El daño moral ha sido incalculable y alcanza a zonas muy profundas de nuestro ser. Nos movemos en la mentira con naturalidad.[1]

Pero hay mucho más que eso. La relación entre el orden jurídico y la vida política es de los asuntos más complicados de la historia. De mexicana o de cualquiera otra. El modelo cívico no arraigó, no podía hacerlo. Pero no fue simplemente mentira: al contrario. Con esas formas —tan adulteradas como se quiera— se organizó el orden político. Importaba, y mucho, tener elecciones, organizar algún órgano parlamentario, contar con la opinión pública y gobernar con la ley.

El siglo XIX comenzó en México con un largo y lento proceso de destrucción. Destrucción económica y destrucción política. Cuando se proclamó la independencia ya dominaban, en muchas regiones, nuevos caciques y caudillos, no había quien pudiera mantener la seguridad en los caminos, ni manera de que en breve volvieran a producir las minas ni las haciendas en el centro del país. Era el principio.

En pocos meses, el triste imperio de Iturbide terminó de destruir el principio monárquico, y con él, el vínculo de autoridad

[1] Octavio Paz, *El laberinto de la soledad*, México, FCE, 1984, pp. 110-111. La fantasía de Paz produce a veces imágenes deslumbrantes, y el México que él ha inventado es un hallazgo poético, si no muy sutil, muy atractivo. Sería yo el último en negarlo.

que hacía posible al Estado. Seguiría siendo para muchos un modelo ideal de gobierno; pero en la práctica hubo que prescindir de él.[2]

Todo el aparato legal, burocrático y político que aseguraba la obediencia, como intemediario entre el monarca y sus súbditos, se quedó sin fundamento. Sin "repúblicas de indios", sin corporaciones, sin fueros ni privilegios, sin castas, las viejas formas del orden y del conflicto no podían reproducirse. En su lugar, una confusa trama de leyes viejas y nuevas, de antiquísimas ordenanzas y reglamentos improvisados hacía del Estado una presencia extraña, ineficaz.

En alguna medida, tenía razón Rabasa. Aquello no era una Constitución espontánea, sino impuesta: no eran derechos conquistados, ni siquiera la sanción de arbitrariedades antiguas, sino formas ideales, cargadas de buenos deseos.[3] Y no estaban en contradicción con ninguna esencia nacional: simplemente no tenían apoyo. No era ése el orden que producía la sociedad.

Sobre lo anterior, por supuesto, la crisis económica. Casi seis décadas de estancamiento que tensaron hasta su límite el orden rural, que obligaron a las regiones a encerrarse en sus pequeños mercados, y que dejaron al Estado sin recursos. Era un buen tiempo para los aventureros: sólo el contrabando, la usura y los negocios protegidos por el Estado prosperaban.

La autoridad, entonces, dejó de tener el apoyo abstracto de la monarquía, perdió los recursos tradicionales, fiscales, políticos, con que coordinaba los poderes regionales y locales. La seguridad cotidiana, el orden, dependía de formas mucho más concretas y próximas: comunidades, corporaciones, caciques, hacendados, jefes militares.

En todo eso, los ilustrados de entonces y los del siglo siguiente, vieron sólo la espantosa imagen del caos, de la anarquía. Y encontraron orden, en cambio, en el porfiriato. Sin embargo, en un tiempo como en el otro hubo bandidos encumbrados y jueces corruptos, elecciones arregladas y arbitrariedades caciquiles, leyes de papel y políticos sin escrúpulos.

[2] Véase, sobre esto, Edmundo O'Gorman, *La supervivencia política novohispana. Reflexiones sobre el monarquismo mexicano*, México, Universidad Iberoamericana, 1986.

[3] Sobre el pensamiento de Rabasa, Martín Díaz y Díaz, *Emilio Rabasa: teórico de la dictadura necesaria*, México, Miguel Ángel Porrúa/Escuela Libre de Derecho, 1991.

En los primeros sesenta años, como en los cien que vinieron después, había un orden.

En su rutina, la sociedad se hizo, desde el principio, una vida previsible y sensata. Los campesinos, los militares, los periodistas, los hacendados, sabían cómo hacer las cosas. Las comunidades buscaban autonomía, los hacendados protegían un orden jerárquico, los políticos sabían que la gran ciencia era no caer, no resbalar.

La autoridad no dependía de un vínculo genérico con el Estado, porque no era aquél un público de individuos. El orden arraigaba en sistemas de lealtades particulares: comunitarias, corporativas, señoriales, patrimoniales, clientelistas. Y ninguno de ellos podía conformarse con el modelo cívico. Porque nadie esperaba, para empezar, una ley que fuese igual para todos.

El Estado no podía imponer una obediencia pareja, porque no tenía un dominio efectivo. Debía negociar, en cada caso, con redes de intermediarios que ostentaban una representación, si no legal, más sólida que la de las instituciones formales. Porque se apoyaba en su capacidad de gestión de los intereses particulares de una localidad, una región, un cuerpo; un intermediario conseguía votos o soldados, conseguía créditos, manifiestos, porque a cambio podía ofrecer privilegios, seguridad, empleos, dinero.

Intermediarios había de los más variados orígenes y temperamentos, desde caudillos populares como Juan Álvarez, hasta turbios negociantes como el canónigo Irisarri. En común tenían esa posición privilegiada que les permitía parasitar la relación, siempre áspera, entre la autoridad formal y la sociedad, entre las exigencias de la ley y las necesidades del control político.

El orden que resultaba de todo ello era, por fuerza, jerárquico, pero también inclusivo. La estabilidad dependía de la capacidad de los intermediarios para sumar al mayor número posible de clientes en su red. La tranquilidad del ejército, por ejemplo, exigía contentar no sólo a los generales, sino a los oficiales y aun a la tropa; de modo similar, la buena armonía regional hacía necesario apaciguar a los hacendados y a los pueblos, y no pocas veces también a los bandidos.

Con esos materiales se reconstruyó el Estado. Porque los intermediarios lo necesitaban para organizar formalmente su dominio. El Estado abastecía a los intermediarios de puestos y empleos, de dinero, de privilegios; de leyes también, que les permitían negociar la desobediencia de su red. El Estado hacía posible, además, solucionar los conflictos entre clientelas, entre caciques o caudillos, por el reconocimiento formal del mando de uno u otro, de los intereses de un grupo o del contrario.

La sanción estatal podría parecer intrascendente, puesto que la posición de los intermediarios en buena medida se fraguaba al margen del orden jurídico. Ocurría lo contrario. Sólo por el acuerdo compartido de aceptar el arbitraje formal de la ley se podía contar con alguna seguridad; por supuesto, todos querían tener de su parte al Estado. De otro modo apenas podían dar en bandidos, y no era una situación cómoda —aunque a veces consiguieran un largo dominio, como el de Manuel Lozada en Nayarit.

Hay que dar por descontado que el Estado no se parecía mucho al que supone el modelo cívico; y eso por muchas razones. Desde luego, por la autonomía de los intermediarios, y porque eran éstos quienes podían asegurar alguna protección. Pero también porque el precario desarrollo del mercado no permitía la consolidación de la estructura de lo privado típica del orden cívico: ni para las comunidades ni para los hacendados, ni para los prestamistas ni para los políticos era claro dónde terminaba lo privado y dónde empezaba lo público.

No había ciudadanos porque no había *individuos*. La seguridad, los negocios, la política, eran asuntos colectivos. Pero nunca, o muy pocas veces, podían tener una solución general que a la vez fuese eficaz, convincente y presentable.

Sobre esa trama se asentaba la moral. Que no era compatible con la tradición republicana, porque era demasiado difícil concebir un "interés público" que estuviese más allá del juego de los intereses particulares; que no era liberal, porque nadie quería el imperio intransigente de la ley; que no era democrática porque la participación real no cabía en las formas institucionales.

Sin embargo, era una moral tolerante; incluso demasiado tolerante. Porque el orden descansaba sobre la eficaz gestión de la desigualdad, sobre las transacciones con los intermediarios y sus redes. Era una moral, también, que entre sus virtudes mayores tenía a la prudencia. Una moral que aceptaba el uso de las instituciones públicas para fines privados, porque no imaginaba otra posibilidad, y porque eso hacía posible la protección de las particulares necesidades de cada grupo, de cada red. Una moral que aceptaba bien el oportunismo, pero que castigaba con severidad los fracasos; "entre nosotros, decía Rabasa, *ser* es la última expresión de lo sublime, y *haber sido* es buenamente una vergüenza".[4]

En ese mundo, el lugar de la ley era tan extraño como importante. Una anécdota de Juárez sirve como modelo.

Cuando ya retrocedían, en derrota, las tropas francesas a fines de 1866 Ramón Corona tomó el puerto de Mazatlán, y escribió al Presidente pidiéndole "aclaraciones" sobre la aplicación de la ley del 25 de enero de 1862, que condenaba a muerte a todos quienes hubieran colaborado con los invasores. A Corona le preocupaba el asunto porque, de cumplirse la ley, tendría que mandar fusilar casi a toda la población del puerto.

Benito Juárez le respondió el 4 de diciembre de 1866. Este es el texto de la carta:

> Me parece bien que solo en los mas notables criminales se haya U. propuesto hacer el ejemplar que previene la ley, pues no es ya posible hacerla extensiva á la generalidad que se manchó con la traicion; y ya se le contesta á U. oficialmente en comunicacion, respecto de este y otros puntos que me consulta [. . .]. Por ahora no hay necesidad de que se publique una medida general modificando ó derogando la ley de 25 de enero de 1862, *porque no es tiempo oportuno*; así es que solo *se le aprueba á U. el caso particular que consulta* y se le autoriza por la suma confianza que merece y que en U. tiene el gobierno, para que con los empleados de un órden secundario y con otros en quienes no concurran circunstancias agravantes, por sus grandes crímenes de traicion, *suspenda U. la aplicacion de la ley* y solo informe para que el gobierno resuelva lo conveniente; *pero tampoco debe publicarse esta regla de conducta* que le indico sobre este punto. Bástele á U. saber que obrando de esa manera no contrae U. responsabilidad.[5]

Podría verse en esto sólo un monstruoso ejemplo de iniquidad. Pero hay mucho más. Juárez, como muchos otros de su generación y de las siguientes, había aprendido a usar la ley y la ilegalidad para consolidar su dominio. Ni la inflexible aplicación

[4] Emilio Rabasa, *La gran ciencia*, México, Porrúa, 1985, p. 316.

[5] La carta aparece íntegra en José María Vigil y Juan B. Híjar y Haro, *Ensayo histórico del Ejército de Occidente*, México, INEHRM, 1987, p. 466.

de la ley ni la arbitrariedad abierta podrían dar una capacidad política semejante.

El día 23 de junio de 1833, siendo presidente Valentín Gómez Farías, se expidió un decreto que desterraba de la República por un lapso de seis años a cincuenta y un ciudadanos —reputados conspiradores—, y a todos los demás "que se encuentren en el mismo caso". Por supuesto, no se dejaba claro cuál fuese "el caso", pero se confiaba en la capacidad del gobierno para entenderlo.

La Ley del Caso, como se le conoció, fue un borrón inocultable en la historia de Gómez Farías. A partir de entonces, sin embargo, de muchas maneras y casi siempre con mejor disimulo, todas las leyes han sido leyes "del caso".

La ley, en el modelo que vengo delineando, no *obliga* ni al Estado ni a los ciudadanos; pero *sirve*, en particular contra los enemigos. En el margen que se abre entre la ley que todos convienen en acatar y la práctica donde se negocia la desobediencia, ahí arraiga la influencia de los intermediarios, ahí también las posibilidades de lucro de los propietarios, ahí la supervivencia —muchas veces ilegal— de campesinos, jornaleros o proletarios, ahí el control de los sindicatos. Ahí, sobre todo, arraiga la autoridad del Estado.

Nunca hubo en México un orden cívico. Don Daniel Cosío Villegas quiso imaginar que durante la República Restaurada el país vivió, digamos, un paréntesis de legalidad y "juego limpio"; otros, tras sus pasos, han hecho de la fantasía casi un mito:

> Por diez años —escribe Enrique Krauze— bajo las presidencias de Benito Juárez y Sebastián Lerdo de Tejada, México ensayó una vida política a la altura de los países avanzados de Europa o Estados Unidos. No había partidos sino facciones dentro del grupo liberal, pero existía una verdadera división de poderes, un respeto fanático —¿y qué otro cabe?— por la ley, soberanía plena de los estados, elecciones sin sombra de fraude, magistrados independientes, y una absoluta libertad de opinión que se traducía, hasta en los más remotos pueblos del país, en una prensa ágil, inteligente y combativa. Los hombres amaban la libertad política.[6]

[6] Enrique Krauze, *Por una democracia sin adjetivos*, México, Joaquín Mortiz/Planeta, 1986, p. 47.

Los estudios recientes no parecen justificar un optimismo así. Juárez sabía usar la Ley, pero también la ilegalidad. Y usaba de ambas, por ejemplo, para perseguir a los gobernadores que no le eran fieles —León Guzmán, por ejemplo— y poner en su lugar a los miembros de su red. También usaba de ambas para fabricarse elecciones seguras, para mover a su favor la "opinión pública" y todo lo demás.[7]

No era cosa muy grave, porque más que la libertad política se amaban entonces otras cosas. Y la maquinaria juarista consiguió algo mucho más importante: la estabilidad.

Con Juárez y Lerdo, en efecto, la política mexicana estuvo a la altura de sus modelos europeos y norteamericano. Los conservadores hubieran podido verse, en esa década, en el espejo español: la Restauración había puesto a funcionar un aparato de caciques que mantenía el orden a costa de la ley; un sistema, según Varela Ortega, de "libertad estable a cambio de sacrificar eficiencia administrativa y democracia política".[8] Los liberales, por su parte, hubieran podido comparar su orden con el de los Estados Unidos, donde en 1876 Samuel Tilden ganaba la elección presidencial, pero perdía el puesto en un oscuro cómputo frente a Rutherford B. Hayes, y donde muchos veían en la corrupción y en los vínculos del gobierno con los empresarios la destrucción del experimento democrático norteamericano.[9]

La solución mexicana no fue igual a ninguna otra, pero sí semejante a muchas. Sin embargo, muchos hubo que no se conformaron con ella nunca. Así llegaría, en 1910, Francisco I. Madero diciendo: "Lo que actualmente pasa en nuestro país, causa pena y vergüenza".

Pero eso es ya parte de otra historia. Parecida, no digo que no, pero es otra. Y habrá que contarla en otra parte.

[7] Sobre todo esto he aludido con frecuencia en mi texto a la obra, indispensable, de Laurens B. Perry, a algún ensayo de Linda J. Arnold, y a testimonios como los de Ignacio Ramírez.

[8] José Varela Ortega, *Los amigos políticos. Partidos, elecciones y caciquismo en la Restauración (1875-1900)*, Madrid, Alianza, 1977, p. 463.

[9] Véase Robert Kelley, *El modelo cultural en la política norteamericana*, México, FCE, 1985, pp. 323-330, 350ss.

¡Pobres abuelos nuestros! ¡Con qué terribles problemas, con qué ANANKES, como decía por aquellos tiempos M. Victor Hugo, tenían que luchar! La República se debatía bajo una fatalidad siniestra e implacable como la Némesis antigua. ¡Y cuán imbéciles somos sus nietos insultándolos con nuestra ironía irreverente cuando, por lo que se palpa, hubiéramos sido incapaces quizás de la centésima parte del esfuerzo que ellos necesitaron para vivir siquiera, para tratar (nunca dejaron de intentarlo) de hacer orden en el caos, de mantener un imperfecto y angustioso, pero positivo CONTROL del parlamento sobre la administración, de apretar contra su pecho, enlodada, ensangrentada y desgarrada, pero nuestra, la bandera de la patria! ¡Pobres abuelos!

Justo Sierra, *Juárez. Su obra y su tiempo.*

BIBLIOGRAFÍA

La lista que sigue reúne todos los textos que aparecen citados en mi ensayo, sin otro orden que el alfabético. He dejado fuera tan sólo los textos cuyo interés es puramente literario: Robert Louis Stevenson, Pío Baroja, Lytton Strachey, José Rubén Romero.

Acuña, Rodolfo. *Caudillo sonorense: Ignacio Pesqueira y su tiempo*. México: Era, 1981. 192 pp.

Aguilar y Marocho, Ignacio. *La familia enferma*. México: Jus, 1969. Colección México Heroico, núm. 97. 198 pp.

Aguilar Villanueva, Luis F. "Opinión pública y comunicación social", *México, 75 años de Revolución. Educación, cultura y comunicación*. México: FCE/INEHRM, 1988. Vol. II.

Alamán, Lucas. *Historia de México desde los primeros movimientos que prepararon su independencia en el año de 1808 hasta la época presente*. México: FCE, 1985. Facsímil de la edición de 1852. 5 vols.

Albarrán, Antonio. *Nicolás Romero, guerrillero de la Reforma*. México: Gobierno del Estado de México, 1985. 122 pp.

Almond, Gabriel y Sidney Verba. *La cultura cívica. Estudio sobre la participación política democrática en cinco naciones*. Madrid: Euramérica, 1963. 625 pp.

Altamirano, Ignacio Manuel. *Obras completas*. México: SEP/CNCA, 1987-1990. 20 vols.

Annino, Antonio. "El pacto y la norma. Los orígenes de la legalidad oligárquica en México", *Historias*, México, INAH, núm. 5, enero-marzo, 1984.

Archer, Christon I. "Banditry and Revolution in New Spain, 1790-1821", *Bibliotheca Americana*, núm. 1, 1982.

Archer, Christon I. *El ejército en el México borbónico. 1760-1810*. México: FCE, 1983. 413 pp.

Ariés, Philippe. "Para una historia de la vida privada", P. Ariés y G. Duby, *Historia de la vida privada*. Madrid: Taurus, 1989. Vol. 3.

Aristóteles. *La política*. Madrid: Espasa Calpe, 1982. 246 pp.

Arnold, Linda. "La política de la justicia: los vencedores de Ayutla y la suprema corte mexicana", *Historia Mexicana*, vol. XXXIX, núm. 2, octubre-diciembre, 1989.

Arregui Zamorano, Pilar. *La Audiencia de México según los visitadores. Siglos XVI y XVII*. México: UNAM, 1985. 284 pp.

Arrom, Silvia M. "Popular politics in Mexico City: The Parian riot, 1828", *Hispanic American Historical Review*, vol. 68, núm. 2, 1988.

Balmori, Diana, Stuart F. Voss y Miles Wortman. *Las alianzas de familias y la formación del país en América Latina*. México: FCE, 1990. 335 pp.

Barabas, Alicia M. *Utopías indias. Movimientos sociorreligiosos en México*. México: Grijalbo, 1987. 302 pp.

Berger, Peter y Thomas Luckmann. *La construcción social de la realidad*. Buenos Aires: Amorrortu, 1968. 233 pp.

Bergson, Henri. *Les deux sources de la morale et de la religion*. París: Presses Universitaires de France, 1984. 340 pp.

Berlin, Isaiah. *Contra la corriente. Ensayos sobre historia de las ideas*. México: FCE, 1983. 455 pp.

Berry, Charles R. *La Reforma en Oaxaca. Una microhistoria de la revolución liberal, 1856-1876*. México: Era, 1989. 295 pp.

Bertrand, Jean-Paul. *Francia en los tiempos de la Revolución*. Buenos Aires: Javier Vergara, 1990. 325 pp.

Blau, Peter. *Exchange and Power in Social Life*. Nueva York: John Wiley & Sons, 1967. 352 pp.

Blázquez, Carmen. *Miguel Lerdo de Tejada: un liberal veracruzano en la política nacional*. México: El Colegio de México, 1987. 201 pp.

Bloch, Marc. *La sociedad feudal. Las clases y el gobierno de los hombres*. México: UTEHA, 1979. La evolución de la humanidad, núm. 53. 220 pp.

Blok, Anton. *The Mafia of a Sicilian Village, 1860-1960*. Nueva York: Harper Torchbooks, 1974. 285 pp.

Bobbio, Norberto. *Contribución a la teoría del derecho*. Valencia, Fernando Torres editor, 1980. 404 pp.

Bocanegra, José María. *Memorias para la historia del México independiente. 1822-1846*. México: FCE, 1986. 3 vols.

Boehm de Lameiras, Brigitte (comp.). *El municipio en México*. México: El Colegio de Michoacán, 1987. 654 pp.

Boétie, Etienne de la. *Discours de la servitude volontaire*. París: Flammarion, 1983. 217 pp.

Borah, Woodrow. *El Juzgado General de Indios en la Nueva España*. México: FCE, 1985. 488 pp.

Brading, David A. *Mineros y comerciantes en el México borbónico (1763-1810)*. México: FCE, 1985. 498 pp.

———, "Historia patria y democracia en México", *Historias*, INAH, núm. 15, octubre-diciembre, 1986.

———, *Haciendas y ranchos en el Bajío. León, 1700-1860*. México: Grijalbo, 1988. 400 pp.

———, *Mito y profecía en la historia de México*. México: Vuelta,

1988. 211 pp.
Braudel, Fernand. *Civilización material, economía y capitalismo. Siglos XV-XVIII.* Madrid: Alianza, 1984. 3 vols.
Buchanan, James M. *La hacienda pública en un proceso democrático.* Madrid: Aguilar, 1973. 336 pp.
Bulnes, Francisco. *El verdadero Díaz y la Revolución.* México: Eusebio Gómez de la Puente, 1920. 434 pp.
Bushnell, Clyde Gilbert. *La carrera política y militar de Juan Álvarez.* México: Miguel Ángel Porrúa, 1988. 294 pp.
Bustamante, Carlos María de. *El nuevo Bernal Díaz del Castillo, o sea, historia de la invasión de los anglo-americanos en México.* México: INEHRM, 1987. Facsímil de la edición de 1848.
Calderón de la Barca, madame. *La vida en México durante una residencia de dos años en ese país.* México: Porrúa, 1974. Colección Sepan cuantos, núm. 74. 426 pp.
Calvi, Fabrizio. *El misterio de la Mafia.* Prólogo de Leonardo Sciascia. Buenos Aires: Gedisa, 1987. 190 pp.
Caro Baroja, Julio. *Realidad y fantasía en el mundo criminal.* Madrid: CSIC, 1986. 182 pp.
Carmagnani, Marcello. "La libertad, el poder y el Estado en la segunda mitad del siglo XIX", *Historias,* INAH, núm. 15, octubre-diciembre, 1986.
Cicourel, Aaron. *Cognitive sociology. Language and meaning in social interaction.* Harmondsworth, Middlessex: Penguin Books, 1973. 191 pp.
Coatsworth, John H. *Los orígenes del atraso. Nueve ensayos de historia económica de México en los siglos XVIII y XIX.* México: Alianza, 1990. 265 pp.
Correspondencia secreta de los principales intervencionistas mexicanos. México: Porrúa, 1972. Genaro García, Documentos inéditos o muy raros para la historia de México. Biblioteca Porrúa, núm. 51. 807 pp.
Cosío Villegas, Daniel. *Ensayos y notas.* México: Hermes, 1966. 2 vols.
Costeloe, Michael P. *La primera república federal de México (1824-1835).* Mexico: FCE, 1983. 492 pp.
———, "Los generales Santa Anna y Paredes y Arrillaga en México, 1841-1843: rivales por el poder o una copa más", *Historia Mexicana,* vol. XXXIX, núm. 2, octubre-diciembre, 1989.
Covo, Jacqueline. "Los clubes políticos en la Revolución de Ayutla", *Historia Mexicana,* vol. XXVI, núm. 3, enero-marzo, 1977.
Cruz, Víctor de la. *La rebelión de Che Gorio Melendre.* México: Ayuntamiento de Juchitán, 1983. 70 pp.
Chevalier, Francois. "Conservadores y liberales en México. Ensayo de

sociología y geografía políticas, de la independencia a la intervención francesa", *Secuencia. Revista Americana de Ciencias Sociales*, núm. 1, marzo, 1985.

Christiansen, C. *Los orígenes del poder militar en España. 1800-1854.* Madrid: Aguilar, 1974. 219 pp.

Davis, Morton. *Introducción a la teoría de juegos*. Madrid: Alianza, 1986. 250 pp.

De la Peña, Guillermo. *Herederos de promesas. Agricultura, política y ritual en los Altos de Morelos*. México: INAH, 1980. 391 pp.

Dealy, Glenn C. *The Public Man. An interpretation of Latin American and other catholic countries*. Amherst: University of Massachusetts Press, 1977. 133 pp.

Dewey, John. *El público y sus problemas*. Buenos Aires: Ágora, 1958. 173 pp.

Díaz y Díaz, Martín. *Emilio Rabasa: teórico de la dictadura necesaria*. México: Miguel Ángel Porrúa/Escuela Libre de Derecho, 1991. Varia Jurídica. 117 pp.

Diccionario jurídico mexicano. México: Instituto de Investigaciones Jurídicas/UNAM, 1989. 4 vols.

Don Santos Degollado. Sus manifiestos, campañas, etc. México: Porrúa, 1974. Genaro García, Documentos inéditos o muy raros para la historia de México. Biblioteca Porrúa, núm. 56.

Douglas, Jack D. *Deviance and respectability. The social construction of moral meanings*. Nueva York: Basic Books, 1970.

Dumont, Louis. Homo hierarchicus. *Ensayos sobre el sistema de castas*. Madrid: Aguilar, 1970. 429 pp.

Dumont, Louis. *Ensayos sobre el individualismo*. Madrid: Alianza, 1987. 291 pp.

Durkheim, Emile. *La división del trabajo social*. Madrid: Akal, 1982. 491 pp.

Elias, Norbert. *La sociedad cortesana*. México: FCE, 1982. 401 pp.

Elster, Jon. *Sour grapes: studies in the subversion of rationality*. Cambridge: Cambridge University Press, 1985.

———, *Ulises y las sirenas. Estudios sobre racionalidad e irracionalidad*. México: FCE, 1989. Breviarios, núm. 510. 325 pp.

Escalante Gonzalbo, Fernando. "El orden negado. Notas sobre la corrupción de las fuerzas represivas en Iberoamérica", *Secuencia. Revista Americana de Ciencias Sociales*, núm. 12, septiembre-diciembre, 1988.

———, "La corrupción política: apuntes para un modelo teórico", *Foro Internacional*, vol. XXX, núm. 2, octubre-diciembre, 1989.

Fernández de Lizardi, José Joaquín. *El Correo Semanario de México*. México: UNAM, 1975. *Obras completas*, vol. VI. 412 pp.

Florescano, Enrique. *Origen y desarrollo de los problemas agrarios de*

México. 1500-1821. México: Era, 1986. 158 pp.
Foucault, Michel. *Microfísica del poder*. Madrid: La Piqueta, 1980. 189 pp.
Foxley, A., M. S. McPherson y G.O'Donnell (comps.). *Democracia, desarrollo y el arte de traspasar fronteras. Ensayos en homenaje a Albert O. Hirschman*. México: FCE, 1989. Lecturas del Trimestre Económico, núm. 65. 398 pp.
Fraser, Donald J. "La política de desamortización en las comunidades indígenas", *Historia Mexicana*. vol. XXI, núm. 4, abril-junio, 1972.
Friedrich, Carl J. (ed.). *El interés público*. México: Roble, 1967. 276 pp.
Galeana de Valadés, Patricia (comp.). *José María Lafragua*. México: Senado de la República, 1987. Serie los Senadores, s.n. 349 pp.
García Cantú, Gastón (ed.). *El pensamiento de la reacción mexicana. Historia documental*. Mexico: UNAM, 1986. Colección Lecturas Universitarias, núm. 33 y 34. 2 vols.
García Cubas, Antonio. *El libro de mis recuerdos*. México: Porrúa, 1986. Facsímil de la edición de 1905. Biblioteca Porrúa, núm. 86. 632 pp.
El general Paredes y Arrillaga, según su propio archivo. México: Porrúa, 1974. Genaro García, Documentos inéditos o muy raros para la historia de México. Biblioteca Porrúa, núm. 56.
Giner, Salvador. *Ensayos civiles*. Barcelona: Península, 1987. Nexos, núm. 22. 301 pp.
Los gobiernos de Álvarez y Comonfort según el archivo del general Doblado. México: Porrúa, 1974. Genaro García, Documentos inéditos o muy raros para la historia de México. Biblioteca Porrúa, núm. 56.
Gonzalbo Aizpuru, Pilar. *Historia de la educación en la época colonial. El mundo indígena*. México: El Colegio de México, 1990. 274 pp.
González de la Lama, Renée. "Los papeles de Díaz Manfort: una revuelta popular en Misantla (Veracruz) 1885-1886", *Historia Mexicana*, vol. XXXIX, núm. 2, octubre-diciembre, 1989.
González y González, Luis. *La ronda de las generaciones. Los protagonistas de la Reforma y la Revolución mexicana*. México: SEP, 1984. 131 pp.
González y González, Luis, Emma Cosío Villegas y Guadalupe Monroy. *La República Restaurada. La vida social*. México: Hermes, 1985. Daniel Cosío Villegas, *Historia Moderna de México*. 1011 páginas.
González Navarro, Moisés. *Anatomía del poder en México, 1848-1853*. México: El Colegio de México, 1983. 510 pp.
———, *El porfiriato. Vida social*. México: Hermes, 1985. Daniel Cosío Villegas, *Historia moderna de México*. 979 pp.

———, "La venganza del sur", *Historia mexicana*, vol. XXI, núm. 4, abril-junio, 1972.

Gramsci, Antonio. *Los intelectuales y la organización de la cultura.* México: Juan Pablos, 1975. Obras de Antonio Gramsci, *Cuadernos de la Cárcel*, núm. 2. 181 pp.

Guerrero, Julio. *La génesis del crimen en México. Estudio de psiquiatría social.* México: Porrúa, 1977. 394 pp.

Guzmán, Martín Luis. *Obras completas.* México: FCE, 1984. 2 vols.

Habermas, Jurgen. *Historia y crítica de la opinión pública. La transformación estructural de la vida pública.* Barcelona: Gustavo Gili, 1981. 351 pp.

Hale, Charles A. *El liberalismo mexicano en la época de Mora (1821-1853).* México: Siglo XXI, 1985. 347 pp.

Hayek, Friedrich A. *Derecho, legislación y libertad.* Madrid: Unión Editorial, 1976. 3 vols.

Heller, Agnes. *Sociología de la vida cotidiana.* Barcelona: Península, 1977. Colección Historia, Ciencia, Sociedad, núm. 144. 418 pp.

Heller, Agnes y Ferenc Feher. *Políticas de la posmodernidad. Ensayos de crítica cultural.* Barcelona: Península, 1989. Colección Ideas, núm. 10. 300 pp.

Hernández Rodríguez, Rosaura. *Ignacio Comonfort. Trayectoria política. Documentos.* México: UNAM, 1967. 296 pp.

Hirschman, Albert O. *Interés privado y acción pública.* México: FCE, 1986. 149 pp.

———, *Las pasiones y los intereses. Argumentos políticos en favor del capitalismo antes de su triunfo.* México: FCE, 1978. 146 pp.

Hobsbawm, Eric J. *Rebeldes primitivos. Estudio sobre las formas arcaicas de los movimientos sociales en los siglos XIX y XX.* Barcelona: Ariel, 1983. 368 pp.

Huntington, Samuel P. *Political order in changing societies.* New Haven: Yale University Press, 1968. 488 pp.

Iglesias, José María. *Autobiografía.* México: INEHRM, 1987. Facsímil de la edición de 1893. 109 pp.

Jouvenel, Bertrand de. *Du pouvoir. Histoire naturelle de sa croissance.* París: Hachette, 1972. 607 pp.

Juárez, Benito. *Exposiciones (cómo se gobierna).* Edición y notas de Ángel Pola. México: INEHRM, 1987. Facsímil de la edición de 1902. 440 pp.

———, *Miscelánea.* Compilación de Ángel Pola. México: INEHRM, 1987. 402 pp.

Katz, Friedrich. *La servidumbre agraria en México en la época porfiriana.* México: Era, 1982. 115 pp.

Katz, Friedrich (comp.). *Revuelta, rebelión y revolución. La lucha rural en México del siglo XVI al siglo XX.* México: Era, 1990. 2 vols.

Kelley, Robert. *El modelo cultural en la política norteamericana. El primer siglo*. Mexico: FCE, 1985. 379 pp.
Kératry, Émile de. *La contraguerrilla francesa en México*. México: SEP, 1981. Sep Ochentas, núm. 12. 178 pp.
Knowlton, Robert J. *Los bienes del clero y la Reforma mexicana, 1856-1910*. México: FCE, 1985. 329 pp.
Krauze, Enrique. *Por una democracia sin adjetivos*. México: Joaquín Mortiz/Planeta, 1986. 212 pp.
Ladd, Doris M. *La nobleza mexicana en la época de la Independencia, 1780-1826*. México: FCE, 1984. 353 pp.
Lafragua, José María. *Miscelánea de política*. México: INEHRM, 1987. 125 pp.
Lakatos, Imre y A. Musgrave. *Problems in the Philosophy of Science*. Amsterdam: North Holland Publishing, 1968.
La Revolución de Ayutla según el archivo del general Doblado. México: Porrúa, 1974. Genaro García, Documentos inéditos o muy raros para la historia de México. Biblioteca Porrúa, núm. 56.
La situación política, militar y económica en la República Mexicana al iniciarse su guerra con los Estados Unidos. México: Porrúa, 1974. Genaro García, Documentos inéditos o muy raros para la historia de México. Biblioteca Porrúa, núm. 56.
Leal, Juan Felipe. "Campesinado, haciendas y Estado en México: 1856-1914", *Secuencia. Revista Americana de Ciencias Sociales*, núm. 5, mayo-agosto, 1986.
Lévi-Strauss, Claude. *Las estructuras elementales del parentesco*. México: Origen/Planeta, 1985. 2 vols.
Loaeza, Soledad. *Clases medias y política en México. La querella escolar, 1959-1963*. México: El Colegio de México, 1988. 427 pp.
Lomnitz, Claudio. *Evolución de una sociedad rural*. México: SEP, 1982. Sep Ochentas, núm. 27. 317 pp.
Lozoya, Jorge A. *El ejército mexicano*. México: El Colegio de México, 1984. *Jornadas*, núm. 65. 156 pp.
Lukes, Steven. *El individualismo*. Barcelona: Península, 1975. *Homo sociologicus*, núm. 8. 196 pp.
Lyon, Georges F. *Residencia en México, 1826. Diario de una gira con estancia en la República de México*. Mexico: FCE, 1984. 298 pp.
MacIntyre, Alisdair. *Tras la virtud*. Barcelona: Crítica, 1987. 350 pp.
MacPherson, C.B. *La teoría política del individualismo posesivo*. Barcelona: Fontanella, 1979. Libros de Confrontación, Filosofía, núm. 2. 262 pp.
Mallón, Florencia E. "Los campesinos y la formación del Estado en el México del siglo XIX: Morelos, 1848-1858", *Secuencia. Revista Americana de Ciencias Sociales*, núm. 15, septiembre-diciembre, 1989.
Maquiavelo, Nicolás. *Discursos sobre la primera década de Tito Livio*.

Madrid: Alianza, 1987. 437 pp.

______, *El Príncipe*. Madrid: Aguilar, 1976. 381 pp.

Maravall, José Antonio. *La literatura picaresca desde la historia social (siglos XVI y XVII)*. Madrid: Taurus, 1986. Colección Ensayistas, núm. 265. 800 pp.

Medina Echavarría, José. *Consideraciones sociológicas sobre el desarrollo económico de América Latina*. Costa Rica: EDUCA, 1976.

Memorias inéditas. 1839, 1840, 1841. México: Secretaría de Relaciones Exteriores, 1973. Archivo Histórico Diplomático Mexicano, 3a. época, núm. 1. 123 pp.

Mentz, Brígida von. *Pueblos de indios, mulatos y mestizos, 1770-1870. Los campesinos y las transformaciones protoindustriales en el poniente de Morelos*. México: CIESAS, 1988. 189 pp.

Meyer, Jean. *La cristiada*. México: Siglo XXI, 1987. 3 vols.

______, *Esperando a Lozada*. México: El Colegio de Michoacán, 1984. 268 pp.

Michelet, Jules. *El pueblo*. México: FCE, 1991. Colección Popular, núm. 445. 284 pp.

Mier, fray Servando Teresa de. *Memorias*. México: Porrúa, 1982. Escritores Mexicanos, núm. 37 y 38. 2 vols.

Mill, John Stuart. *Sobre la libertad*. Madrid: Aguilar, 1971. Biblioteca de Iniciación Política. 170 pp.

Minna, Rosario. *Historia de la Mafia*. Madrid: Swan, 1986. 209 pp.

Molina Enríquez, Andrés. *Los grandes problemas nacionales*. Prólogo de Arnaldo Córdova. México: Era, 1985. 523 pp.

Montesquieu. *Del espíritu de las Leyes*. Madrid: Tecnos, 1987. Clásicos del Pensamiento, núm. 3. 472 pp.

Mooney, M. y F. Stuber (comps.). *Los humanistas y la política*. México: FCE, 1984. 380 pp.

Mora, José María Luis. *México y sus revoluciones*. México: FCE, 1986. Facsímil de la edición de 1836. 3 vols.

______, *Obra política*. Selección y notas de L. Briseño, Solares y Suárez. México: SEP/Instituto Mora, 1986. *Obras completas*, vol. I. 530 pp.

Morales, Juan Bautista. *El gallo pitagórico*. México: Gobierno del Estado de Guanajuato, 1987. 280 pp.

Mosca, Gaetano. *La clase política*. Selección de Norberto Bobbio. México: FCE, 1984. Colección Popular, núm. 260. 351 pp.

Negro Pavón, Dalmacio. *El liberalismo en España*. Madrid: Unión Editorial, 1988. 355 pp.

Nickel, Herbert J. *Morfología social de la hacienda mexicana*. México: FCE, 1988. 485 pp.

______, (ed.). *Paternalismo y economía moral en las haciendas mexicanas del porfiriato*. México: Universidad Iberoamericana, 1989. 217 pp.

Niebuhr, Reinhold. *El hombre moral en la sociedad inmoral. Un estudio de ética y política*. Buenos Aires: Siglo Veinte, 1966. 247 pp.

Nietzsche, Friedrich. *La genealogía de la moral*. Madrid: Alianza, 1983. 203 pp.

Noriega, Alfonso. *Francisco Severo Maldonado. El precursor*. México: UNAM, 1980. 282 pp.

Noriega Elío, Cecilia. *El constituyente de 1842*. México: UNAM, 1986. 251 pp.

Oakeshott, Michael. *On human conduct*. Oxford: Clarendon Press, 1975.

———, *Rationalism in politics and other essays*. Londres: Methuen, 1981. 333 pp.

Ocampo, Melchor. *Obras completas*. México: El Caballito, 1978. 3 vols.

O'Gorman, Edmundo. *La supervivencia política novo-hispana. Reflexiones sobre el monarquismo mexicano*. Mexico: Universidad Iberoamericana, 1986. 93 pp.

Olson, Mancur. *The logic of collective action*. Nueva York: Schocken Books, 1968. 191 pp.

Orieux, Jean. *Talleyrand*. Buenos Aires: Javier Vergara, 1989. 670 pp.

Ortega y Gasset, José. *España invertebrada. Bosquejos de algunos pensamientos históricos*. Madrid: Espasa-Calpe, 1972. Austral, 1345. 159 pp.

Ortega y Medina, Juan A. *Zaguán abierto al México republicano (1820-1830)*. México: UNAM, 1987. 216 pp.

Ortiz de Ayala, Simón Tadeo. *México considerado como nación independiente y libre, ó sean algunas indicaciones sobre los deberes más esenciales de los mexicanos*. México: INEHRM, 1987. Facsímil de la edición de 1832. 600 pp.

Ortiz Escamilla, Juan. "El pronunciamiento federalista de Gordiano Guzmán, 1837-1842", *Historia Mexicana*, vol. XXXVIII, núm. 2, octubre-diciembre, 1988.

———, "Las fuerzas militares del México independiente. 1821-1835". Texto para seminario de tesis, Centro de Estudios Históricos, El Colegio de México, 1991, mimeo.

Osorno Castro, F. *El insurgente Albino García*. México: México Nuevo, 1940.

Otero, Mariano. *Obras*. Edición y estudio preliminar, Jesús Reyes Heroles. México: Porrúa, 1967. Biblioteca Porrúa, núm. 33 y 34. 2 vols.

Ots Capdequí, José María. *El Estado español en las Indias*. México: FCE, 1986. 200 pp.

Padua, Jorge y A. Vanneph (eds.). *Poder local, poder regional*. México: El Colegio de México, 1986. 287 pp.

Paine, Thomas. *The Thomas Paine Reader*. Edición de Michael Foot e Isaac Kramnick. Harmondsworth, Middlessex: Penguin Books, 1987. 536 pp.

Paredes Alonso, Javier. *La España liberal del siglo XIX*. México: Red Editorial Iberoamericana, 1990. 128 pp.

Pascal, Blaise. *Pensées*. París: Flammarion, 1976. 376 pp.

Pastor, Rodolfo. *Campesinos y reformas: la mixteca, 1700-1856*. México: El Colegio de México, 1987. 589 pp.

Payno, Manuel. *Memorias sobre la Revolución de diciembre de 1857 a enero de 1858*. Mexico: INEHRM, 1987. Facsímil de la edición de 1860. 274 pp.

Paz, Octavio. *El laberinto de la soledad*. México: FCE, 1981. 332 pp.

Peña, Guillermo de la. *Herederos de promesas. Agricultura, política y ritual en los Altos de Morelos*. México: INAH, 1980. 391 pp.

Perry, Laurens Balard. *Juárez and Díaz. Machine politics in Mexico*. De Kalb: Northern Illinois University Press, 1978. 467 pp.

______, "El modelo liberal y la política práctica en la República Restaurada", *Historia Mexicana*, vol. XXIII, núm. 4, abril-julio, 1974.

Pietschman, Horst. *El Estado y su evolución al principio de la colonización española de América*. México: FCE, 1989. 247 pp.

Pitkin, Hannah F. *Wittgenstein: el lenguaje, la política y la justicia*. Madrid: Centro de Estudios Constitucionales, 1984. 489 pp.

Pittman, Dewit Kenneth. *Hacendados, campesinos y políticos. Las clases agrarias y la instalación del Estado oligárquico en México, 1869-1876*. México: FCE, 1989. 196 pp..

Planes en la Nación mexicana. Berta Ulloa y Joel Hernández Santiago (coords.). México: Senado de la República,1987. 11 vols.

Poinsett, Joel R. *Notas sobre México (1822)*. México: Jus, 1973. 510 pp.

Portilla, Anselmo de la. *Historia de la Revolución de México contra la Dictadura del General Santa Anna. 1853-1855*. México: INEHRM, 1987. Facsímil de la edición de 1856. 335 pp.

______, *México en 1856 y 1857. Gobierno del General Comonfort*. México: INEHRM, 1987. Facsímil de la edición de 1858. 396 pp.

Powell, T.G. *El liberalismo y el campesinado en el centro de México (1850 a 1876)*. México: SEP, 1974. Sep Setentas, núm. 122. 191 páginas.

______, "Los liberales, el campesinado indígena y los problemas agrarios durante la Reforma", *Historia Mexicana*, vol. XXI, núm. 4, abril-junio, 1972.

Prieto, Guillermo. *Lecciones elementales de Economía Política*. Mexico: Miguel Ángel Porrúa, 1990. Facsímil de la edición de 1876. 822 páginas.

______, *Memorias de mis tiempos*. México: Porrúa, 1985. Sepan cuantos, núm. 481. 355 pp.

———, *Musa callejera*. México: Porrúa, 1976. Sepan Cuantos, núm. 198. 279 pp.

———, *Viajes de orden suprema*. México: Gobierno del Estado de Querétaro, 1986. Documentos de Querétaro, núm. 2. 2 vols.

Quinton, Anthony (comp.). *Filosofía política*. México: FCE, 1974. Breviarios, núm. 239. 306 pp.

Rabasa, Emilio. *La Bola. La gran ciencia*. México: Porrúa, 1985. Escritores Mexicanos, núm. 50. 360 pp.

———, *El Cuarto Poder. Moneda falsa*. México: Porrúa, 1985. Escritores Mexicanos, núm. 51. 401 pp.

———, *La Constitución y la dictadura*. México: Porrúa, 1982. 246 pp.

———, *La evolución histórica de México*. México: Miguel Ángel Porrúa/UNAM, 1986. 361 pp.

———, *La guerra de tres años*. México: EOSA, 1985. 191 pp.

Ramírez, Ignacio. *Obras completas*. México: Centro de Investigaciones Jorge L. Tamayo, 1984. 3 vols.

Ramírez, José Fernando. *México durante su guerra con los Estados Unidos*. México: Porrúa, 1974. Genaro García, Documentos inéditos o muy raros para la historia de México. Biblioteca Porrúa, núm. 59.

Reed, Nelson. *La guerra de castas de Yucatán*. México: Era, 1985. 298 pp.

Reina, Leticia. *Las rebeliones campesinas en México (1819-1906)*. México: Siglo XXI, 1986. Nuestra América, núm. 28. 437 pp.

Reyes Heroles, Jesús. *El liberalismo mexicano*. México: FCE, 1982. 3 vols.

Reyna, María del Carmen. *Historia de la Casa de Moneda. Tres motine en contra de la moneda débil en la ciudad de México, siglo XIX*. México: INAH, 1979. Cuadernos de Trabajo, núm. 25. 53 pp.

Roa Bárcena, José María. *Recuerdos de la invasión norteamericana (1846-1848)*. México: Universidad Veracruzana, 1986. Facsímil de la edición de 1883. Colección Rescate, núm. 16. 680 pp.

Rousseau, Jean-Jacques. *Discurso sobre la Economía Política*. Madrid: Tecnos, 1985. Clásicos del pensamiento, núm. 5. 56 pp.

———, *Del contrato social. Discursos*. Madrid: Alianza, 1985. 343 pp.

Rudé, Georges. *La multitud en la historia. Los disturbios populares en Francia e Inglaterra, 1730-1848*. Madrid: Siglo XXI, 1979. 299 pp.

Ruiz Medrano, Ethelia. *Gobierno y sociedad en Nueva España: Segunda Audiencia y Antonio de Mendoza*. México: El Colegio de Michoacán/Gobierno de Michoacán, 1991. 407 pp.

Salado Álvarez, Victoriano. *Episodios nacionales mexicanos*. México:

FCE/INBA/Instituto Cabañas, 1984. Primera Serie: De Santa Anna a la Reforma. 3 vols.

_____, *Memorias. Tiempo viejo. Tiempo nuevo*. México: Porrúa, 1985. Sepan cuantos, núm. 477. 409 pp.

Sánchez Ferlosio, Rafael. *Campo de Marte. El ejército nacional*. Madrid: Alianza, 1986. 161 pp.

Santoni, Pedro. "A fear of the People: The Civic Militia of Mexico in 1845", *Hispanic American Historical Review*, vol. 68, núm. 2, 1988.

Sartorius, Carl Christian. *México hacia 1850*. Estudio preliminar de Brígida von Mentz. México: CNCA, 1990. 327 pp.

Scott, James C. *Comparative political corruption*. Englewood Cliffs: Prentice Hall, 1972. 166 pp.

_____, *The moral economy of the peasant. Rebellion and subsistence in Southeast Asia*. New Haven: Yale University Press, 1976. 246 páginas.

Scott, John Finley. *Internalization of Norms. A sociological theory of moral commitment*. Englewood Cliffs: Prentice Hall, 1971.

Schama, Simon. *Ciudadanos. Crónica de la Revolución Francesa*. Buenos Aires: Javier Vergara, 1990. 905 pp.

Scholes, Walter V. *Política mexicana durante el régimen de Juárez. 1855-1872*. México: FCE, 1972. 231 pp.

Seoane, María Cruz. *Oratoria y periodismo en la España del siglo XIX*. Madrid: Castalia, 1977. 454 pp.

Sierra, Justo. *Juárez. Su obra y su tiempo*. México: Porrúa, 1980. Sepan cuantos, núm. 146. 475 pp.

Simmel, Georg. *Sociología*. Madrid: Revista de Occidente, 1977. 2 vols.

Soto, Hernando de. *El otro sendero. La revolución informal*. México: Diana, 1987. 317 pp.

Soto, Miguel. *La conspiración monárquica en México. 1845-1846*. México: EOSA, 1988. 282 pp.

Staples, Anne. "La lectura y los lectores en los primeros años de vida independiente", *Historia de la lectura en México*. México: El Colegio de México, 1988.

Suárez y Navarro, Juan. *Historia de México y del general Antonio López de Santa Anna*. México: INEHRM, 1987. Facsímil de la edición de 1850. 457 pp.

Sugawara, Masae (comp.). *Mariano Escobedo*. México: Senado de la República, 1987. 453 pp.

Tapia Santamaría, Jesús. *Campo religioso y evolución política en el Bajío zamorano*. México: El Colegio de Michoacán, 1986. 271 pp.

Taylor, William B. *Embriaguez, homicidio y rebelión en las poblaciones coloniales mexicanas*. México: FCE, 1987. 296 pp.

Tena Ramírez, Felipe. *Leyes fundamentales de México. 1808-1987*.

México: Porrúa, 1987. 1053 pp.

Tenembaum, Barbara A. *México en la época de los agiotistas, 1821-1857*. México: FCE, 1985. 234 pp.

Thompson, Edward P. *Tradición, revuelta y conciencia de clase. Estudios sobre la crisis de la sociedad preindustrial*. Barcelona: Crítica, 1979. 318 pp.

Tocqueville, Alexis de. *El Antiguo Régimen y la Revolución*. Madrid: Alianza, 1982. 2 vols.

Tornel y Mendívil, José María. *Breve reseña histórica de los acontecimientos más notables de la nación mexicana*. México: INEHRM, 1985. Facsímil de la edición de 1852. 425 pp.

Trease, Geoffrey. *Los condotieros, soldados de fortuna*. Barcelona: Orbis, 1985. Biblioteca de Historia, núm. 53. 251 pp.

Trevelyan, George Macaulay. *La revolución inglesa: 1688-1689*. México: FCE, 1986. Breviarios, núm. 43. 192 pp.

Turner, Stephen P. *La explicación sociológica como traducción*. México: FCE, 1984. Breviarios, núm. 379. 205 pp.

Urías Hermosillo, Margarita. "Militares y comerciantes en México: 1828-1846. Las mercancías de la nacionalidad", *Historias*, núm. 6, abril-junio, 1984.

Valadés, José C. *Alamán, estadista e historiador*. México: UNAM, 1987. 576 pp.

______, *Breve historia de la guerra con los Estados Unidos*. México: Diana, 1981. 220 pp.

Vanderwood, Paul J. *Desorden y progreso. Bandidos, policías y desarrollo mexicano*. México: Siglo XXI, 1986. 269 pp.

Varela Ortega, José. *Los amigos políticos. Partidos, elecciones y caciquismo en la Restauración (1875-1900)*. Madrid: Alianza, 1977. 477 pp.

Vázquez, Josefina Z. *Una tragedia que reafirmó la identidad. La guerra del 47*. México: Condumex, 1981. 25 pp.

______, *Don Antonio López de Santa Anna. Mito y enigma*. México: Condumex, 1987. 38 pp.

______,"Dos décadas de desilusiones: en búsqueda de una fórmula adecuada de gobierno (1832-1851)", en *Planes en la nación mexicana*. México: Senado de la República, 1987, vol. II.

______, (comp.). *Manuel Crescencio Rejón*. México: Senado de la República, 1987. 137 pp.

______, "Iglesia, ejército y centralismo", *Historia Mexicana*, vol. XXXIX, núm. 1, julio-septiembre, 1989.

Vega Juanino, Josefa. *La institución militar en Michoacán en el último cuarto del siglo XVIII*. México: El Colegio de Michoacán, 1986. 297 pp.

Véliz, Claudio. *La tradición centralista de América Latina*. Barcelona:

Ariel, 1984. 343 pp.
Vigil, José María y Juan B. Híjar y Haro. *Ensayo histórico del Ejército de Occidente*. México: INEHRM, 1987. Facsímil de la edición de 1874. 644 pp.
Vilar, Pierre. *Hidalgos, amotinados y guerrilleros. Pueblo y poderes en la historia de España*. Barcelona: Crítica, 1982. 315 pp.
Walker, David W. *Parentesco, negocios y política. La familia Martínez del Río en México, 1823-1867*. México: Alianza, 1991. 331 pp.
Ward, Henry George. *México en 1827*. México: FCE, 1981. 788 pp.
Weber, Max. *La acción social: ensayos metodológicos*. Barcelona: Península, 1984. 190 pp.
______, *Economía y sociedad. Esbozo de sociología comprensiva*. México: FCE, 1981. 1237 pp.
______, *El político y el científico*. Madrid: Alianza, 1981. 233 pp.
Wiarda, Howard J. (ed.). *Politics and Social Change in Latin America. The Distinct Tradition*. Massachusetts: The University of Massachusetts Press, 1982. 368 pp.
Winch, Peter. *Ciencia social y filosofía*. Buenos Aires: Amorrortu, 1972.
Wolf, Eric R. *Las luchas campesinas del siglo XX*. México: Siglo XXI, 1985. 438 pp.
Zarco, Francisco. *Historia del Congreso Constituyente de 1857*. México: INEHRM, 1987. Facsímil de la edición de 1916. 962 pp.
Zavala, Lorenzo de. *Ensayo histórico de las revoluciones de México desde 1808 hasta 1830*. México: FCE, 1985. Facsímil de la edición de 1845. 2 vols. en un tomo.
______, *Obras. El periodista y el traductor*. Edición de Manuel González Ramírez. México: Porrúa, 1966. Biblioteca Porrúa, núm. 32. 456 pp.

Ciudadanos imaginarios
se terminó de imprimir en septiembre de 2014
en los talleres de Reproducciones y Materiales, S.A. de C.V.,
Monte Alegre 44 bis, Col. Portales Oriente, 03570 México, D.F.
Cuidó la edición la Dirección de Publicaciones
de El Colegio de México.